公共经济学教程

主　编　许　彬
副主编　陈春良　游旭平

浙江工商大学出版社

图书在版编目(CIP)数据

公共经济学教程 / 许彬主编. —杭州：浙江工商大学出版社，2008.12(2013.7 重印)

ISBN 978-7-81140-034-2

Ⅰ.公… Ⅱ.许… Ⅲ.公共经济学—教材 Ⅳ.F062.6

中国版本图书馆 CIP 数据核字(2008)第 203260 号

公共经济学教程

许　彬　主编

责任编辑　许　静

封面设计　刘　韵

出版发行　浙江工商大学出版社

(杭州市教工路 149 号　邮政编码 310012)

(E-mail:zjgsupress@163.com)

(网址:http://www.zjgsupress.com)

电话:0571-88823703,88831806(传真)

排　　版　杭州朝曦图文设计有限公司

印　　刷　杭州杭新印务有限公司

开　　本　787mm×960mm　1/16

印　　张　18

字　　数　323 千

版 印 次　2008 年 12 月第 1 版　2013 年 7 月第 4 次印刷

书　　号　ISBN 978-7-81140-034-2

定　　价　32.00 元

浙江工商大学出版社营销部邮购电话　0571-88804227

目 录

绪 论

现代经济中,市场和政府都起着非常重要的作用。市场在经济效率方面确实取得了非凡的成功。正如亚当·斯密所指出的,市场经济如同一只看不见的手,指挥着每一个追求自身利益的生产者和消费者,结果使得社会财富极大地增进。

然而,现实中存在大量的与竞争性市场效率相违背的现象。追逐自我利益的决策主体导致了巨大的环境悲剧,如海洋污染、河流污染、大气污染,一些产品数量少而价格高,一些产品得不到供应或供应数量不足,一些市场出现的是逆淘汰,公共资源被过度利用而枯竭,等等。所有这一切表明,市场经济有其内在的问题。这些问题的存在告诉人们市场经济并不存在天然的神圣性和科学性,它只是一种制度安排,这种制度安排在过去的几百年时间里为福利的增进做出了巨大的贡献,并且在现在和今后依然发挥重要的作用,但同样是这种制度安排,也还有许多需要完善和补充的地方。此外,市场经济在公平(equity)方面也绝非完美。

早在边际革命之前,一些经济学家和社会学家就已经揭示了市场经济中存在的诸多问题,比如经济危机、收入分化、社会不公正、劳动异化等。边际革命之后,经济学的分析方法得到了突破,边际分析方法让经济学能够很好地分析自由竞争的状态如何达到效率(efficiency),并且可以分析效率达成的条件。对市场效率的经济学分析和证明源自人们对现实市场经济成果的观察,而理论上的证明反过来又极大地增强了人们对市场经济的信心。然而20世纪30年代的世界性经济大危机彻底宣告了自由市场经济神话的破灭。之后,市场经济体制的国家普遍引入了政府的干预,加大政府在经济中的作用,古典市场经济国家普遍转变为混合经济国家,而计划经济体制的国家也在五六十年代以后逐步引入市场作为一种补充手段。随着90年代中国市场经济体制的全面推行,经济中依赖市场进行的资源配置比例不断提高,而政府干预经济的形式也发生了转变,从过去单一的计划,转而采用一些经济杠杆。社会主义国家普遍的市场经济体制改革昭示了单纯凭借政府既无法实现帕累托效率,最终也是无法达到公平的目的。市场经济的引入带给了社会主义国家经济上的活力是有目共睹的。当前,实行纯粹的市场经济或者单一的计划经济的国家是不存在的,政府和市场共同发挥作用的国家才是一种普遍的形态。

人们争论的焦点已经不再是市场经济优越还是计划经济优越，也不是要不要政府干预，而是，当市场失灵时，政府到底可以在多大程度上替代市场发挥作用？政府的方式有怎么样的优点和不足，从而政府干预经济的边界在哪里？政府在哪些项目上应该发挥作用，在哪些项目上不应该发挥作用？政府和市场相比，在资源配置(allocation)和公平问题的解决上有怎样的特点？政府是否也会出现失灵，它的主要表现和后果是什么？如果政府也面临某种"失灵"，那么我们应该将"市场"和"政府"做怎样的组合，或者"边际调整"，才能使得效率的损失最小？政府的支出效率如何，其资金如何获得，是否存在效率损失？能否找到最小效率损失的方法？所有这些，将问题引向了公共经济学。

从现代经济的现实看，政府起着举足轻重的作用。政府提供公共产品和服务，政府对有外部性的产品征税或进行数量控制，对垄断企业进行价格管制，政府提供社会保障，政府进行收入再分配，政府直接支出增加总需求、刺激经济，政府提供法律体系维护市场秩序、监督合同的实施，等等。但归总起来，政府要进行的工作涉及两个方面的目标，一是效率，二是公平。那么，我们首先需要解决的问题就是，政府这样做的理由是什么。就前一个目标而言，通常是由运行良好的市场来实现的。但运行良好的市场需要满足一定的条件，当这些条件不能满足时，就无法达到经济效率的目标。因此，对于政府来讲，首先是提供维护市场正常运行的条件，这主要体现在提供法律制度这一类公共产品和服务上；其次，有些市场失灵并非市场环境的问题，而是市场内在的缺陷造成的，比如由产品的外部性或非排他性导致的市场失灵，政府就要成为市场的替代物或者调节者，提供产品或者进行某种形式的干预。另一方面，即便市场效率目标已经实现，政府依然有干预经济的理由。效率不能保证福利在社会成员间的合理分配。不合理的分配导致不同的家庭在市场中不平等的机会，这将导致非公平的竞争。政府为了改变不公平的竞争机会而进行干预通常被认为是合理的。这就构成了政府干预的第二个方面的理由。本书的内容主要就围绕着以上政府这两方面的功能展开。具体包括干预的理由、方式及其效率和公平性的分析，以及非政府方式的可能性。

本书还是微观经济学的一个运用。微观经济学研究稀缺资源的配置。稀缺资源的配置可以通过市场和政府部门来进行。我们假设作为经济主体的消费者、生产者、投票人、政治家以及官员等在个人面临的约束条件下追求个人目标，结果是资源配置达到了某种状况，为了达到个人的目标，他就不得不选择这一种方式而不是另一种方式。我们分析的就是这些"经济人"面对现实约束时的行为。

由于现实是极其复杂的，为了准确把握现实，我们需要借助于"模型"

(economicmodel),从现实中抽象出我们认为本质的重要的东西,而去除旁枝末节,并将抽象出来的要素按照一定的规则联系在一起,从而使分析简化。模型本身并不是现实,而是对现实的一种抽象地理解和把握。根据这些模型,我们不仅可以了解经济变量之间的关系,而且可以据此对现实经济的运行进行预测,这些预测又构成可证实的假说。假说是重要的,这并非是说人们就是按照模型的描述那样行事,而是说人们的行动如同模型中受到某种约束条件下追求最大化这样的模式在进行。模型与现实不同但却密切相关。进一步说,当模型和现实有差别时,不是否定模型化处理问题的方式,而是设法提出更好的模型。

经济学首先要解决的是“现实像什么”或“现实是什么”的问题,这构成了经济学的实证方面。对于经济学来说,最重要的是要搞清楚现实是怎样的,如果给定某种条件,人的行为将会是怎样的,经济将会是怎样的,由此我们可以分析政策的可能的结果,比较政策的效率方面的差别。但是,就公共经济学本身来说,仅仅分析现实是什么以及政策的可能结果是什么是不够的,它还要回答“现实应该是什么”和“政府应该做什么”的问题。而这些问题的回答本身涉及的是社会规范的选择。经济学的实证分析虽然无法解决社会应该选择什么的问题,但政策的选择却无法绕开应该做什么的问题。进一步说,即便实证分析揭示了可供选择的替代方案之间的效率的状况,但最高效率的方案是否就是我们“应该”选择的呢?我们有时候会为了社会的其他目标而放弃效率目标,这种选择本身不是效率分析能够解决的,这也就是规范分析。但即便如此,实证分析仍会有助于政府达到应该做什么的目标。也就是说,当我们选择了某种社会目标之后,经济学的实证分析仍将有助于该目标的最为有效率的达成方式的实现。所以公共经济学的分析包括实证和规范两个方面。

公共经济学分析将采用局部均衡分析和一般均衡分析。局部均衡分析是分析单个市场的均衡,也就是假定其他条件不变,考察单个市场上的供给和需求达到均衡时的价格和数量之间的关系。通常在分析中不考虑该市场的价格变动引起的其他市场的价格和数量的变动以及收入的变化及其引发的收入效应。但事实上,当一个市场的价格和数量发生变动时,上述变量往往一起变动,因此局部均衡分析有其局限性。一般均衡分析则相反,它从一套公理出发,让系统中的所有变量发生变动并相互作用而达到均衡。公共经济学既分析单个公共产品的均衡,也分析包含公共产品和私人产品在内的一般均衡。

本书共包含十三章。

前两章为福利经济学基础,首先阐述市场效率及其条件,当这些条件不能实现时,就会出现市场失灵。市场失灵给政府干预经济提供了理由。在此基础上,采用实证与规范两种方法讨论公平与效率的选择,这也可以看作是本书的起点。

第三章和第四章为公共产品理论，包括纯公共产品的供给问题、效率条件以及政府供给与市场供给的不同效率损失；非纯公共产品的几种模式，如俱乐部产品、使用频率可变的公共产品和地方公共产品等。通过这样的讨论，明确公共产品的特征及其与供给方式之间的联系。

紧接其后的第五章是公共选择理论，讨论公共产品的决策原则，诸如公共产品偏好的显示和加总，投票规则的选择和投票中的问题，政治市场上的经济人等。

第六章进一步把问题引向公共产品的决策部门内部，深入分析公共部门提供公共产品的必要性和存在的非市场效率损失。尤其针对寻租问题和官僚行为展开讨论。

第七章分析外部性与环境。外部性作为一种重要的"市场失灵"，该如何解决？不同于单纯依据政府干预的庇古思路，本书比较了两种思路，传统的庇古思路和科斯的产权界定思路。最后，现实中治理污染外部性的公共政策之直接行政控制型治理和基于市场交易的治理模式，二者在一定程度上都是以上两种外部性研究思路的体现。

第八章介绍公共支出的规模和结构，并解释了公共支出规模的增长，包括需求方面的解释如瓦格纳法则、梯度增长理论和发展增长理论，供给方面的理论如鲍莫尔的非均衡增长模型和尼斯坎南的官僚垄断模型。此外还选取教育支出、行政支出和国防支出对公共支出的结构做了讨论。最后，从预算监督和政府采购两个方面探讨了公共支出规模控制的常见做法。

第九章对公共支出进行了成本收益分析。首先给出了成本收益分析的基本框架，介绍了成本收益分析的一般标准和考虑的主要因素，然后分析了公共部门项目评价的特殊性，最后给出了公共部门项目评估的方法。

本书的第十、十一和十二章研究公共部门活动的另一个方面，税收。其中第十章是税收概论。介绍了税收的基本要素，税收分类和结构以及税收的原则。第十一章是税收转嫁与归宿。在介绍了税收转嫁的一般规律后，分别对竞争市场和垄断市场条件下的税收转嫁和归宿进行了分析。第十二章分析税收与效率。首先分析了税收的超额负担产生的原因、度量方法和影响超额负担的因素，接着分析了最优商品税和最优所得税。

最后，第十三章分析了信息不对称导致的市场失灵，与简单地把市场失灵推向政府不同，这里探讨的化解信息不对称导致的失灵的机制是某种规则，这种规则可能是政府提供的，也可能是企业提供的，或者是政府和市场之间的某种连接，这同时也表明本书作者的意图，不能简单的将市场失灵问题推给政府，市场失灵问题的解决途径要经过效率和公平的双重检验。

【关键词】

效率(efficiency)

公平(equity)

自由放任(laissez faire)

配置(allocation)

经济模型(economic model)

实证分析(positive analysis)

规范分析(normative analysis)

【思考题】

1. 公共经济学的实证分析和规范分析分别涉及哪些内容？二者关系怎样？
2. 为什么要建立模型？
3. 市场能够解决效率问题吗？
4. 政府一定能弥补市场的缺陷吗？

第一章 经济效率与竞争性市场

【概要】 如果资源配置达到了这样一种状态，在这种状态中，试图使其中的某些人或某个人的状况有所好转，一定会有其他人的状况变坏，这种状态就是帕累托最优。帕累托最优达成的条件包括三个方面。交换效率：所有人的任何两种产品之间的边际替代率相同；生产效率：所有企业的任何两种投入之间的边际技术替代率相同；产品组合效率：边际替代率等于边际转换率。竞争性市场就是引导人们最终朝着帕累托条件规定的方向前进的一个机制。

因此，我们有必要弄清楚以下三个问题：第一，什么样的状态是有效率的，经济学如何定义和描述这种状态？怎样算是增进效率或背离效率？第二，具备什么样的条件才能够实现效率？第三，竞争性市场为什么能实现效率？

第一节 帕累托最优：经济效率的定义

虽然亚当·斯密指出了市场经济是有效率的，但他本人并没有严格地刻画这种有效率的状态。边际革命之后，经济学家帕累托、马歇尔、庇古等人对效率及其效率的条件等问题作出了较为规范的回答。

一、帕累托最优

任何经济体都必须解决三个问题：生产什么以及生产多少？如何生产？为谁生产？也就是资源如何配置的问题。不同的经济体采取的解决方法是不同的，通常有市场的方法和计划的方法。我们如何评价各种解决途径对这些问题解决的实际结果？经济学家普遍采用一种标准，即“帕累托效率”(Pareto efficiency)。这是以意大利著名的经济学家和社会学家维弗雷多·帕累托的名字命名的。

如果资源配置达到了这样一种状态，在这种状态中，试图使其中的某些人或某个人的状况有所好转，一定会有其他人的状况变坏，这种状态就是帕累托有效(Pareto efficient),或称之为帕累托最优(Pareto optimal)。经济学家谈论的效率通常就是指帕累托效率。进一步说,如果一种资源配置能在不使任何人的状态变差的前提下使一部分人的状况变好,则就是一种帕累托改进(Pareto improvement)。这是一种"好"的行动,如果一项行动能够在不使其他人受损的情况下使一部分人受益,那么这项行动就应该被落实,这个原则被称为帕累托原则(Pareto principle)。

需要说明的是,当我们采用帕累托标准时,其视角是个人主义的,也就是说,第一,它关心的是每一个个人的独立的福利,而不是个人与其他人相比较的福利,因此,只要其他人的状况保持不变,其中一部分人的状况有所改善,那么就是帕累托改进,比如穷人的状况不变而富人更加富裕。在这里,并不考虑当一部分人状况变好的同时,那一部分"保持不变"的人的状况相比于那些变好的人的福利相对下降的情况。第二,福利是个人的感受,每个人自己是自己福利的最高裁判。

显而易见的是,如果存在帕累托最优和非帕累托最优,我们一定希望选择帕累托最优,即,如果存在使某人变好而不使其他人变坏的方法,我们一定选择这样的方法而不是相反的方法。但是,帕累托最优并不是唯一的。实际上,存在许多的帕累托最优。我们可以设想一个一种产品两个人的经济,比如亚当和夏娃,100 个苹果。当资源配置的状况是亚当 20 个苹果,夏娃 80 个苹果时,就是一个帕累托最优,因为任何一个使得亚当苹果增加的分配都会减少夏娃的苹果,反之也一样。事实上,在这一个简单经济模型中,从(1,99)到(99,1)的任何一种配置都是帕累托最优。在多种产品多个人的经济体中,类似的情况也同样存在,于是我们就有了另外一个问题,在如此众多的帕累托最优中,是否具有某种选择标准使得我们能够从中选出唯一的一个"最优"呢?或者,当我们已经达到某个帕累托最优的时候,是否还有必要考虑其他的配置呢?

帕累托最优的检验方法提供了一种配置的"不完全分类",它把配置分为两个部分——帕累托最优和非帕累托最优,但是,在帕累托最优之间,并不存在排序。当存在多个帕累托最优时,如何选择不再取决于效率标准,因为任意的两个帕累托最优之间无法比较效率的高低。比如亚当和夏娃各有 50 个苹果与亚当 1 个,夏娃 99 个的这两个状态,都是帕累托最优的,因为在这两种状态都不能在一个人变得更好的同时不使另一个的境况变差,两种状态都通过了帕累托最优标准的检验。此时决定选择的是有关公平或正义的观念。如果希望选择前一种而不是后一种,那么就可能是因为前一种状况按照某种理论是符合公平标准的,但也有可能存在另外一种理由让我们希望选择后一种的状况。

专栏 1-1　维弗雷多·帕累托

维弗雷多·帕累托(1848—1923年),意大利经济学家、社会学家,对经济学、社会学和伦理学做出了重要贡献。在收入分配的研究和个人选择的分析中,他指出了被后人称为帕累托最优的概念,并用无异曲线来帮助发展微观经济学。帕累托因对意大利20%的人口拥有80%的财产的观察而著名,即所谓"重要的少数与琐碎的多数"原理,后来被约瑟夫·朱兰和其他人概括为帕累托法则(20/80法则),后来进一步概括为帕累托分布的概念。他的理论甚至影响了墨索里尼和意大利法西斯主义。

二、福利经济学基本定理

福利经济学(welfare economics)认为,市场可能是解决上述问题的最好的方法。在满足了一定的条件后,如果经济是竞争的,那么它就是帕累托最优的。这被称之为福利经济学第一定理(the first theorem)。因为一个竞争性的市场确保了所有互利的交易,因此,额外的调整——试图让一部分人变得更好,只能以另一部分人的福利下降为代价。福利经济学第一定理实际上也就是亚当·斯密的"看不见的手"理论的较为现代的版本。它的核心在于证明,在满足了完全竞争的各项条件后,市场经济一定能够达到有效率的状态。

那么,我们所希望的那一种帕累托最优可以实现吗?用什么方法实现呢?福利经济学第二定理(the second theorem)认为,给定适当的初始再分配,每一帕累托效率资源配置都可通过竞争性市场机制来实现。这就意味着每一种帕累托最优对应着一种初始的再分配,只要市场本身是满足竞争性的。显然,第二定理是第一定理的推论,既然任一竞争性的市场都能达到帕累托最优,这意味着帕累托最优与最初的分配是没有关系的,因此,给定某种初始再分配,竞争性的市场就能够实现帕累托最优。然而第二定理的政策含义却是意味深长的,既然每一个初始分配都能够达到帕累托最优,而一个帕累托最优与另一个帕累托最优之间是无法比较的,因此,社会将达到哪一个帕累托效率,完全取决于选择者的"价值判断",比如为了分配得更加公平的某种状态,进一步说,这意味着存在这样的可能性,即,如果我们存在一个"好的"收入分配状态的目标,则我们有可能在不损害效率的前提下实现这一目标,我们所需要做的就是改变财富或收入的再分配,而不必放弃市场经济。这表明那种一旦市场出现收入分配不公就要用中央集权经济取代市场经济的做法是没有根据的。进一步说,第二定理给出了效率与公平目标同时实现的可能性,也就是说,满足了一定的条件,政府通过购买力的再分配，让人们在竞争市场中自由交易，就能够将经济从一个帕累托最优转向另一个帕累托最优，当我们希望某种再分配的结果时，是可以通过购买力的再分配而实现的。因此，公平与效率的并存并非是不可能的。

三、单个市场的效率

福利经济学第一定理告诉我们竞争性的市场导致帕累托最优，那么其中的原因是什么呢？为什么竞争性的市场能够导致帕累托最优呢？我们首先从最简单的情形入手，从单个市场的竞争性均衡看效率是如何达到的。

我们利用需求与供给局部均衡分析框架来说明单个市场的效率。

如图 1-1 所示，DD 代表市场需求曲线，它由个人需求曲线加总得到。它表示某一市场上，每一价格水平下消费者愿意并且能够购买的产品数量的总和。需求曲线向右下方倾斜，表明个人对产品的需求与价格呈反方向变动。SS 表示供给曲线，企业的供给曲线表示每一价格水平上企业愿意供给的产品数量。市场供给曲线就是企业供给曲线的加总。供给曲线通常向右上方倾斜，表示价格越高，厂商愿意并且能够提供的产品的数量也就越多。供给曲线与需求曲线相交于 E 点，为市场均衡点，该点对应的价格 P_E 为均衡价格，对应的数量 Q_E 为均衡数量。我们要证明的是，在这一均衡点，正好是实现了帕累托最优。

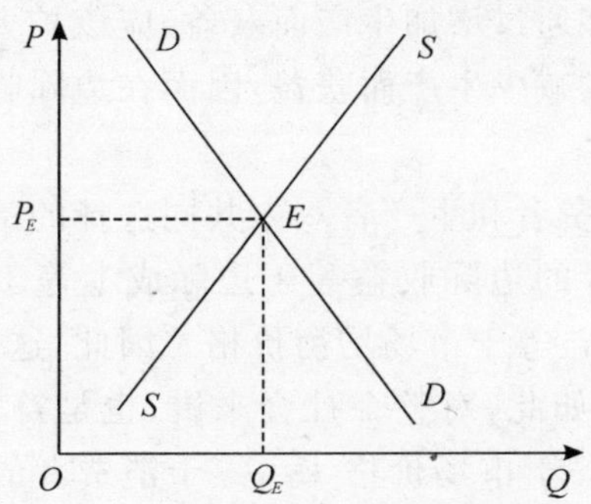

图 1-1　单个市场的效率

对于消费者来说，决定是否购买该产品，主要依据的是购买的边际成本(marginal cost)与消费该产品所得到的边际收益(marginal benefit)的比较，如果收益大于等于成本，则购买，反之，则不购买。我们说需求是在一定的价格水平下消费者愿意并且能够购买的产品数量，比如当价格为 P，消费者愿意并且能够购买的数量是 Q，这实际上意味着，如果要消费者购买数量为 Q 的产品，那么消费者最大的意愿支付价格为 P，超过了这个价格消费者就要减少购买，因此，意愿支付的价格实际上就是消费者消费一单位产品的边际收益，即消费者的主观满足。这样，消费者消费一单位产品的边际收益就可以用需求曲线上该产品数量的纵向长度，即对应的价格来代表，需求曲线反映了消费者在每一个数量水平上的边际收益，如果价格高于需求曲线上对应的价格，消费者就会放弃购买，如果低于这个价格，消费者就会增加购买，在这个价格上，消费者购买的数量正好等于需求曲线上的数量。而消费者购买的边际成本则由购买的实际价格反映。这意味着，当主观上最高可接受的价格大于等于市场价格时，购买就会发生，反之就不发生，所以对消费者来讲，购买行为会一直持续到主观可接受价格等于市场价格为止。在这一点上，消费者实现了最大化。需求曲线实际上就是消费者最大化的价格和数量组合的轨迹。

生产者也是根据自己的边际收益与边际成本的比较来确定是否提供产品。供给一单位产品的收益就是他从市场上得到的销售收入，也就是市场价格，而供给一单位的成本就是企业的边际成本，边际成本由供给曲线的垂直高度代表。当生产者的边际收益大于边际成本时，供给该产品，反之则不供给，因此，对于生产者来讲，供给一直可以进行到边际成本上升到市场均衡价格为止。超过这一点，边际收益就会小于边际成本，对生产者来说是违背最大化原则的。因此，当市场价格等于边际成本时，生产者达到了最优。供给曲线实际上就是生产者最大化的价格和数量组合的轨迹。

效率要求是，多生产一单位的边际收益等于其边际成本，因为，如果边际收益大于边际成本，社会能够通过增加生产而获益，应该扩大生产；如果边际收益小于边际成本，则可以通过减少生产而获益，因而在边际收益等于边际成本时，收益达到最大值。

市场的均衡点正是消费者和生产者双方共同选择的最优点，如图 1-1 中的 E 点。在这一点上，消费者的边际收益等于边际成本等于市场均衡价格，生产者的边际成本等于边际收益等于市场均衡价格。因此，这一点对于双方来讲是符合最大化要求的。不仅如此，对整个社会来讲，也是符合效率要求的。因为这时，生产者的边际成本等于市场价格 P_E，等于消费者的边际收益，即符合多生产一单位产品的边际收益等于边际成本的效率要求。

第二节　经济效率的边际条件

但是，当我们考虑不止一个市场时，情况就要复杂得多，而实际情况正是如此。那么，如何判断是否达到了帕累托最优呢？一般来讲，有三个标准。第一，交换效率(exchange efficiency)；第二，生产效率(production efficiency)；第三，产品组合效率(product mix efficiency)。下面我们就考察这三种效率。

一、效用可能性曲线与帕累托最优

在进行三种效率分析以前，我们首先介绍效用可能性曲线（utility possibilities curve）。

经济学家经常用效用代表消费者从产品的消费中得到的收益。如果能够得到更多的产品，那么消费者得到的效用也更大。效用可能性曲线表示两个消费者所能达到的最大效用水平。

图 1-2 给出了亚当和夏娃的效用可能性曲线（utility possibility curve），表明给定亚当的效用水平，夏娃的最大效用水平，反之亦然。在这条效用可能性曲线上，如果不减少亚当的效用水平，则不能增加夏娃的效用，反之亦然，这说明，效用可能性曲线上的点都是符合帕累托效率的。在这条线以内，如 A 点，则在不减少亚当的效用的前提下是可以通过向右移动增加夏娃的效用的，因此该点不是帕累托最优的，而曲线外的点是无法企及的。

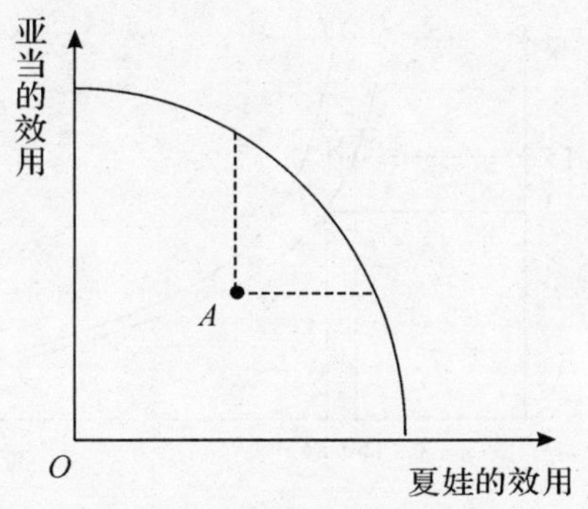

图 1-2　效用可能性曲线

福利经济学第一定理说的是，任一竞争性经济能够达到帕累托最优，也就是达到效用可能性曲线上的某一点，换句话说，如果经济处在效用可能性曲线上，则经济的运行是符合帕累托效率的。福利经济学第二定理表明，只要给定适当的初始再分配，利用竞争性市场经济，效用可能性曲线上的任意一点都是可以达到的，即效用可能性曲线上的每一点实际上都对应着一种初始分配。

二、交换效率

交换效率指的是，对于一定量的产出物品 X 和 Y，当在 A 和 B 两个人之间的分配达到以下状态——不使一方处境变糟的情况下使另一个人处境变好的——X 和 Y 的再分配是不存在的，则此时的交换是有效率的。交换效率的条件是所有人的边际替代率都相等。交换效率意味着不再有自由交换的余地。

(一)无差异曲线与边际替代率

在序数效用论者看来,效用无法用1、2、3、4这样的基数来衡量,但是每一个消费者个人却可以对每一种消费商品或商品组合的偏好排序。比如有A、B两种商品组合,消费者亚当或者认为A与B一样好,或者认为A比B好,或者认为B比A好。如果有两种商品苹果和香蕉,对于消费者亚当来说,一开始他拥有15个苹果和10支香蕉,但让他用2个苹果去换1支香蕉,即变成13个苹果和11支香蕉,对他来说并没有区别,则这两种状态对他来说是无差异的。即,他愿意得到1单位的香蕉而放弃2单位的苹果。一个人愿意为了换取一单位某种商品而放弃的另一种商品的数量叫做边际替代率(marginal rate of substitution)。如图1-3,点A和点B正好代表了这两种商品组合,可以推测,还有其他的商品组合对亚当来讲是与A或B一样好的。我们把所有这些与A一样好的商品组合的点连起来,就得到了一条曲线——无差异曲线(indifference curve)。而边际替代率正好就是无差异曲线的斜率。

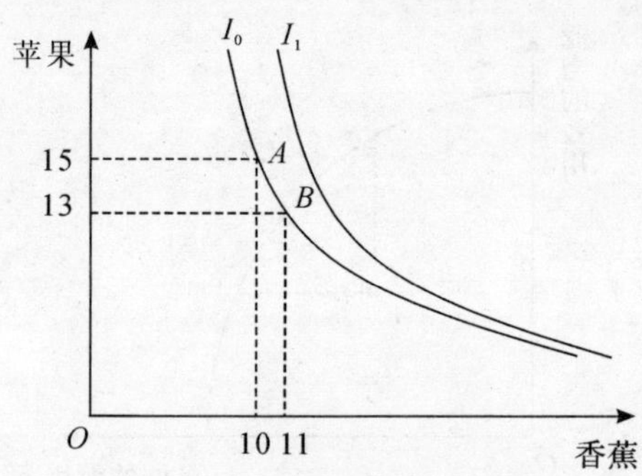

图1-3 亚当的无差异曲线

无差异曲线是向右下方倾斜的。无差异曲线有无数条,其中越是远离原点,代表的满足程度越高,如图中无差异曲线I_1代表的满足程度高于I_0。任意两条无差异曲线不能相交,一般商品的无差异曲线凸向原点,也就是边际替代率递减。

同样,我们可以画出夏娃的无差异曲线。

(二)埃奇沃斯方盒

交换经济的最简单模型是两个人两种商品的经济。埃奇沃斯方盒(Edgeworth box)是描述这种简化经济模型的常用工具。

在一个两个人两种商品的经济中,资源的总量是固定的。如图1-4所示,横坐标代表了这个经济体的苹果的总量,纵坐标代表了香蕉的总量。我们用从原点O_1出发开始度量的距离表示亚当拥有的商品的数量,从O_2出发度量的距离表示夏娃拥有的商品的数量。由于是两个人的经济,因此,两种商品在两个人之间进行分配。假定经济体中的苹果总量为 A，而香蕉的总量为 B，亚当拥有的苹果为 A_1，香蕉为 B_1，夏娃拥有的苹果为 A_2，香蕉为 B_2，由于该经济体中只有两个人，在资源完全分配的情况下，我们有 $A_1+A_2=A, B_1+B_2=B$。我们可以发现，在埃奇沃斯方盒中的任意一点，都满足上述两个条件（公式），每一点代表了一种资源配置（allocation）的状况，即资源在不同的人之间的分配的情况，可以用商品列（A_1, A_2, B_1, B_2）表示，所有的资源配置的可能的点都落在埃奇沃斯方盒中。假如经济的初始状态处于图中的 E 点，那么，这一点对应的资源配置就称为禀赋（endowment），为了区别其他的资源配置，我们通常用（A_1，A_2, B_1, B_2）表示。我们还可以发现，随着亚当对某一种商品的拥有量的增加，夏娃的拥有量就减少。因此，我们可以通过一个人对商品的拥有量，来推测另一个人的商品的拥有量。

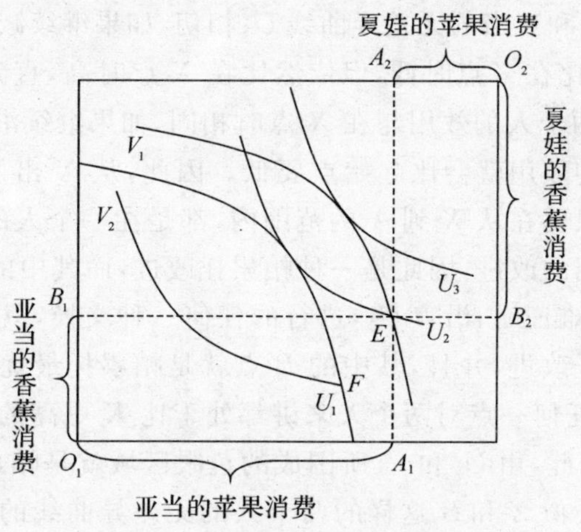

图 1-4　埃奇沃斯方盒中的交换效率

在埃奇沃斯方盒中，一个人的商品增加，另一个人的商品数量一定减少，那么，这是否意味着一个人效用的增加另一个人的效用一定减少呢？

让我们引进上述描述效用的无差异曲线来进行分析。

图 1-4 中，U_1、U_2、U_3 三条无差异曲线分别代表了亚当的三种效用水平，U_1 代表的效用最低，U_3 代表的效用最高，V_1 和 V_2 代表了夏娃的效用，同样，越是远离 O_2 点，效用越高。图中的 E 点是禀赋点，在这一点上，亚当和夏娃的效用水平分别由 U_2 和 V_1 代表。

关于埃奇沃斯方盒分析的主要含义可以总结如下：

第一，方盒中的任意一点代表了一种配置，即每个人的商品组合。由于每一种商品的总量是固定的，要改变一个人的商品组合，必须同时改变另一个人的商品组合。

第二，每一个人对自己的配置的偏好都可以用方盒中的无差异曲线来描绘，无差异曲线距离原点越远，代表的效用越高。如图，亚当更加偏好点 E，而夏娃更加偏好点 F。

(三)交换的效率和契约曲线

交换增进效率的情况可以通过埃奇沃斯方盒进行分析。如图 1-5，假如我们的起始点为 X，在这一点上，亚当的效用水平为 U_1，夏娃的效用水平为 V_1。如果两个人的交换沿着 V_1 进行，亚当减少苹果的数量而夏娃增加苹果的数量，同时，亚当增加香蕉的数量而夏娃减少香蕉的数量，由于交换沿着 V_1 进行，因此，夏娃的效用保持不变，而亚当却达到了更高的无差异曲线上。比如交换进行到 Y 点时，夏娃的效用不变而亚当的效用从 U_1 提高到 U_2，这个过程还可以再进行下去，直到 Z 点，在夏娃效用不变的前提下，亚当的效用提高到 U_3，此时夏娃的无差异曲线 V_1 和亚当的无差异曲线 U_3 相切，如果继续减少亚当的苹果量，则亚当的效用就会比在 Z 点时低，但依然比在 X 点时高，直到点 A，此处 U_1 与 V_1 重新相交，此时两个人的效用与在 X 点时相同，如果继续沿着 V_1 减少亚当的苹果数量，则亚当的效用就会比起始点要低。因此，从 X 出发的，沿着 V_1 进行的任何一种交换，只要在从 X 到 A 的范围内，都是在一个人的效用不变的情况下，另一个人的效用的改进，因此是一种帕累托改进，而其中的 Z 点则是帕累托最优。同理我们不难证明，沿着 U_1，进行的任何一种交换，只要在从 X 到 A 的范围内，也是帕累托改进，并且，其中的 B 点就是帕累托最优。进一步地，由于在 U_1 和 V_1 之间的任何一点对两个人来讲都处于比 X 更高的无差异曲线上，因此，都比点 X 好，因此，由 U_1 和 V_1 所围成的鱼眼区域就是帕累托改进区域。同样，我们不难找到类似 Z 和 B 这样的两个人的无差异曲线的切点，它们是交换

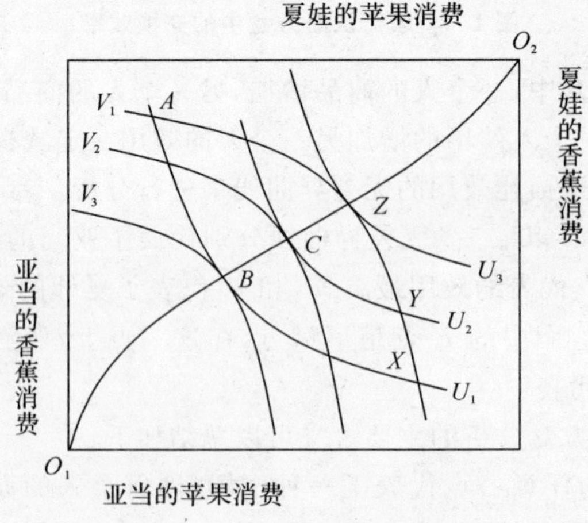

图 1-5　帕累托最优与契约曲线

所能到的最优状态，这样的点在图中有无数个，我们把这些点连起来，就是图中的 O_1O_2 线。由于它是由所有的帕累托最优的点组成的，是交换效率的体现，因而也叫效率轨迹（efficient locus），同时，它也是交换的双方所达成的交易的契约，所以也称为契约曲线（contract curve）。

由于无差异曲线的斜率就是边际替代率，因此，当两个人的无差异曲线相切时，无差异曲线的斜率相同。这意味着，帕累托最优实现时，两个人的边际替代率正好相等，这也就是帕累托最优的条件。

三、生产效率

与交换效率的定义方法相类似，生产效率表明一种产品生产的最优状况，如果在一组资源固定的情况下，不减少一种产品的生产就无法增加另一种产品的产量，那么就达到了生产效率。反之，如果存在这种可能性，即在不减少一种产品的产量的前提下增加另一种产品的数量，那么先前的状态就不是帕累托最优的。

生产可能性边界（product possibility frontier）描述了一组既定资源约束下的产品的帕累托最优的情况。如图 1-6，生产可能性边界上的任何一点都是帕累托最优的，要增加一种产品的产量必然要减少另一种产品的产量。曲线内的点都不是帕累托最优的，比如 A 点，沿着水平方向，在不减少苹果数量的前提下，经济体存在着增加香蕉数量的可能性，同样，沿着垂直方向，经济体在不减少香蕉数量的前提下存在着增加苹果数量的可能性。因此在 A 点，存在着帕累托改进的余地，A 点不是帕累托最优点。而生产可能性边界以外的点则是在给定资源约束下无法达到的。

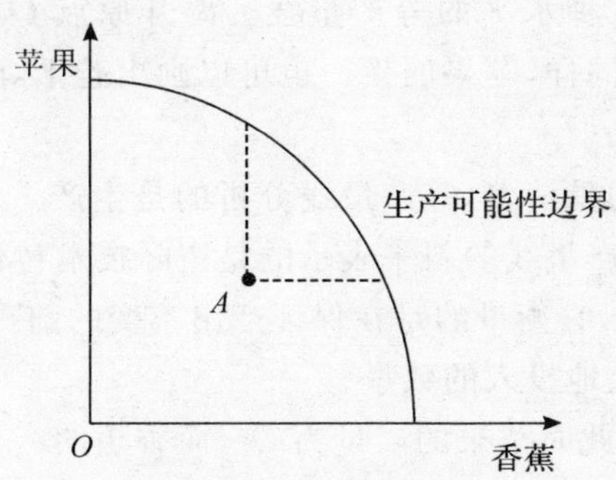

图 1-6　生产效率与生产可能性边界

那么，要具备怎样的条件才能达到生产的帕累托最优呢？我们同样借助于埃奇沃斯方盒进行说明。

如图 1-7，该经济体生产量中商品为香蕉和苹果，使用两种投入，劳动和土地，并且两种投入的数量是给定的，分别为 A 和 B。横坐标代表劳动的投入，纵坐标代表土地的投入，从原点 O_1 出发，横坐标度量的是投入香蕉生产的劳动量，纵坐标度量的是投入香蕉生产的土地数量，由于投入要素是既定的，因此，投入香蕉生产的劳动和土地数量越多，投入苹果生产的劳动和土地数量就少。比如方盒中一点 E，投入香蕉生产的劳动数量为 A_1，投入苹果生产的劳动数量就为 A_2，或者，$A-A_1$，投入香蕉生产的土地的数量为 B_1，投入苹果生产的土地数量为 B_2，或者 $B-B_1$。

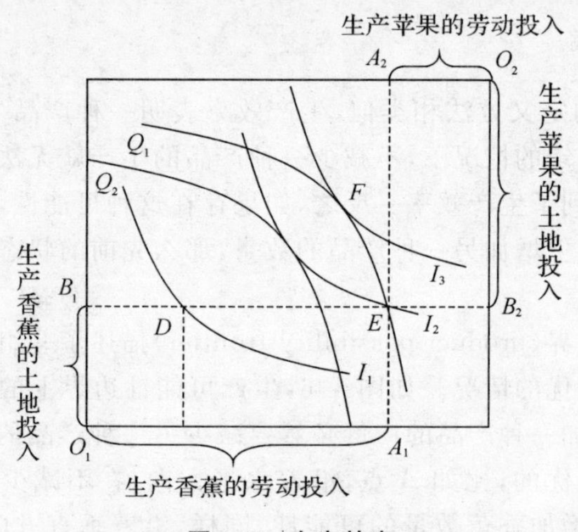

图 1-7　生产效率

当我们使用一组固定的要素进行生产时，可以达到产品的某一种产出水平，等产量线(isoquant)描述了产量相同的不同投入的组合。如图 1-7，I_1、I_2 和 I_3 为香蕉这个产品的三种水平的等产量线。离开原点 O_1 越远的，产出水平越高，I_3 大于 I_2 大于 I_1。同样，苹果的生产也可以画出若干等产量线，其中 Q_2 大于 Q_1。

无差异曲线分析的是消费，等产量线分析的是生产。无差异曲线的斜率表示的是边际替代率，等产量线的斜率表示的是边际技术替代率(marginal rate of technical substitution)，它衡量的是在保证产出不变的前提下，减少一单位劳动的投入而必须增加的土地投入的数量。

我们从 E 点出发，此时苹果的产量为 Q_1，而香蕉的产量为 I_2。先固定苹果的产量，增加投入苹果生产的劳动数量，减少投入苹果生产的土地数量，相应地，投入香蕉生产的劳动数量就会减少，土地数量就会增多。结果，香蕉的等产量线不断上升到更高的水平，直到 F。此时，两种产品的等产量线相切，香蕉的产量在苹果产量不变的情况下达到了最大。F 点就是生产效率点。超过这一点，香蕉的产量会回落。生产的状况可以分为三种，如果香蕉的投入在 D 点，而

苹果的投入在 F 点或者 E 点，则这个经济中存在剩余的资源，资源没有被充分利用；如果香蕉的投入和苹果的投入正好都在 E 点，则资源得到了完全利用，但生产并没有达到效率状态；在 F 点，资源得到了完全利用，而且是有效率的。

当香蕉和苹果的等产量线相切时，两种产品的边际技术替代率相等。换句话说，两种产品的边际技术替代率相等是生产效率的条件。

如同交换效率点不止一个一样，符合生产效率的点也有许多。这意味着不同的苹果和香蕉的产量组合同样有可能是符合生产效率的。生产效率的轨迹实际上就是图 1-6 中的生产可能性边界。交换效率的选择更多地取决于价值观，而生产效率的选择则属于产品组合效率问题。

四、产品组合效率

产品组合效率要同时实现两个目标，即生产的效率和效用的最大化。因此，产品组合效率首先应该在生产可能性边界上。而效用我们依然用无差异曲线来表示。为了分析的方便，我们假定亚当和夏娃拥有相同的无差异曲线，或者说，所有人的偏好相同。

在图 1-8 中，无差异曲线与生产可能性边界相切于 F 点，在该点，效用达到了最大化。

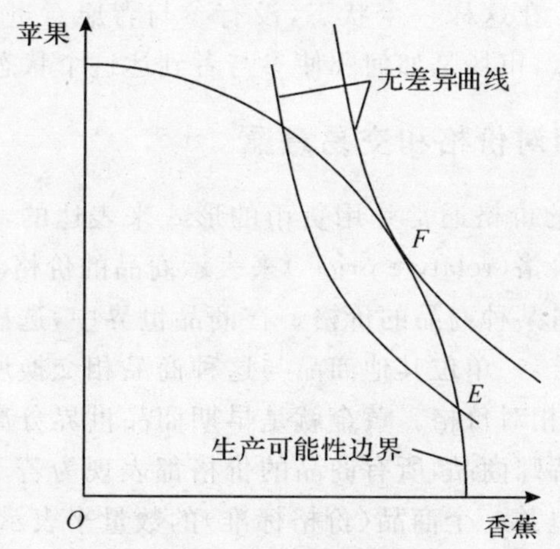

图 1-8　产品组合效率

生产可能性边界的斜率称为边际转换率（marginal rate of transformation），是指减少一单位香蕉可以多生产的苹果数量。当生产可能性边界与无差异曲线相切时，两条曲线的斜率相等，即边际转换率等于边际替代率。

综上，帕累托效率的基本条件可以总结如下：

第一,交换效率:所有人的任何两种产品之间的边际替代率相同;

第二,生产效率:所有企业的任何两种投入之间的边际技术替代率相同;

第三,产品组合效率:边际替代率等于边际转换率。

第三节　竞争性均衡

达到了帕累托效率的条件,就可以实现帕累托最优。而竞争性市场就是引导人们最终朝着帕累托条件规定的方向前进的一个机制。竞争性市场中交易的结果就是竞争性均衡(competitive equilibrium)。

竞争性市场满足以下假定:

第一,每一个商品都有一个市场,市场的参与者可以按照现行价格买入或卖出任意数量的商品。

第二,在衡量现行价格的基础上,每一个参与者都试图进行那些尽可能改善他们境况的交易。

如果每个市场的现行价格都是可以让市场"出清"的,即每个交易者都可以实现他愿意进行的交易,那么,竞争性均衡就实现了,市场的价格也就是均衡价格或者"出清"价格。在这样一个状态,没有参与者愿意进行进一步的交易,是帕累托最优的。那么,市场是如何驱使参与者到达这个状态的呢?

一、预算线、相对价格和交易意愿

商品在市场上的价格通常是用货币的形式来表达的,也就是货币价格,但我们也可以用相对价格(relative price)来表示商品的价格。相对价格是用另一种商品的数量来度量某种商品的价格。在商品世界中,选出一种商品作为所有其他商品的价格标准,一单位其他商品与这种商品相交换所需的这种商品的数量,就是那种商品的相对价格。黄金就是早期商品世界分离出来的专门担当这一价格标准职能的特殊商品,所有商品的价格都表现为若干单位的黄金。当所有的商品的价格都以某一个商品(价格标准)的数量来表示时,一个完整的相对价格体系就建立起来了。竞争性均衡决定相对价格。

我们依然以只有两种商品的市场经济为例。令香蕉为价格标准,则苹果的相对价格就是香蕉的数量。我们假定这个数量为 p,那么,某人购买或者卖出 1 只苹果所需支付或者能够得到的就是 p 根香蕉。

在两个人两种商品的简化模型中,如图 1-9 所示,E 为禀赋点,这意味着该点的资源配置状况同时构成了两个人的收入,也就是预算约束(budget constraint)。预算线(budget line)表示的是消费者将全部的收入用于消费的两种商品组合的轨迹。因此，预算线一定通过禀赋点。但是，消费者是保持在禀赋点上还是希望采取一定的买卖行动，则取决于在何种状况下效用更高。由于给定了相对价格 p，因此，如果进行交易，则必须按照这个价格进行，消费者能够交易的最大数量，就是将全部的收入(也就是初始资源)用于交易，因此，交易将从禀赋点出发，按照 1 只苹果 p 根香蕉的比例进行交换，也就是沿着斜率为 $-p$ 的直线进行交易。从亚当的角度来讲，通过减少 1 单位的苹果可以增加 p 单位的香蕉，增加 1 单位苹果则要减少 p 单位香蕉。因此，他是沿着通过禀赋点 E，斜率为 $-p$ 的直线改变商品组合的，同时始终让自己处于预算约束上，这条通过禀赋点 E，斜率为 $-p$ 的直线 MN 就是亚当的预算线。同样，夏娃的预算线也通过禀赋点 E，斜率也为 $-p$，因此也就是 MN。两个人的预算线是重合的，不同的只是交易的方向，如果对亚当来说是减少苹果而增加香蕉，那么对夏娃来说则是增加苹果而减少香蕉。

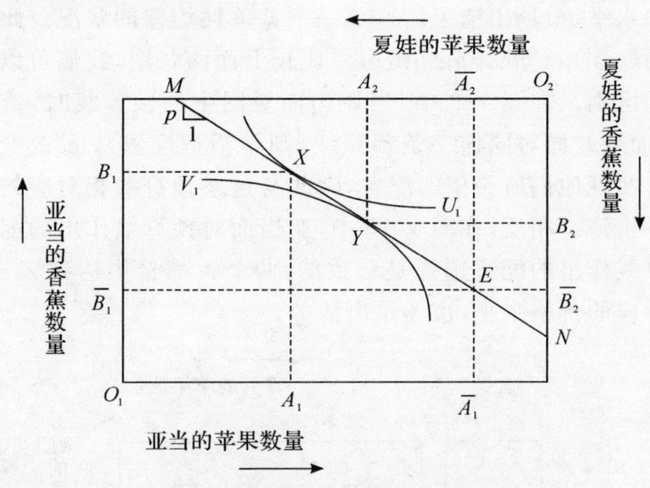

图 1-9　非市场出清的相对价格

我们假定亚当和夏娃最初处于 E 点，那么，在现有相对价格 p 水平下，两个人各自愿意进行怎样的交换？是否能够达到市场“出清”呢？

预算线表示了交易发生的轨迹，或者说，是购买的约束，是一种限制，而作为消费者的主观愿望，则是更多的拥有。根据无差异曲线的分析，越是远离原点的无差异曲线，代表的效用越高。因此，消费者愿意达到的位置就是无差异曲线和预算线相切的位置。这是消费者能够达到的最高的效用水平。如图 1-9，对于亚当来说，从 E 点出发，他愿意卖出 $\overline{A}_1-A_1$ 数量的苹果而购买 $\overline{B}_1-B_1$ 数量的香蕉，从而到达无差异曲线 U_1 与预算线 MN 相切的 X 点，而对于夏娃来说，她希望购买 $A_2-\overline{A}_2$ 数量的苹果而出售 $\overline{B}_2-B_2$ 数量的香蕉。显然，亚当愿意出售的苹果数量大于夏娃愿意购买的苹果数量，也就是说，在现行相对价格下,存在着苹果的超额供给。另一方面,亚当愿意并且能够购买的香蕉的数量却大于夏娃愿意并且能够出售的香蕉数量,在现行相对价格下,存在着香蕉的超额需求。因此,该市场价格不是市场出清价格,市场并没有达到帕累托最优状态。同时我们看到,当存在一种商品的超额供给时,一定存在另一种商品的超额需求,这个原则称为瓦尔拉斯法则(Walras' Law)。

二、市场出清价格

我们再来看一种禀赋和相对价格情况。

如图 1-10,我们改变了禀赋点和预算线的斜率,也就是相对价格。与上述情况不同,在该相对价格水平下,亚当和夏娃的无差异曲线与预算线相切于同一点 Z,这表明,从 E 点出发,亚当愿意出售的苹果数量正好等于夏娃愿意购买的苹果数量,夏娃愿意出售的香蕉数量正好等于亚当愿意购买的香蕉数量,在这一相对价格水平,市场出清了。这是一个竞争性均衡的状况。此时的价格为市场出清价格(market-clearing price)。比较上面两张图,我们可以看出市场出清与非出清的区别。在图 1-9 中,当亚当面对图中的预算线时,希望将配置从 E 改变到 X,而夏娃面对同样一条预算线,则希望把配置从 E 改变到 Y。由于两个人都无法实现他们所希望的配置,因此与这条预算线相对应的相对价格没有能够使市场出清。相反,在图 1-10 中,亚当面对预算线作出的配置的选择与夏娃面对预算线作出的配置选择是一致的,两个人都希望达到 Z 点,这意味着在该预算线对应的价格水平,市场是出清的。

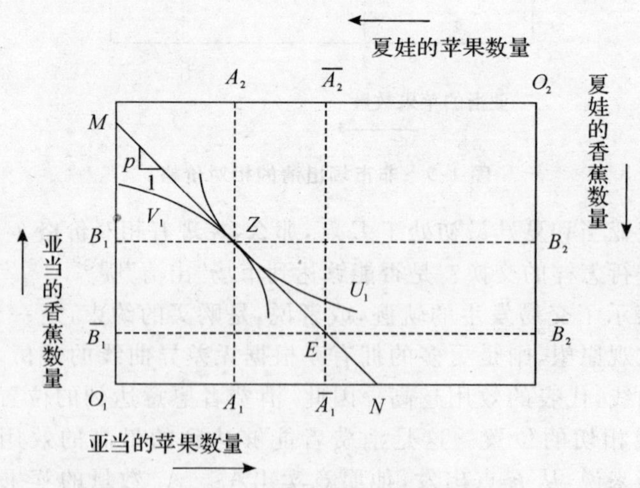

图 1-10　市场出清价格

三、供给与需求

竞争性均衡描述了市场出清的情况，而市场还存在非出清的情况，这两种不同的情况，必须设定不同的预算线，也就是不同的价格才可以实现。市场的供给曲线和需求曲线则既描述了市场出清的情况，也就是供给与需求相等，也描述了非市场出清的情况，也就是供给与需求不等的情况。

当我们着眼于埃奇沃斯方盒中的一种产品时，也就是一个市场时，我们可以从中推导出该种产品的市场供给与需求曲线。但是，由于每一个购买苹果行为的同时就是出卖香蕉的行为，或者，出卖苹果的行为意味着发生购买香蕉的行为。两个市场是相互关联的，我们很容易得出另一个市场的情况。

既然要推导出供求曲线，那么一定需要有不同的价格水平。如图 1-11，我们首先给定了对应于价格 p_0 和 p_1 的相对应的两条预算线，其中 p_1 大于 p_0。斜率为 $-p_0$ 的预算线与亚当的一条无差异曲线 U_0 相切于 E 点，如果价格保持在 p_0，那么亚当将既不买也不卖，他已经处于最优状态，没有改进的可能性。如果价格高于 p_0，也就是说预算线比斜率为 $-p_0$ 的预算线更为陡峭，那么，对于亚当来说，就愿意减少苹果的数量而增加香蕉的数量，从而达到更高的无差异曲线与预算线相切的位置，也就是说，当苹果的价格高于 p_0 时，他愿意卖出苹果换取香蕉，而当苹果的价格小于 p_0 时，他愿意卖出香蕉而买进苹果。因此，对于每一个高于 p_0 的价格，亚当都愿意卖出苹果；而对于每一个低于 p_0 的价格，亚当都愿意买进苹果；当价格等于 p_0 时，他不买也不卖。

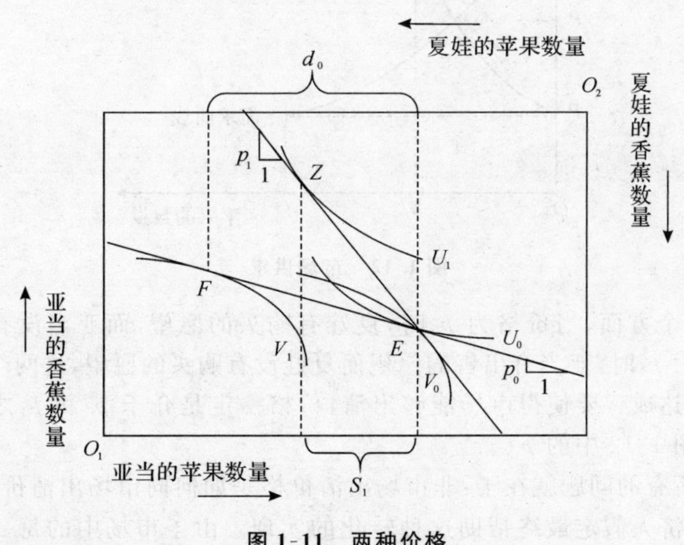

图 1-11　两种价格

夏娃的情况与此类似。我们可以观察对应于价格为 p_1 的预算线，无差异曲

线 V_0 与该预算线相切于 E 点，也就是夏娃的约束条件下的效用最大化的点。这意味着，当价格等于 p_1 时，夏娃不买也不卖。当价格低于 p_1 时，通过卖出香蕉获得苹果，可以增加效用，相反，当价格高于 p_1 时，通过卖出苹果而换回香蕉。

当价格为 p_0 时，亚当愿意出售的苹果数量为零。超过这一价格，其原意出售的苹果数量大于零。由于每一家对应着一条预算线，因此，我们可以通过改变预算线的斜率把亚当愿意出售的数量记录下来，这也就是在某一个价格水平下亚当的苹果供给。我们把价格当作纵坐标，把苹果的数量当作横坐标，把随着价格变动而改变的供给数量记录在这样一个平面上，就得到了以香蕉的数量作为价格的苹果的供给曲线，其起点应该就是(p_0,0)，根据埃奇沃斯方盒的情况，终点应该在斜率为 $-p_1$ 的预算线与无差异曲线相切的点 Z 上，也就是价格为 p_1，而供给数量为 S_1 的点上，即 $Z(p_1, S_1)$。这条线就是图 1-12 中的供给曲线。另一方面，当价格为 p_1 时，夏娃愿意购买的苹果数量为零；当低于这个价格，愿意购买的数量大于零。当价格等于 p_0 时，夏娃愿意购买的苹果数量为 d_0，我们也把价格与需求之间的变动关系记录下来，这就是图 1-12 中的需求曲线。

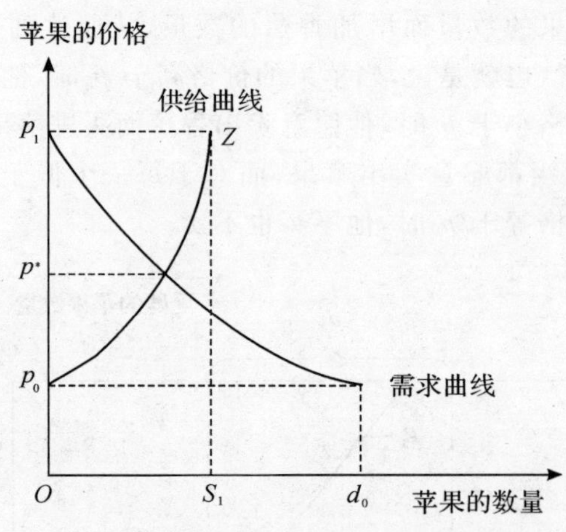

图 1-12　市场供求

综合两个方面，当价格为 p_0 时，夏娃有购买的愿望，而亚当没有出售的愿望；当价格为 p_1 时，亚当有出售的愿望而夏娃没有购买的愿望，这两个价格都不能使得交易达成。要使得市场能够出清，价格一定是介于 p_0 和 p_1 之间的一个价格，比如图 1-12 中的 p^*。

于是，所有的问题就在于：非市场出清价格是如何向市场出清价格转化的？经济学的经济人假定最终帮助这种转化的实现。由于市场中的每一个个体都是追求自身最大化的，因而，如果说当前的市场价格是非出清的市场价格，那么，一个人就无法实现他或她想要的交易，于是就会产生一种提价或者降价的动力，以实现自己的交易愿望。这样的价格修正将逐步缩小交易双方所愿意进行的交易之间的差异，最终实现对双方都是最优的交易。比如，在一个高于图1-12中的市场出清价格 p^* 的价格上，亚当愿意卖出的苹果数量大于夏娃愿意买入的苹果数量，他就有较强的激励按照一个低于市场价格的价格卖出苹果，于是价格就会下降。相反，在一个低于市场出清价格的价格水平上，亚当愿意卖出的苹果数量小于夏娃愿意买入的苹果数量，夏娃就有动力把价格抬高。这样，价格就会移向市场出清价格了。

从埃奇沃斯方盒中我们还可以清楚地发现，当市场出清时，两个消费者的无差异曲线相切，也就是消费者的边际替代率相等。类似的，我们可以容易地证明，两种产品生产的边际技术替代率相等。同时，无差异曲线的斜率等于预算线的斜率，这意味着消费者的边际替代率等于价格比率。我们可以证明，在竞争条件下，边际转换率将等于苹果对香蕉的相对价格。如果通过减少1单位苹果产量，企业就能增加香蕉的产量，比如增加1单位，而且香蕉的售价高于苹果的价格，追求利润最大化的企业显然会扩大香蕉的生产，反之亦然，只有在边际转换率等于相对价格时，达到均衡。由于边际替代率和边际转换率都等于价格比率，所以，边际转换率必须等于消费者的边际替代率。因此，在理想的竞争性市场中，帕累托效率所要求的三个条件都可以得到满足。

【关键词】

帕累托效率(Pareto efficiency)

帕累托原则(Pareto principle)

帕累托改进(Pareto improvement)

福利经济学第一定理(the first theorem of welfare economics)

福利经济学第二定理(the second theorem of welfare economics)

效用可能性曲线 (utility possibilities curve)

无差异曲线(indifference curve)

埃奇沃斯方盒(Edgeworth box)

配置(allocation)

禀赋(endowment)

效率轨迹(efficient locus),或契约曲线(contract curve)

交换效率(exchange efficiency)

生产效率(production efficiency)

产品组合效率(product mix efficiency)

边际替代率(marginal rate of substitution)

边际技术替代率(marginal rate of technical substitution)

边际转换率(marginal rate of transformation)

预算约束(budget constraint),或预算线(budget line)

相对价格(relative price)

市场出清价格(market-clearing price)

【思考题】

1. 什么是帕累托最优、帕累托改进和帕累托原则?
2. 福利经济学第一定理和第二定理分别表示了什么?
3. 帕累托效率的三个条件是什么?
4. 什么是市场出清?试利用埃奇沃思方盒图说明市场出清的过程。

第二章　市场失灵与社会选择

【概要】帕累托最优的实现是需要一定的条件的，如果这些条件不具备，就会出现所谓的市场失灵。市场失灵给了政府干预经济的理由，但是，即便市场没有失灵，政府也还可以因为公平的原因而干预经济。福利经济学的两条定理给了政府干预经济的两个方面的理由，即改进效率和改善公平。现实中，效率和公平往往需要权衡，效用可能性曲线和社会无差异曲线可以帮助分析这种权衡。理论上，关于效率与公平及其之间的权衡有不同的观点。现实中，效率的判断可以从消费者剩余和社会总收益的大小入手，而不公平可以借助贫困指数、贫困差距、洛伦兹曲线和道尔顿—阿特金森测度等方法来衡量，现实中通常采用补偿原则、权衡取舍法和加权收益法来进行社会选择。

福利经济学基本定理表明，在一定的条件下，竞争性市场的结果是帕累托最优的，并且，帕累托最优不止一个，因而，我们有可能根据某种社会标准在众多的帕累托最优中选择我们所喜欢的一个，这也意味着公平和效率并不必然是冲突的。那么，帕累托最优的实现需要怎样的条件？如果不具备这样的条件会发生什么？政府在经济中起什么样的作用？决定公平和效率选择的原则是什么？在现实中我们如何作出选择？对这些问题的探讨构成了本章的内容。

第一节　市场失灵

一、帕累托最优的条件

在第一章，我们探讨了帕累托最优实现的边际条件，也就是技术条件，但这些条件的探讨本身是建立在完美市场假定的基础上的。然而，完美市场本身还需要一些条件，这些条件包括：

(1)每一个人的福利仅仅取决于他本人所消费的商品，每一个厂商的收益仅仅取决于对它所拥有的生产要素的利用，即获利条件假定。

(2)对每一种商品都建立了产权并得以实施,即完美产权假定。

(3)每一种商品都有市场,即完全市场假定。

(4)厂商处于竞争性运行,尤其是可以相信厂商的行为不会对市场价格产生可以察觉到的影响,即完全竞争假定。

(5)参与市场是无成本的,即零交易费用假定。

(6)对于商品的质量和交易的环境,所有市场参与者拥有相同的信息,即信息充分且对称假定。

现实中,上述假定往往不能实现,从而导致所谓市场失灵的情况发生,即无效率的结果发生。

二、市场失灵的类型

(一)不完全竞争

帕累托最优的实现要求上一章的边际条件。但是,这些边际条件只有在完全竞争的市场上才能实现。在市场上,必须有足够数量的厂商,从而保证每一个厂商的行为都不能影响价格。在这样的情况下,一个厂商扩大生产到最后一单位产出的价格正好等于生产该产品所需的资源的市场价格。如果经济体中所有其他产品市场也是竞争性的,那么,这些资源的市场价格正好与使用同样资源生产出的其他商品的市场价值相等。这意味着厂商的边际成本等于资源的机会成本。市场的价格正好反映了这种资源的机会成本。这时的市场价格才是消费者进行选择的正确的信号。如果某种商品的价格高,那就是告诉消费者,该商品的消费将要求他们放弃其他他们认为同样值这些价值的商品,于是,消费者能够较为节制地消费昂贵的东西而慷慨地消费便宜的东西。在这样的选择下,市场的结果是帕累托最优的。

但是,如果某一个厂商的规模很大,足以影响市场的价格,那么,市场的价格就会与厂商的边际成本不一致,市场价格从而不能起到资源稀缺性的信号作用,消费者和生产者的选择就会偏离帕累托最优。最极端的情况就是一个行业只有一个卖者的垄断状况。垄断者按照边际成本等于边际收益(marginal revenue)的原则确定产量,并按照市场需求曲线能够卖出的最高价格确定价格。由于市场只有唯一的卖者,因此,销售量的增加会使价格下降,因此边际收益小于价格。由此,按照边际收益等于边际成本确定的产量对应的价格就高于边际成本。具体说来,厂商依然按照边际收益等于边际成本确定产量。边际收益是厂商增加一单位销售而增加的收益,由于需求曲线向下倾斜,边际收益包括两个组成部分,其一是多销售这一单位的产品的收益,即这一单位产品对应的价格,其二是为了多销售这一单位产品而不得不使所有产品都按照下降的价格出售的损失。因此,边际收益等于最后这一单位的价格减去降低价格导致的前面的销售量上的总损失，因此，边际收益小于价格，即边际收益曲线在需求曲线的下方。这意味着，消费者购买的数量与按照边际成本定价时的购买相比要少，即没有达到效率状态。如图 2-1 所示，垄断厂商的市场需求曲线为右下倾斜的 *DD* 线，相应地边际收益曲线 *MR* 在需求曲线下方。简单起见，假定垄断厂商生产的边际成本固定不变，即边际成本曲线 *MC* 为一水平线。于是，垄断厂商的利润最大化应满足最后一个单位生产的边际成本等于边际收益（$MR=MC$），即为图中的 *A* 点。显然，此时对应的市场价格将显著高于垄断厂商生产的边际成本（$P>MC$），这也意味着最后一个单位商品的社会收益高于生产该商品的社会成本，因而，存在社会福利损失。事实上，推而广之，只要市场的价格不等于边际成本，就会出现对帕累托最优的背离。

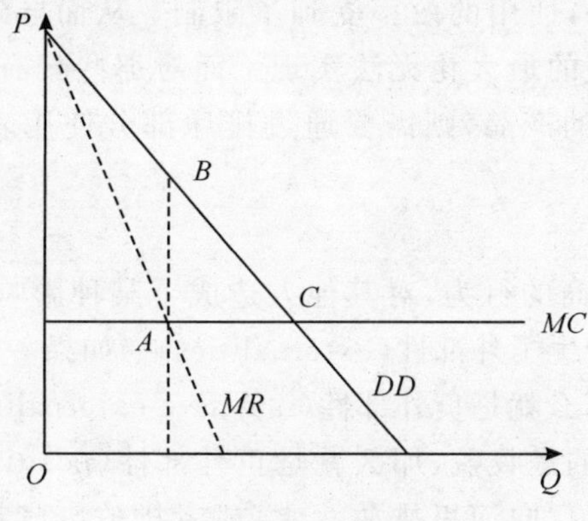

图 2-1　垄断定价

不完全竞争的原因是多方面的。一种原因是所谓自然垄断（natural monopoly），即对一个产品生产来说，随着规模的扩大，生产的平均成本下降。此外，信息不完全、高昂的运输成本、竞争策略的使用以及政府的专利保护等，都可以形成垄断。

（二）公共产品

公共产品（public goods）是指其消费的受益范围大于一个人或一个厂商的产品。公共产品有两类，纯公共产品（pure public goods ）和非纯公共产品（impure public goods）。前者同时具有非竞争性和非排他性两个特征。非竞争性指的是多一个人受益不会增加任何成本，即多一个人享用的边际成本为零。非排他性指的是一旦提供给某个人，也就自动提供给了其他人。国防和灯塔是这一产品的例子。非纯公共产品则是具备其中一个特征，或者带有某种程度的两个特征，即部分竞争和部分排他。这类商品较多，比如 GPS，公园和娱乐设施，警察和救助站，道路和桥梁等。

市场或者不提供纯公共产品，或者提供但数量不足。因为纯公共产品的特性使其很容易形成搭便车行为，虽然提供该产品的社会收益大于社会成本，但提供该产品的个人收益却小于个人成本，从而通过市场的方式，这类产品就无法供给，或供给不足。消费者面临的选择是，对公共产品的提供做贡献并分享其利益，或者捂紧自己的钱袋并且以任何其他方式分享公共产品。在这里，个人理性并没有为这类产品提供有益的帮助。一般来讲，这类产品自愿的贡献总量较少，所以，与社会的需求相比，供给会不足。如果强制每一个人多支付一些，则社会成员都会受益。由此，这给政府以税收的方式筹措公共产品的资金提供了很好的理由。

对非纯公共产品来说，如果是非竞争可排他的，那么，从理论上讲这类产品的供给本身并不存在问题，问题只是在于，这类产品并没有当作公共产品来使用，一些人被排除在外，使用的效率受到了限制。从而导致私人收益与社会收益的不一致，社会收益的最大化无法实现。而对那些具有部分竞争性，或者说具有拥挤性而可排他的产品，则需要通过排斥部分使用者来实现社会福利最大化。

（三）外部性

一个人或一个厂商的行为，对其他人造成了某种影响，但却并没有因此而支付或获取报酬，就产生了外部性（externalities）。如果一个人或厂商给他人带来的是成本（损害），那么就是负外部性（negative externalities），相反，如果一个人或厂商给他人带来的是收益，那么就是正外部性（positive externalities）。负外部性的例子很多，工厂向河里排放污水，或者排放废气都对周围的人造成了有害的影响。正外部性的例子其实也不少，比如别人的阳台装扮得春意盎然，我在自己家看出去赏心悦目，但并不需要支付费用。

外部性的存在使得私人成本与社会成本不一致，或者，私人收益与社会收益不一致，从而当市场经济主体按照私人边际成本等于私人边际收益的原则确定产品的数量时，就会出现对帕累托最优的偏差。存在负外部性的产品会出现过度供给，而存在正外部性的产品则会供给不足。

（四）不完全市场

只要市场不能提供产品或服务，即便提供的成本低于个人的支付意愿，市场失灵就存在，我们把这种情况称之为不完全市场（incomplete market）。也就是说，并非由于公共产品的特性和外部性的原因，市场还是不能提供某些产品。

比较显著的例子是保险与资本市场。经济学家发现，私人市场在提供保险和贷款上存在很大的问题。对原因的解释主要有三种。其一是强调创新，也就是我们需要各种产品的创新，同时也需要新的市场，即市场创新，我们需要新的保单方式，新的贷款方式，这样，就显出原有的体系是不足的。其二强调的是交易成本。也就是新产品的出现，比如新的保单的出现，需要推广，但其成本很高从而使之无法出现。第三种解释是信息不对称。

由于生产决定依赖于生产链条的每一个环节都是完美市场的，因此缺少了这些产品市场，不仅这些产品本身的供给存在问题，而且也会对其他产品的供给造成影响。互补市场就是典型的例子。设想，如果我们喝咖啡的时候都要加伴侣，但现在只有咖啡市场而没有伴侣市场，那么咖啡的销售和消费就会出现问题。咖啡生产商如果没有伴侣生产商的存在，那将无法取得预期的收益。在这里，任何一个人的单独行动都不会获得公共利益，只有一起行动才能获得公共利益。

(五)不完全信息

价格体系是利用分散的知识的一种有效的机制。比如，生产者针对产品价格和要素价格做出生产什么、生产多少以及如何生产的决策，而消费者根据自己的偏好和市场价格决定购买什么，购买多少。市场决策的正确性来源于生产者和消费者对自己的成本和偏好的了解，没有人比他们自己更为了解这些信息。因此，他们无需交流信息就可以做出决策。

然而，这种决策是建立在价格体系的完美假设前提下的。如果存在信息不对称，价格体系就会偏离最优，从而导致无效率的行为发生。信息不对称主要有两种情况，一种是生产者和消费者双方对有关产品的信息是不对称的，第二种是生产者和消费者关于产品使用的环境或条件的信息是不对称的。

信息不对称可以发生在任何领域，但比较严重的是发生在那些具有专门知识的产品领域，比如高新技术、医药、保险等。例如，当一个消费者要购买一台电脑时，要搞清楚组成电脑的所有配件是高成本的，而电脑的销售商则由于专门从事这一工作，对此了解的就更多，因而，当消费者和供应商在谈判时，就处于不同的地位上，消费者对供应商所提供的产品的识别在很大程度上受到了供应商的左右。这时，如果供应商要借助于这种信息不对称来获取利益是可以办到的。

(六)失业和其他宏观经济扰动

根据微观经济理论，市场价格高于均衡价格，则供给超过需求，价格有下降的压力，反之价格低于均衡价格，供不应求价格有上升的趋势。就劳动力市场而言，劳动的供给与需求均是工资率的函数，市场工资率高低调节了劳动的供给与需求。于是，劳动力市场均衡意味着，在均衡工资率下，劳动力市场中劳动供给方愿意供给的劳动刚好等于劳动需求方需要的劳动规模，整个经济中不存在非自愿失业，即宏观层面上经济实现充分就业均衡。然而，现实当中所有国家在不同经济发展阶段都或多或少受到失业率攀升的困扰。非自愿失业率的持续广泛存在表明，劳动力市场并没有实现朝向均衡的劳动力价格调整，相反劳动力工资的“刚性”或“粘性”却是劳动力市场非均衡的常态。劳动力市场上价格波动,不能充分调节劳动市场出清;相应地,其他产品与要素市场也同样存在不同程度的“价格粘性”问题,从而引发宏观经济的周期性波动,这种短期经济波动现象被凯恩斯主义者视为是市场无法自身调整出清,而出现“市场失灵”的另一重要例子。

三、政府的职能

福利经济学的两条基本定理给出了政府行使职能的基本思路。

首先,福利经济学第一定理表明,只有在一定的条件下,经济才能达到帕累托最优,如果这些条件不具备,就会出现市场失灵。当存在市场失灵时,政府有责任纠正市场失灵,提高效率。也就是说,政府有责任制定政策解决违背基本条件造成的后果问题。这一方面政府的职能主要体现在提供公共产品和纠正外部性;制定促进竞争反对垄断的法律等。

其次,即使在帕累托最优已经实现的地方,政府依然可以改善收入再分配,改进公平状况。第二定理描述了能够在不损害经济效率的情况下获得所期望的收入分配的条件。这取决于政府设计出好的再分配政策,主要体现在税收和转移支付方面。

此外,即使市场导致了帕累托最优的结果,还需要政府界定产权,实施合约。旨在保护公民和财产,实施合约和界定产权的政府活动,可以被视为所有市场经济存在的基础,提供市场正常运行的各种制度环境。

政府干预经济的一个理由基于父爱主义,也就是认为,政府比个人更了解什么对消费者来说是好的,而如果任由消费者自主选择,那么受他自身认识能力的局限,他就不会选择该产品,或者消费不足。这类对消费者有好处,但又需要由政府强制人们进行消费的物品,称为有益物品(merit good)。比如安全带对乘客和司机是有益的,但人们不一定意识到它的意义,或者贪图方便而不使用,政府就通过强制性的规定迫使人们使用。又比如基础教育,人们,尤其是没有接受过教育的人可能认识不到它的重要性,从而放弃接受基础教育,政府就有必要强制人们接受基础教育。有益物品的例子还有社会保险等。另一方面,对一些“坏”的物品,政府也要禁止消费,比如吸烟。这里的分析视角与干预外部性的视角是不同的。在抽烟导致不吸烟的人的损害的场合,我们说发生了负的外部性,采取的措施是改变私人成本,如征税,使私人成本等于社会成本,从而改变人们的选择。但是,在那个具体的场合,对吸烟者本人是不加干预的。而父爱主义的观念却不同,它认为,吸烟对身体健康是有害的,吸烟者并没有认识到这一问题,所以仅仅改变他的成本函数是不够的,要阻止他做那些对自己有害的事情。所以禁止吸烟不简单地是一个纠正外部性的问题,而是父爱主义的体现。更加极端的例子就是吸食毒品。禁毒与其说是使用经济学的成本收益分析得出的结论，不如说是父爱主义的体现。

但是，许多经济学家认为，父爱主义与消费者主权是背道而驰的。尤其严重的是，一些利益集团会以政府之名，行有利于集团利益之事。哲学家更是认为，政府干预个人选择的做法违背了自由意志论。

第二节　公平与效率的权衡

虽然福利经济学第二定理表明，只要改变初始的购买力分配，社会就能够达到它希望达到的某一个帕累托最优。但是，在改变购买力的分配的过程中，往往会发生效率的损失，而且即便是从一个帕累托最优到另一个帕累托最优，也依然会有人获益而有人受损。于是，我们要问，从社会的角度看，我们应该做出什么样的选择？我们面临的问题主要有两个，一是公平与效率究竟该怎样权衡(trade-off)？二是不同的帕累托最优比较的依据是什么？这样的分析已经不可能在个人选择的框架里进行，由此我们进入社会选择。

一、效用可能性曲线

当苹果和香蕉在亚当和夏娃之间分配后，两个人均有一个效用水平，我们以横轴代表夏娃的效用，纵轴代表亚当的效用，将两个人得到的效用在这一座标上描绘出来，就得到了效用可能性曲线图。如果将资源分配完毕，其效用的组合情况如图 2-2 所示。从图中我们看到：第一，这条曲线是向右下方倾斜的，这意味着亚当的效用和夏娃的效用是此消彼长的，要增加一个人的效用必定要减少另一个人的效用；第二，这条效用可能性曲线是向外突出的，我们从 A 点出发，一单位一单位地减少夏娃的效用，我们发现，亚当得到的效用在开始时增加

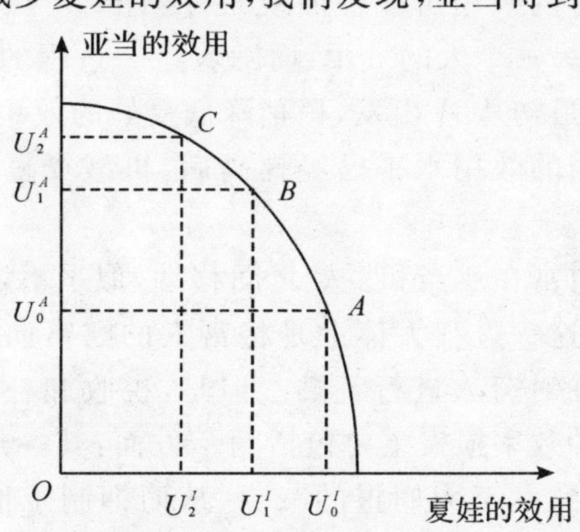

图 2-2　亚当和夏娃的效用可能性曲线

较多，然后增加量逐步减少。这意味着，当一个人的效用较多时，减少他的效用能够增加效用较少的人较多的效用，相反，当不断减少一个人的效用时，另一个人可以增加的效用却不多。效用可能性曲线外凸表明效用的边际转换率递增，即增加一个人效用的损失是递增的。边际转换率递增的原因在于个人的边际效用是递减的。

图 2-3 描述了亚当的总效用(total utility)和边际效用(marginal utility)。板块 A 的总效用曲线表明，随着亚当消费的苹果数量的增加，总效用增加，但增加的速度越来越慢，换句话说，每单位苹果数量的增加导致的效用的增量，也就是边际效用是递减(diminishing marginal utility)的。板块 B 表示了边际效用递减的情况。

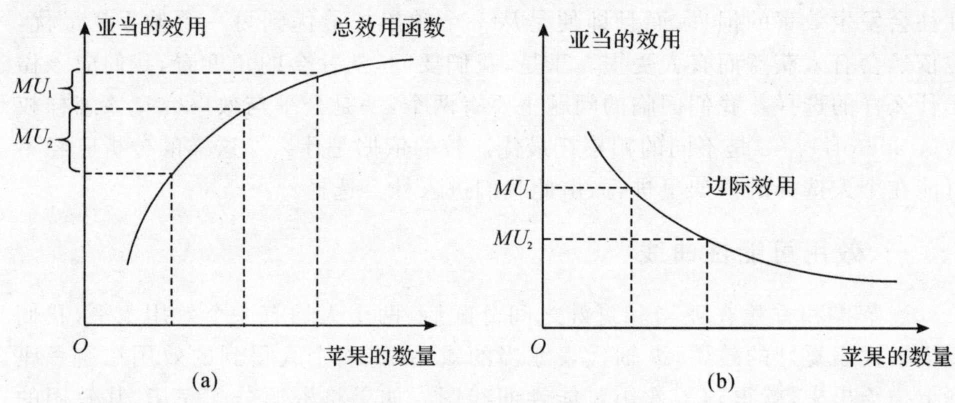

图 2-3　总效用和边际效用

边际效用递减的另一种表达就是当数量减少时，效用是增加的，因此当一个人的效用不断减少时，他的损失在一开始比较小，然后越来越大。这样，我们就能够理解亚当和夏娃的效用可能性曲线是外凸的。当开始减少一个人的效用时，可以较多地增加另一个人的效用，而随着这一过程的进行，增加的效用就越来越少。因此，我们最初从 A 出发，稍稍降低夏娃的效用，就可以大大改善亚当的效用，但是，当亚当的效用水平已经提高后，再减少夏娃的效用，能够增加的亚当的效用就很少了。

上面是抽象地将财富在亚当和夏娃之间移动，似乎不需要做任何事情就可以实现。而在现实中，这一过程大体上是将富人的财富向穷人转移，转移的手段主要是向富人征税并对穷人进行补贴。但是，税收和补贴手段的运用，往往会发生效率损失。这种效率损失主要包括两个方面：其一是征税和补贴改变了激励，对富人的征税导致其努力回报的减少，从而抑制了他们的努力。而对穷人的补贴也使他们能够不努力寻找工作，因为一旦通过自身的努力获取了收入，就失去了得到补贴的机会。其二是征税和补贴工作本身也需要支付成本，这在没有收入转移的时候是不必付出的。

如图 2-4 所示，外面的效用可能性曲线是没有转移成本的，而里面这条是存在转移成本的，这意味着当我们对收入进行再分配时，社会可以达到的效用边界缩小。只有在 A 点，即不存在再分配的情况下，两条线才是重合的。

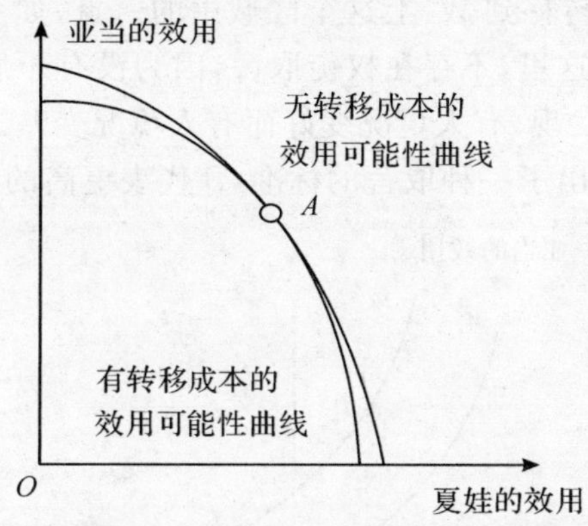

图 2-4 有成本转移的效用可能性曲线

二、社会无差异曲线

上面的分析表明了选择会改变效用在两个人之间的分配，可以看出改变的程度比较，以及改变可能面临的效率损失，但是并没有最后作出选择。

当我们考虑一个人的选择时，考虑的是个人的效用函数或者无差异曲线，以及这个人的预算约束。同样，当我们考虑在两个人之间以及两个人以上的社会做出效用配置的选择时，我们也要考虑偏好和约束。但是当我们超越一个人而从社会的角度来考虑效用配置的选择时，其约束和偏好也都不再是个人的预算约束和个人偏好，而是社会的约束和社会的偏好。

社会的约束很容易理解，应该是这个社会所能够利用的全部资源的最大产出，而效用可能性曲线正是全部资源或者全部资源的最大产出分配后的效用结果。因此，效用可能性曲线就可以代表社会的约束。

社会无差异曲线(social indifference curve)相对难以理解。我们先简单假定存在着一条类似于个人无差异曲线的社会无差异曲线。如同一个人可以从消费产品中得到效用一样，社会也从其成员获得的效用中获取福利。社会福利函数(social welfare functions)给出的是社会成员获得特定一组效用水平情况下的社会福利水平。社会无差异曲线是指，从社会来说产生相同福利水平的不同人(或群体)的效用组合集，或者说社会福利函数相同的效用组合。

图 2-5 描述了社会无差异曲线，W_1 和 W_2 分别代表了两条福利水平不同的无差异曲线，其中 W_1 是一条比 W_2 福利水平低的无差异曲线。每一条无差异曲

线上的点,其社会福利都是相同的。从 W_1 上的 A 点出发向右和向上各画一条线,落在这个区域内的所有点至少有一个人的效用比 A 点时好,而没有人的效用比 A 点时差。根据帕累托原则,我们应该选择那些至少可以使一些人境况得到改善而没有人境况变差的资源配置,这个区域的所有点都符合这个要求。因此,如果能够从点 A 转移到 W_2 上这个区域中的一点,如点 C,那么就是一个帕累托改进的选择。在这里,不存在权衡取舍,因为没有矛盾。但是,如果我们比较点 A 和点 B,我们发现,有人境况变好而有人境况变差。那么,我们该如何取舍?社会福利函数给出了一种取舍的标准,B 代表更高的社会福利水平。

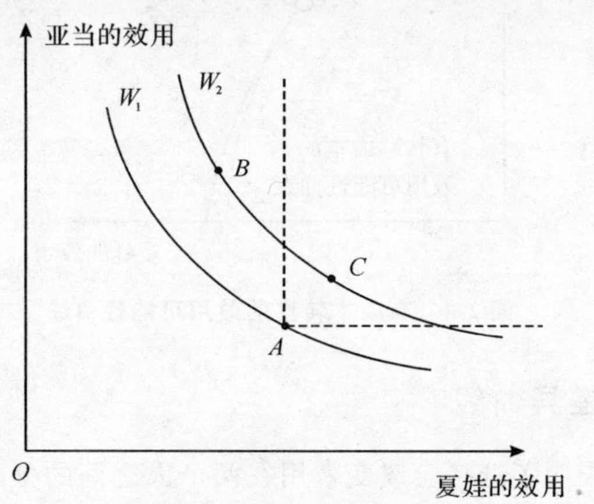

图 2-5 社会无差异曲线

社会福利函数不同,社会无差异曲线的形状也就不同。因此,无差异曲线的形态实际上反映了函数的性质。社会福利函数是建立在一些假设的基础上的。社会对公平和效率的态度直接关系到社会福利函数的特性。如果社会非常关注不平等,只要一部分人比另一部分人富裕,将这部分人的财富转移到另一部分人那里就是合理的,哪怕富人财富的大量减少只换来了穷人财富的极少增加。反之,如果社会对不平等根本不关心,并且认为每一单位财富带给任何人的效用都是一样的,那么追求效率的结果就可能致使改善收入分配的方案不能通过,只要该方案导致了效率的损失,哪怕是很小的损失。

在功利主义者(utilitarian)看来,社会应当使其成员的效用总和最大化,而不管是谁的效用。在两个人的简单模型中,社会福利函数为 $W=U_1+U_2$。这意味着任何人的效用与其他人的效用应当赋予相同的权重。在图 2-6(a)中,由亚当和夏娃组合的社会的无差异曲线是一条直线,当其中的一个人损失一些效用时,只要另一个人增加了等值的效用,社会就认为是一样好的。不过值得注意的是,功利主义的社会福利函数强调的是效用在任何人之间的分配不影响社会福利,但并非对财富或收入的分配不在意,同时也不否认边际效用递减规律。

因此，给不同的人增加1单位的收入或财富所带来的效用是不同的，由此社会福利就会不同。功利主义的效用函数强调的是每个人的效用应赋予相同的权重。

与此很不相同的是罗尔斯主义(Rawlsianism)。哈佛大学哲学教授约翰·罗尔斯(John Rawls)认为，社会福利受制于境况差的人的福利。如图2-6(c)所示，在E点，亚当和夏娃的效用一样，如果给其中任何一个人增加效用，社会福利不变。如果增加夏娃的效用至D点，这样，夏娃的效用就高于亚当的效用，但社会福利不变。但如果从D点出发增加亚当——效用低的人的效用，同时保持高效用者的效用不变到F点，结果就到了更高的社会无差异曲线上，社会福利增加。罗尔斯的社会福利函数的形状是L型的。其含义是显然的，就是要最大化最贫穷人群的效用。这是一种极端的观点。

专栏2-1　约翰·罗尔斯

约翰·罗尔斯，1921年生于美国马里兰州的巴尔的摩，1943年毕业于普林斯顿大学，1950年获该校哲学博士学位，以后相继在普林斯顿大学、康奈尔大学、马萨诸塞理工学院和哈佛大学任教。其最有影响的作品是《正义论》。罗尔斯认为一个社会是否公平，乃是最根本的问题所在。正因为公平是社会生活的最高价值，所以剥夺个人自由、歧视他人、以多数为名迫害少数或者坐视个人之间的命运差距，都违反了正义。提出了公平的正义的理论。公平的正义被诠释为在一个宪法民主制社会中人们关于一个健全的、持久的社会合作体系的条件的共同观念，因而是一种内含关于一个健全持久的社会合作体系的观念中的正义观。值得指出的是罗尔斯的正义观将社会主义的实质平等观念的某些要素纳入了公平的正义的理论。在这个理论中，核心的概念是平等的自由。

多数人的观点在上述两种观点之间。如图2-6(b)所示，社会认为在社会福利不变的前提下，效用在两个人之间或两个群体之间是可以相互替代的。但又不是按照功利主义的原则，即任何一个人的效用可以等于另一个人的等值的效用来进行替代的。在两个人的效用大体相当的时候，这种替代是按照1单位替代另1单位进行的。但是，如果其中一个人的效用已经大大高于另一个人的效用，也就是一个人是富人，另一个是穷人，如图中的G点，这时按照功利主义的观点，减少夏娃的效用并等值增加亚当的效用，社会福利不变；而按照罗尔斯主义的观点，增加亚当的效用而减少夏娃的效用，不管减少多少社会福利都减少，因为社会福利唯一地根据穷人的福利决定。但是在多数人看来，此时穷人福利的微小减少，如图中的 U_1，需要由富人福利的大量增加，如图中的 U_2，才可以保持社会福利不变。反过来说，富人福利的大量减少只需要穷人福利的少量增加就能够弥补，而社会福利保持不变。进一步推论，富人福利的减少如果有等值的穷人福利的增加，则会使社会福利增加。这意味着，减少富人的福利给穷人是有理由的，因为穷人的效用的权重高于富人效用的权重。

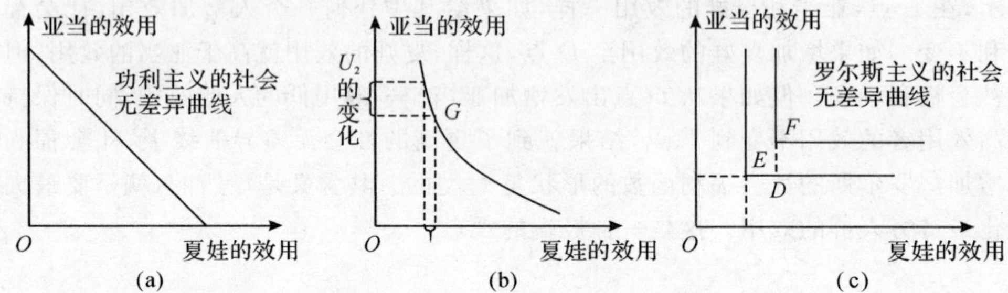

图 2-6　多种形状的社会无差异曲线

三、社会选择与争论

现在，我们将社会约束和社会偏好放在一起来进行社会选择。

如图 2-7 所示，在效用可能性曲线上有两点 A 和 B，在不考虑分配的效率损失的前提下，我们应该选择哪一点呢？在没有分配效率损失的前提下，这两点都是帕累托最优的，无法比较，从而无法选择。但是当我们引入社会偏好以后，我们就可以做出选择。我们引进的一条社会无差异曲线是多数人认为的无差异曲线，也就是图 2-6(b)中的无差异曲线。我们看到，在 A 点，社会无差异曲线和效用可能性曲线相切，这是在社会约束条件下所能达到的社会最高福利水平；而 B 点，一条更低的社会无差异曲线穿过效用可能性曲线，显然从社会的观点看，在同样所能够达到的效用组合上，A 点的社会福利高于 B 点的社会福利，社会应该选择 A 点的组合。即便存在再分配的效率损失，我们也可以用同样的方法，借助于社会无差异曲线找出相对较高的社会福利。

但是我们在前面提到，我们的分析建立在一个前提下，那就是社会无差异曲线是已知的，或者说社会福利函数是已经获得的。然而这是一个并没有很好解决的问题。

社会福利函数面临的最为突出的问题是效用的人际比较。要得到好社会福利函数，不仅要比较人际间的效用的大小，而且要知道其大小。在功利主义那里，这个问题是通过直接加总不同社会成员的效用直接得到的。但是如果我们进一步追问，到底从亚当那里转移多少苹果到夏娃那里，才能正好使得亚当所失去的效用等于夏娃得到的效用呢？我们其实还是无法回答这样的问题。

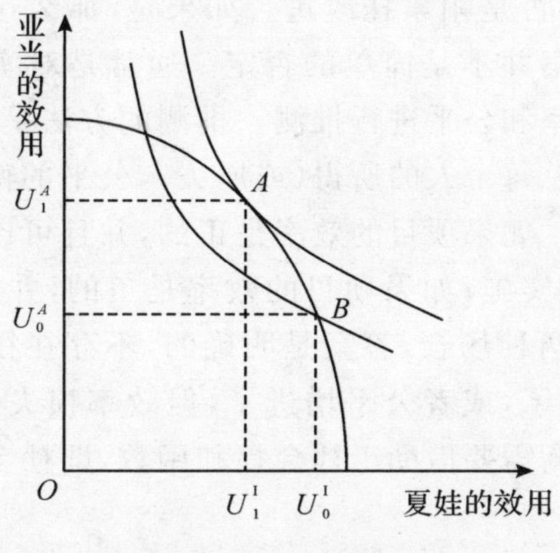

图 2-7　社会选择

罗尔斯主义的福利函数面临同样的问题。当社会福利由穷人的福利决定的时候,穷人的福利该如何确定呢?怎样才能知道穷人的福利是多少呢?

由于效用和收入或者资源是不同的东西,它很难用客观的单位来表示,因此经济学家多数认为,效用是不能进行人际比较(interpersonal comparison)的。如果一个富人硬说给他的1元钱的效用比给穷人的1元钱的效用要高,我们如何证明这是错的?

社会福利函数面临的第二个问题是它的真正的性质是什么?个人的无差异曲线反映的是个人对商品组合的偏好,那么社会福利函数反映了社会偏好吗?什么是社会偏好呢?社会偏好是存在的吗?社会福利函数代表了谁的偏好?诺贝尔经济学奖获得者肯尼斯·阿罗的研究表明:一旦接受公共选择的五个公理性条件,即个人理性、选择方案的相互独立性、满足帕累托最优、选择集无限以及非独裁,那么只要两个社会成员对于社会状态各有其特定偏好,就不可能存在逻辑上不与个人偏好相矛盾的社会状态选择顺序。这就是著名的阿罗不可能定理,它从理论上论证了,在现行的民主制度下,公共部门很难把社会成员对公共产品的不同个人偏好加总成为一个集体偏好。

第三节　现实中的社会选择

如同消费者的实际决策并不需要画出预算线和无差异曲线,找到切点一样,政府的决策也并不是真实地画出上述效用可能性曲线与社会无差异曲线。这只是一种分析问题的方法,是人们决策时的一种思维方式。也就是说当政府决定是否投资一个公共项目时,上述分析提供了一种思考问题的总体思路。

从具体的做法上看,一般步骤是:首先,确认和衡量不同的群体得到的净收益，然后确定该项目是否是帕累托改进。如果是，那么这个项目毫无疑问可以实施；但如果不是，答案并不是简单的否定。通常是对实施该项目和不实施该项目的两种状态的效率和公平进行推测。推测的方法是使用一些统计指标，效率的衡量方法则是加总每个人的所得（或所失），公平的衡量方法是描述社会不公平的某种总体指标。如果项目的效率是正的，并且可以减少可以衡量的不平等，那么该项目就应该实施；如果项目的效率是负的，并且加剧了不公平，那么就不应该实施。在这两种场合，答案是明确的，不存在权衡取舍。但是如果效率是改进的，公平降低了，或者公平增进了，但效率损失了，在这种情况下就需要权衡取舍。这种权衡需要借助于社会福利函数，即社会愿意接受效率而放弃的平等是多少？

公平和效率的选择几乎比比皆是，最常讨论的是收入再分配的效率与公平问题。一般而言，税收总会形成效率的损失，但征税的目的往往是改善公平，这就需要社会选择。我们不能完全避免税收的效率损失，但是或许我们可以比较不同的税收制度的设计，从中挑选出效率损失较小、公平增进较多的一种。换一种理解，就是如果我们避开了较差的税收制度而采用了较好的税收制度，那么实际上也是一种帕累托改进。

一、消费者剩余和社会总收益

为了比较效率和公平，我么首先要衡量个人收益和社会收益。

我们用支付意愿来衡量收益。当消费者购买某个消费品时，他愿意为该消费品支付的最高价格就是支付意愿。支付意愿与实际支付是不同的，实际的支付由市场决定，一个人按照市场价格支付，这种支付可以等于或者小于支付意愿，但不会大于意愿支付。因为当意愿支付小于市场价格时，这种支付就不会发生在理性人身上，但是，无论支付意愿大于还是等于市场价格，实际支付的发生对购买者都是有利的。概括地说，实际支付取决于市场价格，支付意愿取决于偏好。

利用支付意愿，我们可以构建补偿性需求曲线（compensated demand curve）。比如，问某人愿意为一个苹果支付多少，为两个苹果支付多少。以此类推，我们可以得到为了某个数量的苹果的总的支付意愿，然后计算出边际支付意愿。这个边际支付意愿对应的，就是商品在该数量上的价格高度，即主观上愿意付出的最高价格。

如图 2-8 所示，消费者为该商品的第一个单位愿意支付 22 元的价格，然后依次是 20 元、18 元……最后第 11 个单位是 2 元，第 12 个单位是 0 支付。由此，我们得到的这条线就是需求曲线——补偿性需求曲线。当然，我们也可以把它处理成较为光滑的曲线。在收入效应（income effect）可以忽略的情况下，补偿性需求曲线就是普通需求曲线(ordinary demand curve)。补偿性需求曲线反映了消费者的支付意愿,是去除了收入效应以后的需求曲线,因此,反映的是替代效应(substitution effect)。

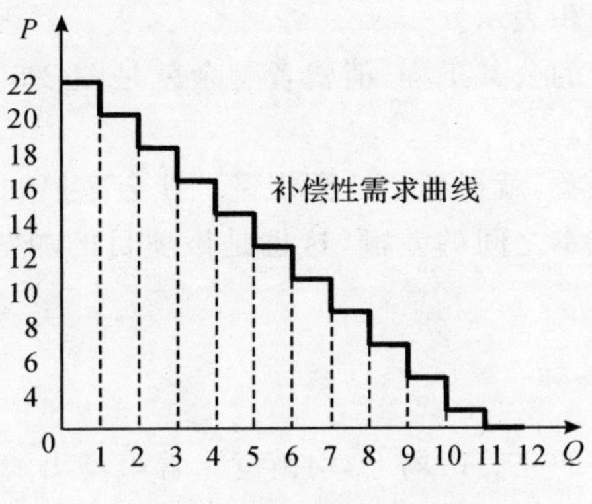

图 2-8　补偿性需求曲线

消费者的支付意愿反映了消费者选择的最大化,也就是说,消费者通过比较支付的货币的效用损失与得到的商品的效用增进。如果二者相等,那么就是可以接受的;如果损失大于收益,那就要放弃;若收益大于损失,则愿意接受更多。其均衡点就是二者相等的时候,这意味着如果该商品是免费的,则消费者从该商品中的收益就等于需求曲线上对应的价格点。这样,如果消费者消费的是图 2-8 中的商品 11 单位,则总的收益就是每 1 个单位的边际收益(边际支付意愿)的加总,即,补偿性需求曲线下方的面积。

如果存在一个市场价格,情况又是如何呢?如图 2-9,市场价格为 10,消费者支付意愿和实际支付只有在第 7 个单位时才是一样的。在第 8 个单位,意愿支付为 8,市场价格为 10,购买不会发生;而第 6 个单位及其以前,消费者意愿

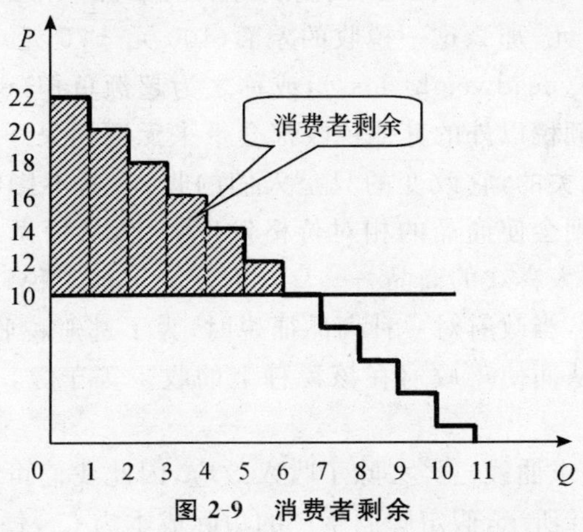

图 2-9　消费者剩余

支付都高于市场价格，也就是实际支付，这说明消费者的实际收益（可以用意愿支付表示）高于实际支付（市场价格）。我们就把消费者意愿支付和实际支付之间的差额称之为消费者剩余（consumer surplus）。在图 2-9 中，用需求曲线和价格线围起来的阴影面积表示。

如果是一项免费的公共工程，消费者剩余就是图 2-8 中的需求曲线下面与坐标轴围起来的面积。

加总所有人的收益，就得到了社会收益。社会净福利等于一个公共项目的总的支付意愿和总成本之间的差额，这也是该项目的净"效率"效应，一般按照货币价值衡量。

二、无谓损失

在一个完全竞争的完美市场上，均衡意味着市场出清，意味着帕累托最优。但是当存在垄断、政府的数量限制或者价格管制、征税时，其均衡点就会偏离帕累托最优，从而导致福利损失。

我们以征税为例来说明效率损失。假如政府对啤酒征税，这会改变啤酒的相对价格从而产生替代效应，同时，征税减少了人们的收入，会发生收入效应，因此将对啤酒的生产和消费产生影响。我们的分析依然借助于"无差异"的概念，也就是说如果取消这一税收，人们愿意为此付出的成本是多少？换句话说，取消这一税收会产生福利的增加，如果我们把增加的福利拿走，则刚好使得福利保持原来的水平。但是这前后两种状态的效率是不一样的。举例来说，为了废除啤酒税，一个人愿意付出的是 100 元人民币，也就是废除啤酒税的福利增进是 100 元人民币。那么，我们废除啤酒税的同时向这个人征收 100 元的总额税（lump-sum tax）将使这个人的福利保持不变。所谓总额税是指不管人们做什么都必须支付的一种税。但是，我们从啤酒的征税中得到的收入却不是 100 元，而比如说是 75 元，那么这一税收的差额（100 元－75 元）就是这一项特定的啤酒税的无谓损失（deadweight loss），或称之为超额负担（excess burden）。经济学家认为，除总额税以外的其他税收都会带来无谓损失。因为总额税是与人们的消费偏好是无关的，它改变的只是人们的收入，而不影响人们对不同商品的选择，其他税收则会使商品的相对价格发生变化，从而诱导人们放弃自己喜欢的商品而选择不太喜欢的商品——喜欢的商品被征了税，从而发生了效率损失。极端的情况是，当政府对一种商品征税时，为了逃避税收，消费者完全放弃了该商品的消费，从而使得政府在该税种上的收入等于零，但是无谓损失却一样发生了。

由于补偿性需求曲线已经去除了收入效应，因此我们可以借助它来计算无谓损失。如图 2-10 所示，假定啤酒生产的边际成本为 C_0，每瓶啤酒的税收为 t，如果不征税，则价格为 C_0，如果征税，则价格上升到 C_0+t。在征税的情况下，消费者的需求量为 Q_0，如果取消该税种(同时征收使得消费者福利无差异的总额税)，则消费者的需求为 Q_1。我们画出补偿性需求曲线，无谓损失就是补偿性需求曲线之下，边际成本 C_0 之上，产量变化量之间的面积，即图中的三角形 ABC 的面积。

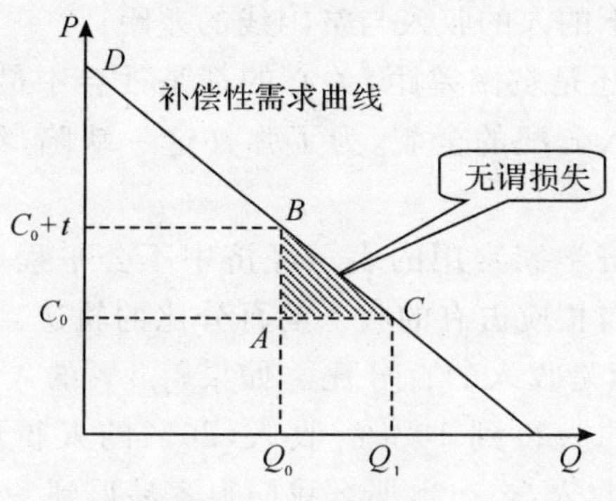

图 2-10　无谓损失

如何理解“无谓损失”呢？考虑取消该项税收的情况，消费者的购买量为 Q_1，价格为 C_0，消费者剩余为三角形 DCC_0 的面积。若征收该项税收，则消费者的消费者剩余减少为三角形 $DB(C_0+t)$ 的面积，其中，$(C_0+t)BAC_0$ 的长方形面积为政府在该项目上的税收收入，但是三角形 ABC 的面积部分却没有任何人得到，是白白浪费了，所以是一种效率的净损失，也就是无谓损失。

无谓损失的三角形 ABC 有时也称为哈伯格三角(Harberger triangle)，是为了纪念芝加哥大学经济学家阿诺德·哈伯格(Arnold Harberger)而命名的。哈伯格三角不仅可以衡量税收的效率损失，也可以用来计算垄断的效率损失，或者管制的效率损失等。

三、不公平的衡量方法

当存在税收或者公共项目支出时，不仅会有效率上的改变，而且往往会影响分配。因为一个社会存在着不同的群体，一种项目支出或者税收对不同的群体的作用效果是不同的。对富人有利的或许对穷人不利，或者社会的每一个部分得到的福利是不同的。这就涉及分配效应。相比于效率效应，分配效应的评估要复杂得多。

现实中，政府通常用一些简单的方法来测度不公平的程度。贫困指数(poverty index)、贫困差距(poverty gap)、洛伦兹曲线(Lorenz curve)和道尔顿—阿特金森测度(Dalton—Atkinson measure)都是一些测量的指标。

贫困指数衡量的是收入低于某个标准线的人口比例，一般由政府依据一定的标准，划定一条收入的贫困线，收入低于贫困线的称为贫困人口，贫困人口占全部人口的比例就是贫困指数。贫困指数是一种简单易行的方法，但缺点是贫困线本身的确定在各个国家是不同的，在一个国家的不同时期也是不同的，因此，较难作为一种比较的指标。

贫困指数只计算低于贫困线的人数，不管其比贫困线低多少，而贫困差距则要计算在贫困线以下的人的收入与贫困线的差距。

无论是贫困指数还是贫困差距，关心的都是社会中最低收入的人群，因而很难反映一个社会收入分配的全貌，为了弥补这一缺陷，经济学家还采用洛伦兹曲线和其他的方法。

洛伦兹曲线是经济学家常用的表示经济中不公平程度的工具。它是实际经济中人口的百分比与相应占有的收入的百分比的轨迹。如图 2-11，横坐标是人口的百分比，纵坐标是收入的百分比。如果每 1%的人口得到的都是 1%的收入（这意味着 10%的人得到 10%的收入，20%的人得到 20%的收入，……99%的人得到 99%的收入，……），那么我们很容易得到一条 45°的线，这是一种收入分配绝对平等的状态，这条线也就是收入分配绝对平均的洛伦兹曲线。另一种极端的情况是，一个经济体中的所有收入只在一个人手中，99.99……%的人都没有收入，这样，洛伦兹曲线就沿着横坐标一直到最后 100%的这一点上，然后垂直达到 100%的收入水平，即一条直角线。这是一种收入分配极端不平等的情况。现实中，这两种情况都是罕见的，通常的洛伦兹曲线在这两种情况之间。借助于两种极端的情况，我们可以知道，收入分配较为公平的洛伦兹曲线比较靠近 45°线，而收入分配较为集中的洛伦兹曲线比较靠近直角线。

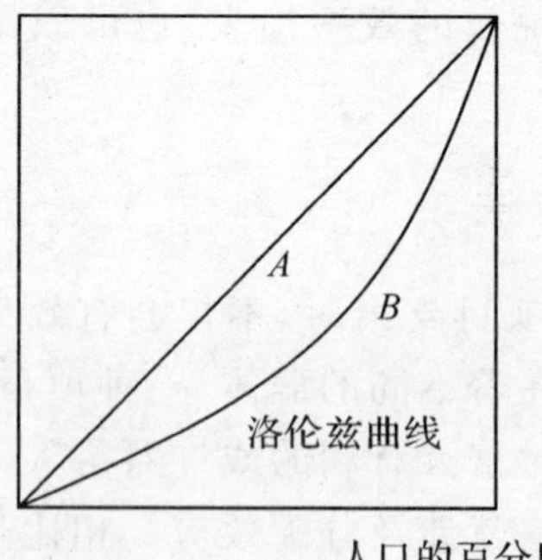

图 2-11　洛伦兹曲线

我们可以用人口的 5 个 20%，或者 10 个 10%占有的收入的比例来反映收入分配的状况，也可以用基尼系数（Gini coefficient）来表示收入分配的状况，它等于实际洛伦兹曲线与 45°平均线围成的面积比 45°线以下的面积。在图中，基尼系数为$\frac{A\text{的面积}}{(A+B)\text{的面积}}$。基尼系数在0到1的范围内。显然，基尼系数越高，表示的收入分配状况越不公平，基尼系数越小，收入分配越公平。这是最常用的反映收入分配的指标。

道尔顿—阿特金森测度是一种假定社会更加偏爱平均主义分配的对收入分配的衡量方法。休·道尔顿爵士（Sir Hugh Dalton）是伦敦经济学院的财政学教授，后来担任英国财政大臣。假如当前有两种可能的收入分配状况，如图2-12，有A和B两种分配状态，如果社会处于A状态，而B状态是公平的分配状态。那么，社会究竟愿意放弃其收入的多大比例从现存的不公平的状态变为公平的状态呢？这一比例就是道尔顿—阿特金森测度。牛津大学的安东尼·阿特金森（Anthony Atkinson）认为，这一比例在较为发达的国家要比不发达的国家要高。在部分发达国家，这一比例可以达到1/3—1/4。当然，不同的人对这一比例有不同的观点。比如罗尔斯主义者就比功利主义者愿意为公平付出更多的代价。道尔顿—阿特金森测度经常用于评价一个拟实施的公共项目对收入不公平的影响。

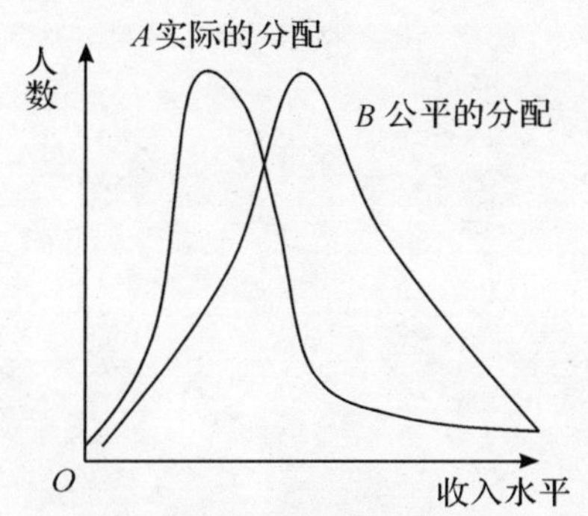

图 2-12　实际的收入分配和公平的收入分配

四、社会选择的三种方法

对于不能带来帕累托改进的公共项目，我们通常用下面三种方法进行选择，即补偿原则、权衡取舍法和加权收益法。

补偿原则（compensation principle）是指，如果实施一个项目的总的支付意愿超过了总的成本，那么即便这个项目可能会导致其中部分人承担的成本超过他们的支付意愿，也就是帕累托背离，但从社会的角度看这个项目也应该进行。因为支付意愿超过成本的那部分可以用来补偿遭受损失的人。这种标准并不要求实际进行补偿，而只是要求从总量上看具有可以用于补偿的部分。正因为如此，事后的补偿往往并不发生，因此部分经济学家认为，除非发生实际的补偿,否则这种方法是不应当采用的。

上面我们已经介绍了测量效率和不公平的方法。既然有了方法,那么从理论上讲,公共决策是可以做出的,人们需要做出的只是比较效率的提高和不公平的增加相比是否值得就行了,也就是权衡取舍法。我们考虑一项公共决策对每个人或者对社会中不同的团体的影响,然后用社会福利函数加总这些影响,以确定这是否是一项帕累托改进的项目。如果是,那么很简单,实施就行了;如果不是,那么要确认哪一部分人改进了,哪一部分人恶化了,以及改进和恶化的量,并确定社会加总的净收益是否为正,如果为正,那么补偿原则仍适用。

加权收益法是根据某种原则加权的社会福利函数,一般来讲赋予穷人更高的权重的福利函数,计算加权净收益。如果总的净收益为正,并且穷人是净受益者,富人是净受损者,那么,就应该采取促进公平、改进效率的项目。如果穷人和富人的状况都变差,而中等收入者的境况得到改善,那么在不赋予权重的社会福利函数和赋予权重的社会福利函数中,赋予穷人较高权重的社会福利函数计算的结果可能不支持改善中等收入者的项目。所以最终对项目的权衡取舍取决于“社会”对不同收入的群体的看法。

【关键词】

边际收益(marginal revenue)
自然垄断(natural monopoly)
公共产品(public goods)
纯公共产品(pure public goods)
非纯公共产品(impure public goods)
外部性(externalities)
负外部性(negative externalities)
正外部性(positive externalities)
不完全市场(incomplete market)
有益物品(merit good)
权衡(trade-off)
社会无差异曲线(social indifference curves)
边际效用递减(diminishing marginal utility)
社会福利函数(social welfare dunction)
功利主义(utilitarianism)
罗尔斯主义(Rawlsianism)
人际效用比较(interpersonal utility comparisons)
罗尔斯的社会福利函数(Rawlsian social welfare function)
补偿性需求曲线(compensated demand curve)
消费者剩余(consumer surplus)
无谓损失(deadweight loss)
超额负担(excess burden)
哈伯格三角(Harberger triangle)
贫困指数(poverty index)
贫困差距(poverty gap)
洛伦兹曲线(Lorenz curve)
基尼系数(Gini coefficient)
道尔顿一阿特金森测度(Dalton-Atkinson measure)
补偿原则(compensation principle)
加权收益方法(weighted benefit approach)

【思考题】

1. 为什么会出现市场失灵，试举例说明其表现。

2. 你认为公平和效率该如何权衡?
3. 如何衡量不公平?
4. 社会选择的三种方法是什么?

第三章　公共产品和公共提供的私人产品

【概要】 公共产品的特征决定了市场供给方式的局限性，另一些私人产品也因其产品的特殊性而由政府提供，于是出现了公共产品的市场供给、政府供给和私人产品的市场供给和政府供给，不同产品的不同的供给方式的效率不能简单划定，而是取决于该方式与产品的特征之间的关系。本章提供了分析不同产品不同供给模式的方法。通过局部均衡分析和一般均衡分析，本章得到了公共产品的效率条件，并以此为标准，对比分析了公共产品的自愿捐赠的结果。最后，本章提供了公共产品非市场非政府供给的一个实验框架。

如果价格体系能够发挥正常的作用，资源就可以得到有效的配置。然而公共产品的特性决定了市场价格体系很难正常发挥作用，并且，一些非公共产品也必须借助公共部门的力量来提供。那么，政府供给的产品有什么特点？与非政府供给的产品的区别在哪里？公共产品的均衡如何达到？这些问题构成了本章研究的内容。

第一节　产品的分类

一、公共产品概念的提出和争论

公共产品供给问题早在大卫·休谟、亚当·斯密那里就有研究，后来，维克塞尔、林达尔分析了有关公共产品供给或均衡的一系列问题，但都没有对“公共产品”这一概念进行明确的界定。人们在分析公共产品问题时，往往把公共产品当作一个不言自明的概念，而并不加以定义。或者，一般地理解，公共产品与多数人的利益相联系，是可以被许多人共同使用的物品和劳务。现代经济学对公共产品的研究始于 1954 年和 1955 年保罗·萨缪尔森（P. A. Samuelson）发表在《经济学与统计学评论》第 36 和 37 期上的两篇著名的文章——《公共支出的纯理论》和《公共支出理论图解》。[①] 此后,马斯格雷夫、科斯、布坎南等人分别从不同的角度对公共产品进行了分析。

按照萨缪尔森的定义,公共产品是指任何一个人对该产品的消费不会减少其他人对该产品的消费的产品。在这里,萨缪尔森揭示了公共产品在消费上的非竞争性(non-rivalness in consumption)的特征,并用数学手段表示。

假定私人产品的集合从 0 到 J,公共产品的集合从 $J+1$ 到 $J+K$,根据前面的定义,私人产品的总消费量等于所有人的消费量之和:

$$X_j = \sum_{i=1}^{n} X_j^i \ (j=0,\cdots,J) \tag{3-1}$$

公共产品的总消费量等于任一消费者的个人消费量:

$$X_j = X_k^i \ (i=1,\cdots,I;\ k=J+1,\cdots,J+K) \tag{3-2}$$

式中上标表示个人的序号,下标表示商品的序号,等式左边代表对第 k 种公共产品的全部消费,等式右边表示第 i 个消费者对这种公共产品的消费,等式表示任何一个消费者消费的都是整个的公共产品,个人消费等于全体消费。

非竞争性是与竞争性相对的,竞争性是指同一个产品在消费中对不同的消费者之间存在相互竞争的关系,一个人对产品的消费会减少或妨碍另一个人对该产品的消费,或者说会减少另一个人对该产品的可得性,如果要多增加一个人的消费,就必须有额外的支出。而非竞争性则是指产品的可得性与消费者的数量无关,同一个产品可以被许多人共同消费而不影响消费的数量和质量,这意味着当具有非竞争性的产品一旦提供,增加一人消费的边际成本为零,即边际分配成本为零。不过值得注意的是,这里的边际成本不是指生产的边际成本,而是边际分配成本或边际消费成本。与增加私人产品产出会导致正的边际成本一样,多增加一个单位的公共产品的边际成本也大于零,但是与私人产品不同的是,私人产品的消费数量与生产数量是对应的,增加一个消费者,就需要增加一个单位的产品,从而消费的边际成本等同于生产的边际成本;而当公共产品的消费者增加一个时,并不需要提供额外的公共产品,无需额外支付成本,边际消费成本为零。

如图 3-1(a),横轴表示公共产品数量,纵轴表示生产成本,TC 表示总成本,AC 表示平均成本,MC 表示边际成本,因为边际成本不变,所以平均成本不变,边际成本线与平均成本线重合,等于 50,总成本随着产量的增加以不变的速度增加,即每单位 50 的速度增加,当产量为 1 单位时,总成本为 50,产量为 2 单位时,总成本为 100,以此类推。图 3-1(b)中,纵轴依然是成本,横轴则是消费者

① *The Pure Theory of Public Expenditure*, The Review of Economics and Statistics, V. 36, No. 4, p. 387－389, November 1954; *Diagrammatic Exposition of a Theory of Public Expenditure*, The Review of Economics and Statistics, V. 37, No. 4, p. 350－356, November 1955.

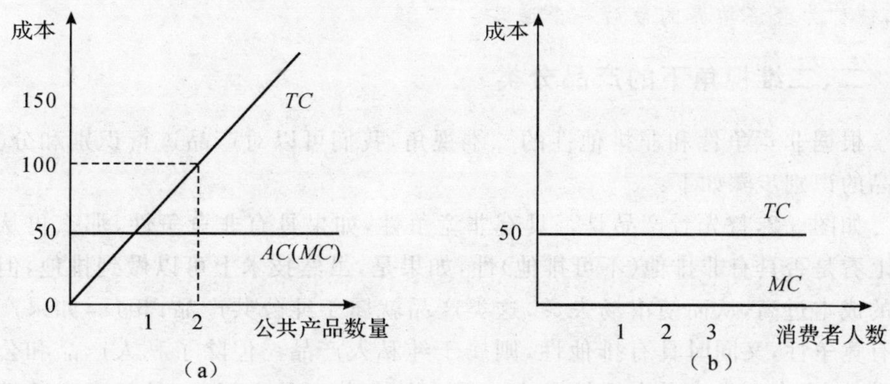

图 3-1 纯公共产品的边际生产成本和边际消费成本

人数,如图,一单位的公共产品的生产成本为50,也就是供给量为1时的总成本*TC*,总成本曲线为 *TC*=50 的水平线,这意味着随着消费者人数的增加,总成本不变,从而消费的边际成本 *MC* 为零,边际成本线应该是与横轴重合的水平线(原点除外)。

后来,马斯格雷夫在萨缪尔森的基础上进一步指明了公共产品的这种非竞争性特征以及由此造成的公共产品在排他方面的困难。这样非竞争性和非排他性(non-excludability)就作为公共产品的两大基本特征而加以使用。另一方面人们较早就注意到了公共产品的"共用"或者"不可分割"的特性,所以也有将公共产品的特征归纳为共用和非排他性,如文森特·奥斯特罗姆和埃莉诺·奥斯特罗姆夫妇,以及萨瓦茨等。

专栏 3-1 保罗·萨缪尔森

保罗·萨缪尔森(Paul A. Samuelson),1915 年出生,1935 年毕业于芝加哥大学,随后获得哈佛大学的硕士学位和博士学位,一直任麻省理工学院经济学教授。1947 年成为约翰·贝茨·克拉克奖的首位获得者,并于 1970 年获得诺贝尔经济学奖。从 1940 年起,萨缪尔森曾先后担任美国计量经济学会会长,美国经济学会会长,国际经济学会会长和终身荣誉会长,并在一系列政府机构和公司任经济顾问和研究员。萨缪尔森著作颇丰,主要著作有:《经济分析的基础》(Foundations of Economic Analysis,1947.)、《经济学》(Economics,1948.)、《线性规划与经济分析》(Liner programming and Analysis,1958),以及独自撰写和与多夫曼、索罗等合著的大量文章,这些文章被选编入《保罗·A.萨缪尔森科学论文集》(Collected Sciontific Paper of Paul A. Samuelson)第一、二、三、四、五集，被称为经济学界的最后一个通才。

二、二维视角下的产品分类

根据非竞争性和非排他性的二维视角，我们可以对产品进行识别和分类。产品的识别步骤如下：

如图 3-2，首先看产品是否具有非竞争性，如果具有非竞争性，那么再从技术上看是否具有非排他(不可排他)性，如果是，虽然技术上可以做到排他，但排他的成本过高，从而使市场失灵，这类产品就属于纯公共产品；相反，如果产品具有竞争性，又同时具有排他性，则属于纯私人产品。但除了私人产品和公共产品外，还有两类产品介于纯私人产品和纯公共产品之间，一是具有竞争性但不具有排他性的产品；二是不具有竞争性但可以排他的产品，这两种产品可以称为混合产品，也可以称为准公共产品或非纯公共产品。但在这两种产品的具体称谓上，经济学家却并不完全一致。

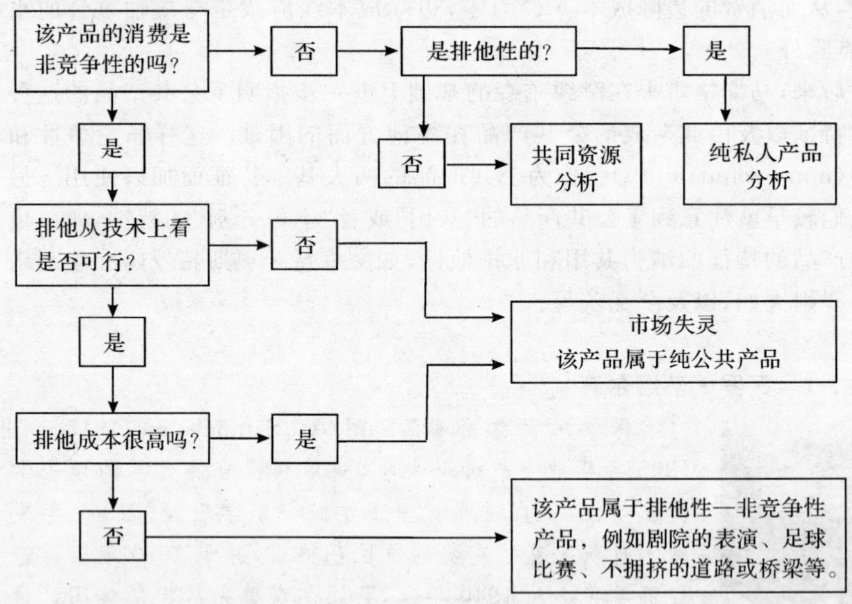

图 3-2 产品的识别

曼昆等人把非竞争但排他的组合称为“自然垄断”，而竞争却不排他的组合称为“共同资源”。另一些经济学家如布朗和杰克逊根据排他性与竞争性的双重维度，将产品分为四种类型，其中竞争性可排他的产品称为“俱乐部产品”。

这种产品分类法比起私人产品和公共产品的两分法，无疑考虑的因素更多，也更丰富，但是这种分类法也存在一定的问题。在上述四种组合中，除了纯私人产品和公共产品的两种情况，其他两种情况都可以找到所举例子与其组合特征不相符的例子。可见按照非竞争性与非排他性进行的产品划分存在着一些问题，导致了分析结果的不一致。其原因或许是由于上述区分是一种没有中间状态的非此即彼的划分，从而使产品的分类较为刻板。

三、产品分类的新视角

俱乐部理论或称为社团理论是从拥挤性角度对产品进行了分析，詹姆斯·布坎南在1965年的文章"俱乐部的经济理论"①中，力图从理论上定义一种经济学上的商品，这种商品可以适应从纯公共产品到纯私人产品之间的连续体上的任意一点，也就是说并不存在纯私人产品和纯公共产品的泾渭分明的界限，而是某种特征的一个连续的变化过程，所以可以对所有的商品从纯私人产品到纯公共产品进行一个一般性的定义，布坎南还分析了这种商品的特性、成本和消费它的集团之间的关系。

俱乐部(club)是一种组织，它仅对组织成员提供商品，即俱乐部产品。在俱乐部内部，成员对俱乐部产品的消费是平等的、非排他的，俱乐部为了提供产品而支出的成本的补偿来自于向俱乐部成员的收费。但收费的原则可以是平等的也可以是不平等的。俱乐部理论中有一个关键的概念就是拥挤。俱乐部成员所获得的俱乐部产品的数量和质量依赖于成员的数量及其构成，那就是存在着拥挤。如果拥挤等于零，那么与纯公共产品的情况一致。如果俱乐部的规模为一个人，实际上就是私人产品，如果是全体人，就是公共产品。所以用俱乐部产品可以将产品做从私人产品到公共产品的连续处理。

俱乐部产品具体又可以分为不同的情况，在下面的非纯公共产品部分将从俱乐部产品这一思路进行阐释。

第二节　公共产品和公共供给的私人产品

公共产品理论上的定义和人们对产品的朴素的观念并不是完全一致的。通常人们倾向于把政府提供的产品叫作公共产品，也有人把免费的产品看作是公共产品。这些看法上的不一致其实正是源于上述产品的双重属性。竞争性和排他性是各自独立的属性，一种产品可能只具有公共产品的非竞争性和非排他性双重属性中的一种。

当一个产品满足非竞争性时，却不一定是非排他性的。如果排他的成本很低，当然可以实行排他，如果排他的成本很高，则可能不排他。但是由此产生的

① Buchanan J. M.: *An Economic Theory of Clubs*, Economica, Vol. 23(1965), p. 1－14。

问题有两个，一种是如果实行排他，则从非竞争性的角度看，存在着产品使用上的效率损失。而如果不实行排他，那么又无法获取足够的资金去提供这种产品，从而产生供给不足的效率损失。因此，在产品具有非竞争性的场合，市场失灵的情况有两种：消费不足（underconsumption）和供给不足（undersupply）。在这种场合，即便排他是可行的，政府也往往介入产品的供给。这些产品就是公共产品。现实中另一种经常发生的情况是，产品是竞争性的，技术上讲可以通过市场提供，但出于公平等原因，由政府提供。这些产品，我们称之为公共供给的私人产品。

一、收费的公共产品

公共产品，即使消费是非竞争的，政府在提供的时候也常常向产品或服务的受益人收费，称为使用费（user fee）。但是政府的收费与一个垄断者的收费情况有所不同。垄断者根据利润最大化原则，即根据边际收益等于边际成本的原则决定是否提供和提供多少，并且总收入必须大于总成本才能够实际提供一种产品。但是政府依据的是社会收益的最大化，甚至政府也可以不收费，按照平均收益等于平均成本的原则收费。政府也可以低于成本收费，费用通过征税等方式解决，因为如果按照成本收费，就会减少消费，从而导致消费者剩余的减少。在这种情况下，政府通常权衡的是收费导致的使用效率的损失和征税带来的扭曲而导致的效率损失的大小。我们以一座桥为例进行说明。

如图 3-3 所示，横坐标代表车辆的通行数量，纵坐标代表过桥费，即价格。图中有一条需求曲线，其与横坐标的交点为 Q_m，而桥的容量为 Q_c，如果是一个垄断者提供，则按照利润最大化原则确定的过路费为 P，此时的通行量为 Q_e。政府提供的价格在垄断者价格到 O 之间，因为如果价格高于垄断者最大利润的价格，私人就会提供这一产品，而不收费，政府可以通过征税的方式解决融资问题。我们考虑两种极端的情况，按照最大利润收费和完全不收费。

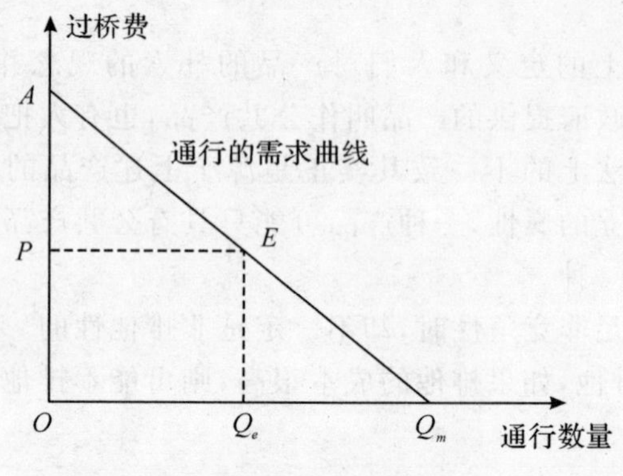

图 3-3　收费导致消费不足

如图，如果按照价格 P 收费，则通行的车辆为 Q_e 辆，而桥的容量是 Q_c 辆。显然存在使用中的低效率。按照消费者剩余的概念，当不收费时，消费者剩余的总和为三角形 OAQ_m 的面积，而按照 P 收费时，消费者剩余减少到三角形 PAE 的面积，消费者剩余减少了。可见，对于像大桥这样的产品，在其容量内实行收费会降低使用效率。但如果不收费，则私人无法提供，必须由政府提供。

二、搭便车问题

上面的例子针对的是排他，是可行的、低成本的。但是另一种情况的排他是不可行的，或者排他的成本太高，在这种情况下，一种产品或服务一旦提供，就会有搭便车者(free rider)，即不付费却享受好处的人。如果每一个人都这样想，只要别人出钱提供了这种产品，我就可以免费享用，那么这种产品从一开始就不会提供，从而造成产品的供给不足。公共产品的非排他性使其容易形成搭便车问题。像公共卫生、消防和拥挤的城市街道都是这一类产品或服务的例子。

除了排他的成本问题，另一个问题也是不得不考虑的，就是是否应该排他。消防的非排他也许能够较好地说明排他的不可能和不应该这两种情况。

如果房屋是彼此相连的，或间隔很小，要将其中的一间排除在外几乎是不可能的。如果是没有交费的房子着火，不扑灭就会殃及其他已经交费的房子，这时消防部门就算出于为交费者服务，也必须去扑灭这所没有承担相应费用的房子的火。但是如果能够以较低的成本将不付费的人排除在外，消防部门是否可以不去扑灭大火？

如果房屋是彼此隔离的，其中的一幢建筑物失火并不会对其他的建筑物构成威胁，这种情况下，排他是容易的，不需要成本的。但是，如果消防部门因为该建筑物的主人没有付费就不提供消防服务，就一定会受到社会舆论的强烈谴责。一个普通人在遇到火灾、水灾等灾害的时候尚且需要社会伸出援手，甚至在一些地区被视为义不容辞的事。专业灭火的消防部门如果坐视大火烧毁建筑物，危及建筑物内的生命和财产，必定遭到谴责。于是，矛盾出现了。消防部门会认为，如果不给那些不付费的人一点教训，那么他们就起到了负面的示范作用，今后可能再也没有人愿意付费了。而如果所有的人都不付费，则根本无法提供这种服务。但是消费者只有在需要服务或得到服务时才会付费，许多消费者会认为火灾并不会发生，如果什么服务都没有得到，为什么要付费？其他商品可以通过买卖双方的讨价还价确定价格，但如果消防部门也与消费者根据火势的大小，提供服务后损失避免的程度等等来商定价格，或许已经错过了救火的时机。

无论是因为高排他成本还是伦理规范导致的非排他，私人在提供这类产品时显然无法收回成本，更不可能取得利润。因此，通过市场机制配置这类产品显然条件并不充分。

虽然现实中也存在私人提供公共产品的例子。比如一些大的船家建造灯塔，为了自己的安全却同时提供了其他过往的船只的照明。但是这些大的船家在提供灯塔时不会主动考虑其他船家的需求，灯塔的供给数量还是不足。政府在提供这类产品上责无旁贷。

三、公共供给的私人产品

如果产品本身具有竞争性，也就是多提供一个人消费的边际成本大于零，但产品却不是通过市场由私人提供，而是由政府提供，这类产品就称为公共供给的私人产品(publicly provided private goods)。

那么政府供给与私人供给，应该如何选择呢？

我们假定政府供给与私人供给的产品相同、生产函数相同、消费者偏好相同。区别在于政府以税收方式解决成本问题，以免费方式供给。而私人以收费方式解决成本并提供产品。因此，效率的比较涉及两个方面的问题：一是免费和收费本身的效率比较；二是私人供给的交易费用与政府供给的交易费用的比较。

教育、自来水、医疗服务等，都是排他并不困难的产品。因此可以由私人通过收费方式来供给。但是出于分配上的考虑，人们普遍认为，年轻人受教育的机会不应该由其父母的财富多少来决定，人们不能因为贫穷而得不到医疗服务。因此在许多国家，教育，尤其是基础教育，医疗服务是由政府免费提供的，而自来水则两种方式都存在。这类产品的共同点就是边际使用成本并不等于零。

显然，如果一个产品是免费供给的，那么就会出现过度使用。因为个人并没有为该商品付费，他一直要消费到从该商品上得到的边际收益(效用)为零时才会停止。而如果产品不是免费的，按照市场原则供给，则消费者将把需求定在需求曲线与边际成本相交的位置。

如图 3-4，假定有一产品的边际成本 MC 是不随产量而变动的，在图中是一条水平线，与需求曲线 DD 在 E 点处相交，对应的需求量为 Qe。如果按市场原则由私人供给，则该点就是均衡点，也是帕累托最优点。超过这一点，消费者的边际支付意愿——即需求曲线上每一数量对应的价格将在边际成本之下，因此超过该点的供给会出现福利损失。如果免费，则需求会沿着需求曲线增加到与横轴相交的点 Qm，由此造成的福利损失为三角形 $EFQm$ 的面积。

但是，比较 3-4(a)和 3-4(b)就会发现，3-4(a)图中 MC 比较小，需求弹性也比较小，免费导致的需求量的增加比较少，损失的福利也比较小。例如水，由过度消费导致的扭曲就不会很大。而在 3-4(b)图中，MC 较大，需求弹性也较大，

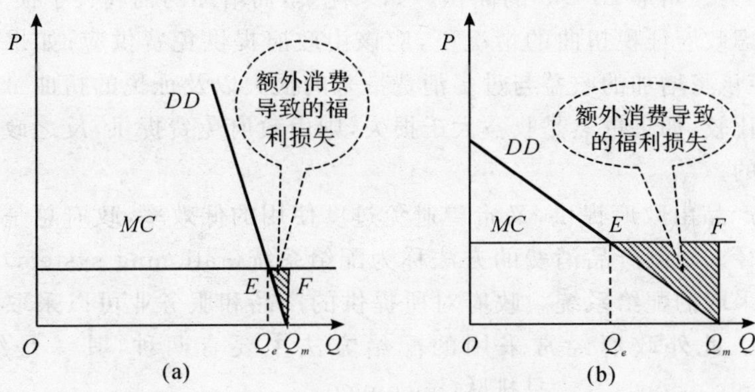

图 3-4　额外消费的福利损失

免费造成的损失就比较大，即三角形 $EFQm$ 的面积 3-4(b)图中的比 3-4(a)图中的大。诸如对医疗服务的需求，扭曲或许会相当大。因此是在判断私人供给还是政府供给更好时，应该考虑产品的生产函数和需求的特性。需求弹性大的、边际成本高的更适合由私人供给；需求弹性小的，边际成本低的则更适合政府供给。

以上的讨论是在假定交易费用等于零的情况下进行的，但现实的情况是交易费用不等于零。也就是说一旦收费还要支付由于收费和排除不付费者消费而支付的成本。如图 3-5，CF 线为边际成本曲线，OC 为多增加一个人使用的成本，CB 为边际市场交易成本，即采用收费排他的情况下多增加一个人使用而增加的交易成本，收费的均衡为 Qe，不收费的均衡为 Qm。如果收费，则均衡点在 A 点，由此价格上升到 P，如果免费，则无须付出交易成本，因此，首先节约了长方形 $ABCD$ 的面积。同时，由于消费增加，在消费者的支付意愿和边际成本之间的剩余出现，即三角形 EDA 的面积，但由于免费，消费会过多，从而有福利

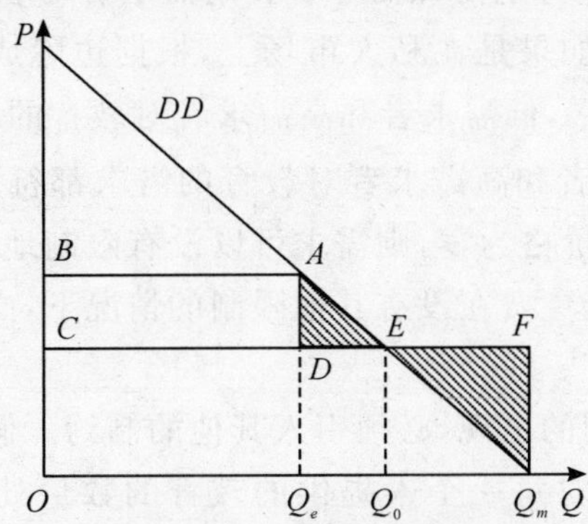

图 3-5　交易成本对供给选择的影响

损失,大小为三角形 $EFQm$ 的面积。如果免费,而增加的福利大于损失的福利,则在不考虑政府征税扭曲的情况下,应该由政府提供免费供应;如果存在征税扭曲,则应该将增加的收益与过多消费带来的损失以及征税的扭曲带来的损失的和进行比较,如果依然是收益大于损失,则由政府免费提供,反之政府提供就是低效率的。

如果产品由政府提供,又希望避免过度使用的低效率,政府总是寻找限制消费的途径。限制产品消费的方法称为配给系统(rationing system)。价格就是市场所采取的配给系统。政府对所提供的产品和服务业可以采取收取使用费的方式。此外政府经常采用的配给方法主要有两种,其一是统一提供(uniform provision),其二是排队(queuing)。

统一提供是指给每个人提供同样数量的产品,而不管有人喜欢多一些,有人喜欢少一些,比如义务教育。统一提供的主要缺点就是不能像私人产品那样能适应每个消费者的需求。我们可以用图 3-6 来说明。

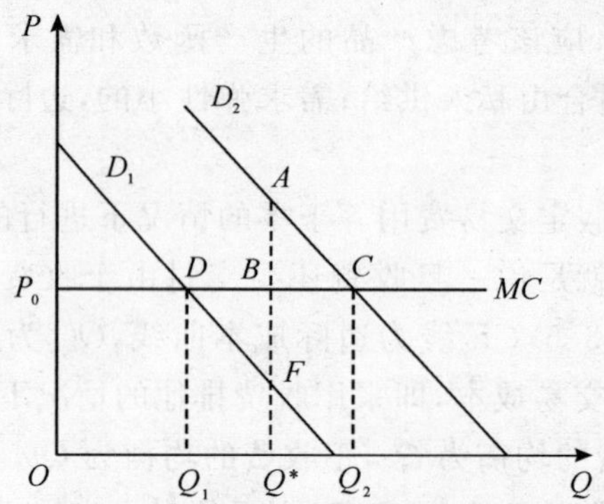

图 3-6　与统一供给有关的扭曲

如图 3-6,D_1 和 D_2 分别为低需求者和高需求者对教育的需求曲线,MC 为教育产出的边际成本,如果是在私人市场上,根据边际成本的定价决定了价格为 P_0。在这一价格水平,低需求者和高需求者对教育的需求数量分别为 Q_1 和 Q_2。但是,由于低需求者和高需求者对教育的需求都符合需求定理,即价格越低,需求量越多。如果价格为零,则需求可以没有限制地增加,除非受到其他因素的限制。对教育的全免费在没有其他限制的情况下,必然发生的就是"拥挤"乃至最终的"公地悲剧"。

为了避免这种悲剧的出现,必须引入其他的制约。假如这种制约为强制性数量限制,即政府决定对每一个人提供的教育的数量处于二者之间的某一点 Q^*。我们发现在这一点上,高需求者得到的消费量低于他所希望的,他的意愿边际支付超过了生产的边际成本,由于数量限制而造成的福利净损失可以用三

角形 ABC 的面积表示；相反，低需求者的消费超过了效率水平，他的意愿边际支付低于边际成本，但由于他不必为此付出什么，他的实际消费还是会达到 Q^* 点。在该点，低需求者的边际收益由需求曲线决定，由于边际收益大于零，因此他依然选择消费，但其私人边际收益比社会边际成本低，其差额等于 BF。这表明，为了给低需求者额外的教育，社会额外支出了三角形 BDF 面积的成本。因此，在实行数量配给的情况下，存在着高需求者由于数量限制而产生的福利损失，而不考虑低需求者的认识偏差。同样还存在着低需求者过度消费的社会福利损失，而辩护的理由通常是，低需求者没有能够认清教育的重要性，从而没有正确评价教育的边际收益。另一种解释是，教育是有很强的外部性的，并且教育的社会总体收益存在着所谓“短边规则”或“木桶原理”，也就是说其总体效益的实现，往往受制于最低教育水平，因此从社会的角度看，有必要给予这部分人超出他们自身需求的数量。

排队是另一种配置的方式，人们获取公共提供的产品或服务不用交钱，但政府要求他们付出等待的时间成本。在一些涉及人的基本权利的领域，如医疗，一些人认为不能用货币作为配给的依据，凭什么富人能够获得比穷人更好的服务？进一步说，富人比穷人得到更多更好的服务是否意味着更高的效率？或许排队更能够显示出对医疗服务的真实需求，即区分出谁才是最需要医疗服务的人。但是排队并不是一个好的解决这一问题的方式。其理由主要有：第一，排队的时间成本付出没有转化为任何人的收益，这与货币作为支付手段完全不同；第二，排队并不一定能区分出需求的真假，因为每个人的时间成本不同，比如已经退休的老人相对来说有更多的时间，是否意味着他们比正在工作的年轻人有更急迫的医疗需求呢？这是不一定的。

四、可行性曲线

政府提供公共产品或服务时或许是免费的，也就是不直接收费，但是政府提供产品并不能消除公共产品的生产成本，而是解决了公共产品成本的征收。因此政府供给公共产品首先需要征税，但是征税会有两个方面的损失：首先，征税本身会带来激励的扭曲，导致社会产出的下降；其次，征税必须借助于庞大的征税机构以计算和收取税费，由此必须花费高昂的行政费用。这样，产出就无法到达生产可能性曲线上，而只能到达可行性曲线上。

如图 3-7，有两条曲线，外面的一条是生产可能性曲线，即一个社会的全部资源都充分利用所能生产的最大数量的私人产品和公共产品组合的理想状态，线上的每一点都是帕累托最优的。但是由于公共产品的供给存在搭便车问题，需通过征税的方式来解决，因此会出现征税的双重成本，背离了帕累托最优。结果实际的产出如图中的可行性曲线所示，在生产可能性曲线的内部，实际产出小于可能的最大产出。

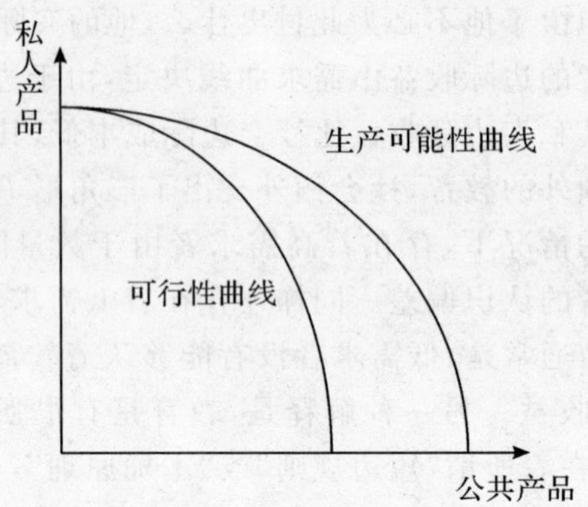

图 3-7　征税使得实际产出小于最大可能产出

第三节　公共产品的效率条件:均衡分析

一、局部均衡分析

我们以纯公共产品为例分析公共产品的效率条件。公共产品的局部均衡分析就是只考虑公共产品一个产品市场的均衡。而一般均衡分析是包括了所有产品市场在内的均衡。

为了便于分析,我们假定消费者的偏好、收入和其他产品的价格是既定的。为了突出公共产品的特点,我们首先对私人产品进行分析。

如图 3-8,假定社会由两个消费者组成,其个人的需求曲线分别为 D_a 和 D_b,它表明在一定的价格水平下,消费者 A 和 B 愿意并且能够购买的数量。市场需求是在一定的价格水平下所有个人在这一价格水平下愿意并且能够购买的数量的总和,例如当价格为 P_e 时,消费者 A 和 B 对该产品的需求分别为 Q_a 和 Q_b,市场需求为 Q_a+Q_b,等于 Q_e。也就是说,市场需求曲线可以通过个人需求曲线的水平相加而得到。图 3-8 中折线 BAC 为市场需求曲线,由个人需求曲线横向相加得到,记作 DD。需求曲线之所以在 A 点处拐弯,是因为在超过 A 点的价格水平上,消费者 A 将没有需求,市场需求曲线与消费者 B 的个人需求曲线重合。图中的 MC 为边际成本线,也就是供给曲线。供给曲线与需求曲线相交于 E,为均衡点,相应地均衡价格为 P_e,均衡数量为 Q_e。

公共产品的社会总需求曲线的推导以知道公共产品的个人偏好为前提。虽然,由于公共产品的特性容易产生搭便车行为,消费者并不愿意真实地表露

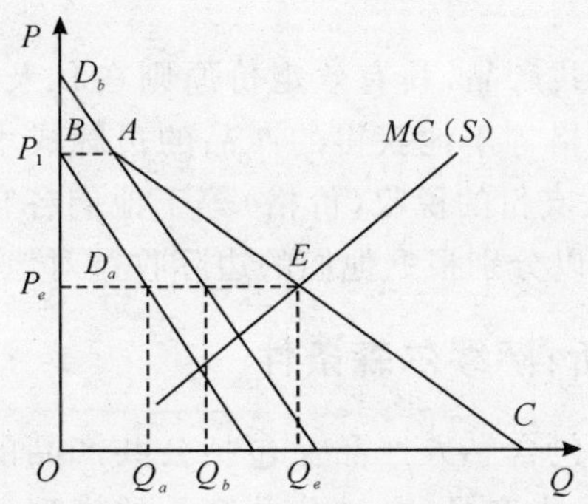

图 3-8　私人产品的均衡

自己的偏好，但是我们首先在理论上假定，存在着很有洞察力的人，知道个人的偏好函数，来解决公共产品个人偏好的显示问题。因此每个人都准确地说出他为了公共产品所愿意支付的成本，在这样的公共产品分析中不存在搭便车行为或投机取巧行为。

如图 3-9，D_a 和 D_b 分别代表消费者 A 和 B 对某公共产品的个人需求曲线，由于它们并不是消费者自己表露的，而是被有洞察力的人发现的，因而个人对公共产品的需求曲线也可看作是“虚假的需求曲线”。由于公共产品的非竞争的整体消费特点，每一个消费者消费的都是一个完整的公共产品，而社会总的消费也只是一个完整的公共产品。因此其需求曲线就不是横向相加，而是纵向相加。ABC 为社会总需求曲线 D_{a+b}，它由需求曲线 D_a 和 D_b 纵向相加得到，总需求曲线在 B 点处拐弯，B 点右下方的那一段与消费者 B 的个人需求曲线重合，因为在这一点以后，消费者 A 愿意支付的价格等于零，只有消费者 B 一个人支付价格。该需求曲线与图中的 MC 代表的供给曲线相交于 E 点，该点就是公共产品的均衡点，相应地均衡价格为 P_e，数量为 Q_e。公共产品供给的均衡数量与每个消费者消费的数量相等，均衡价格 P_e 等于消费者 A 和 B 各自愿意支付

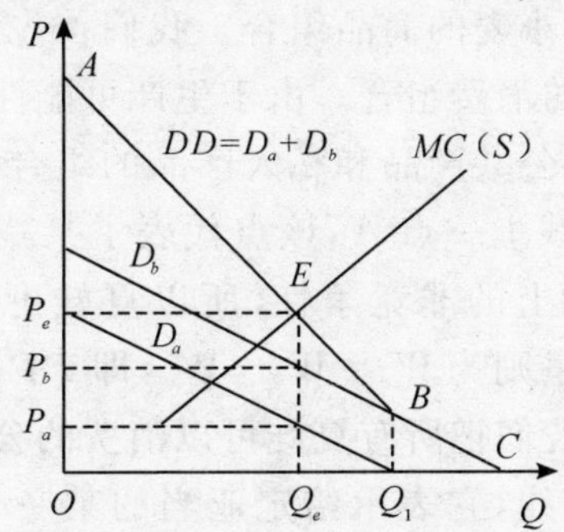

图 3-9　公共产品的市场需求曲线及局部均衡

的价格 P_a 和 P_b 之和。

比较私人产品与公共产品，其有效定价原则在私人产品场合为 $P_a=P_b=P_e=MC$，个人支付的价格等于他获得的产品的边际成本，而在公共产品场合，$P_a+P_b=P_e=MC$，个人支付的税收（价格）等于他们各自从公共产品消费中得到的边际收益。政府可以分别根据他们的边际收益对他们征税。

二、一般均衡分析：萨缪尔森条件

一般均衡分析是既包含私人产品又包括公共产品的同时均衡。最简单的模型就是两个人、一种私人产品、一种公共产品的模型。前面的内容已经揭示了均衡或者帕累托最优实际上就是寻求消费者最优。因此一般均衡就是在生产可能性方程的约束下，假定其他消费者的效用水平一定，寻找某个消费者效用最大化的条件。为此首先要知道消费者的效用函数和社会的生产可能性方程。

我们想象一个经济中存在规模为 S^* 的土地，可以直接当作公园，或者用于生产小麦。如果当作公园，则规模就是土地的面积 Z，而如果用于生产小麦，每单位的土地可以生产 k 单位的小麦，小麦的生产函数为：

$$W=k(S^*-Z) \tag{3-3}$$

这也是公园和小麦之间的转换关系，也就是生产可能性边界。公园是公共产品，消费者亚当的消费不减少夏娃的消费，角标 a 表示亚当，e 表示夏娃。两个人消费得一样多：

$$Z_a=Z_e=Z \tag{3-4}$$

而小麦是私人产品，生产出来的小麦在两个人之间分配：

$$W_a+W_e=W \tag{3-5}$$

为了找到帕累托最优，我们首先任意给定亚当的效用，然后找出夏娃最大效用的资源配置方式。如图 3-10(a)，假定亚当的无差异曲线为 U_{a0}，在无差异曲线上消费任意的公园和小麦的商品组合。我们首先要找到的是，当满足了亚当的消费以后，夏娃可能的消费组合。由于生产可能性边界（PPF）给出了将资源充分利用后可能达到的公共产品和私人产品的组合，而无差异曲线是亚当的消费组合。考虑 PPF 曲线上一点 A，该点代表了某一数量的公园和小麦（Z_0，W_a）。由于公共产品消费上的非竞争性，所以夏娃可以消费的公园数量也是 Z_0，而可以消费的小麦数量则为 $W_e=W_0-W_a$，即 PPF 曲线与无差异曲线 U_{a0} 之间的垂直距离。如此，我们把所有夏娃可以消费的公园与小麦的组合在图 3-10(b)中画出，即为 TT 曲线，它表示给定亚当的某一个特定的效用，夏娃全部可能的消费组合，我们也可以称它为消费可能性曲线。添加夏娃的无差异曲线，找出其中与消费可能性曲线相切的一条 U_{e0}，这就是夏娃最高可以达到的效用水平，并且只有在切点上，才是同时满足“最高”和“可能”。相应地，社会的资源配置状况为 Z_0 的土地用于公园，其余用于小麦。

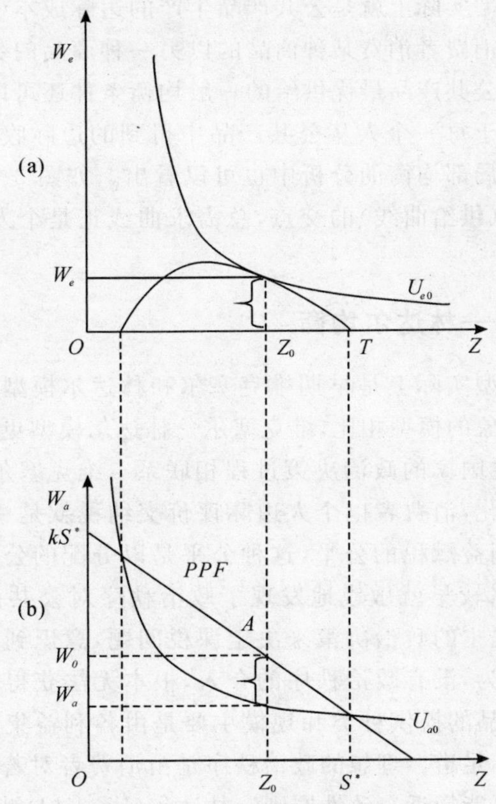

图 3-10 公共产品的一般均衡

给定亚当的另一条无差异曲线，我们就能用同样的方法得到另一个夏娃的效用最大化的点，以及相应地资源配置。这些都是帕累托最优，由于同时考虑了私人产品和公共产品的均衡，因此是一般均衡。

切点的斜率 MRS_e 等于该点所对应的生产可能性曲线的斜率 MRT 与消费者亚当的无差异曲线的斜率 MRS_a 之差。即：

$$MRS_e = MRT\ MRS_a$$

或者：

$$MRS_a + MRS_e = MRT \quad (3\text{-}6)$$

这表明，公共产品最优供给的一般均衡条件是：消费者对私人产品和公共产品的边际替代率之和等于私人产品和公共产品生产的边际转换率。

推而广之，公共产品与私人产品一般均衡的条件为：

$$MRS_1 + MRS_2 + \cdots + MRSn + \cdots = MRT \quad (3\text{-}7)$$

这一条件由萨缪尔森推导出，因而称为公共产品均衡的萨缪尔森条件(Samuelson condition)。

由于边际转换率实际上就是公共产品生产的边际成本(边际机会成本)，而边际替代率也就是消费者消费某种商品的以另一种商品的数量来计量的收益，即边际收益。因此公共产品最优供给的一般均衡条件还可以表述为，公共产品生产的边际成本等于每一个人从公共产品中得到的边际收益之和。这一结论从上面对公共产品局部均衡的分析中也可以看出。如图 3-9，均衡位于总需求曲线和边际成本线(供给曲线)的交点，总需求曲线正是个人边际收益线(个人需求曲线)的加总。

三、维克塞尔—林达尔均衡

萨缪尔森的模型实际上是早期维克塞尔和林达尔模型的新古典表达。不过与萨缪尔森的抽象的模型相比，维克塞尔—林达尔模型更加注重模型在实际中的运用，并与民主国家的政治决策过程相联系。维克塞尔认为，征税要尽可能使个人效用最大化，消费者以个人边际评价交纳税款是一种公平的原则，但同时指出，这只是利益赋税的公平，这种公平是以分配的公平为前提的。值得一提的是，维克塞尔较早就敏锐地发现了政治秩序对公共产品供应效率的影响，特别强调通过民主的政治决策来决定课税问题，意识到政府不是利他主义者和全能者。他认为，没有政治秩序的介入，根本无法获得个人对公共产品的真实偏好。公共产品的提供种类和规模主要是由各利益集团之间的协商决定的，个人的作用微不足道。理想的政治秩序是由消费者对若干公共服务的备选方案进行投票，尽可能接近一致性原则。林达尔(Lindahl)继承了维克塞尔的思想，做了进一步的发挥并使之模型化。由于强调在公共产品配置中对市场自愿交换的模拟，所以他的理论，以及其后的约翰森(Johansen)和鲍温(Bowen)的理论一起被称为自愿交换理论。这里我们以林达尔的模型为主对这种自愿交换理论进行介绍。

与市场体系中配置的资源一样，公共产品也要得到相应地补偿才能够提供，并且同样要满足效用最大化原则。但是个人对私人产品的偏好直接通过价格得到真实的显示，如果隐瞒自己的需求，结果就是得不到自己所需的私人产品。在公共产品市场上，很难将那些没有付费的人排除在消费之外，人们于是倾向于隐瞒自己的真实偏好，以逃避付费，公共产品从而会因缺乏足够的资金而无法提供。

林达尔大胆地假定，拥有充足理性的消费者一定会意识到这一点，然后便会减少这种隐瞒，稍稍多显示一点支付的意愿。这样就会逐步将每个消费者的真实偏好显示出来，直到公共产品的供给成为可能。假定社会由两个平等的消

费者 A 和 B 组成(实际上,这代表了两个政党,每一个政党代表有共同偏好的选民),在一定时期、一定的技术条件下,最大国民收入等于该社会资源约束下可以达到的最大私人产品和公共产品价值的总和。这两个平等的消费者将如何分担公共产品成本从而最终达到公共产品的供给均衡呢?

Y 表示国民收入,可以分为 A 和 B 两个人的税前收入 Y_A 和 Y_B。用 X 表示私人产品,G 表示公共产品,X_A 表示属于 A 的私人产品,X_B 表示属于 B 的私人产品,于是从产出的角度看有:

$$Y=X_A+X_B+G \tag{3-8}$$

从收入的角度看有:

$$Y=Y_A+Y_B \tag{3-9}$$

为了补偿公共产品的成本,该社会对 A 和 B 征税,如果 A 承担的份额为 m,那么 B 承担的就为 $(1-m)$,A 的收入等于在私人产品上的开支 X_A 加上承担的税收 mG,即:

$$Y_A=X_A+mG \tag{3-10}$$

同样,B 的收入等于其在私人产品上的开支 X_B 加上所承担的税收 $(1-m)G$,即:

$$Y_B=X_B+(1-m)G \tag{3-11}$$

这也就是 A 和 B 各自消费私人产品和公共产品的预算线。假定消费者对私人产品和公共产品的偏好已知,可以得到一条私人产品和公共产品的无差异曲线。假定 m 已定,则消费者均衡就是上述预算线与无差异曲线的切点。

如图 3-11,横轴表示公共产品数量,纵轴表示私人产品数量,直线 Y_A 表示消费者 A 消费私人产品和公共产品的预算线,曲线 I_A 是消费者 A 消费私人产品和公共产品的无差异曲线。E 为预算线与无差异曲线的切点,这一点对应的公共产品数量 G_E 和私人产品数量 X_E 就是消费者 A 在既定收入和税收负担下在公共产品与私人产品之间达到的均衡。

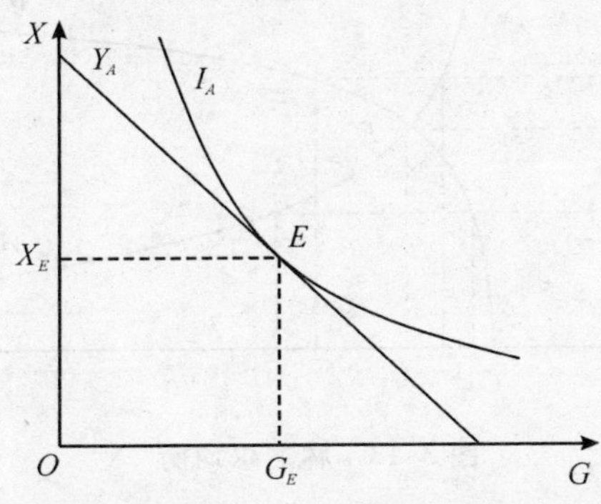

图 3-11　单个消费者的公共产品和私人产品之间的均衡

假定其他条件不变，消费者 A 所承担的税收份额 m 下降。由于对 A 而言实际的公共产品的支付价格下降，导致他愿意购买更多的公共产品。如图 3-12 预算线由原来的 BC 变为 BD，相应地均衡点由 E 点变为 F 点，公共产品的需求量增加。如果把税收份额变动时消费者 A 的均衡点都记录下来，就得到了 AA' 线，它是消费者 A 随税收而变动的消费者均衡的轨迹，类似于私人产品市场上的价格提供的曲线。藉于此，可以得到一条以 m 代表价格，消费者在该价格下对公共产品的需求数量为公共产品数量的公共产品需求曲线。我们把它表示在图 3-13 中。

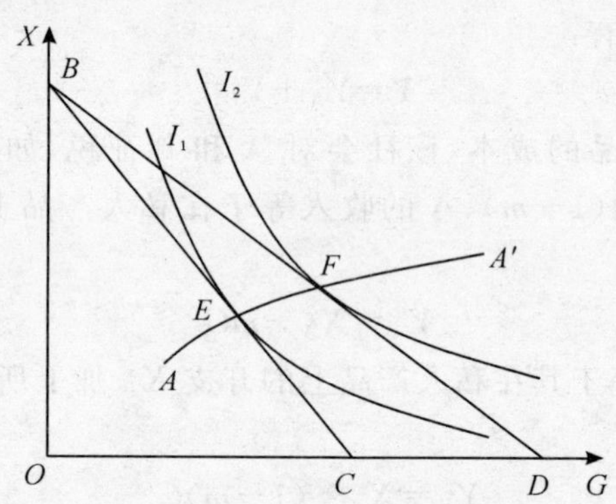

图 3-12　税收份额变动导致的消费者均衡点的移动

如图 3-13，纵轴表示价格，即税收份额，横轴表示公共产品数量，AA' 就是消费者 A 的需求曲线。因为税收由 A 和 B 分担，总的税收份额为 1，因此，可以把纵轴上数量为 1 的点作为消费者 B 的原点，并相应地得到一条消费者 B 的公共产品需求曲线 BB'。

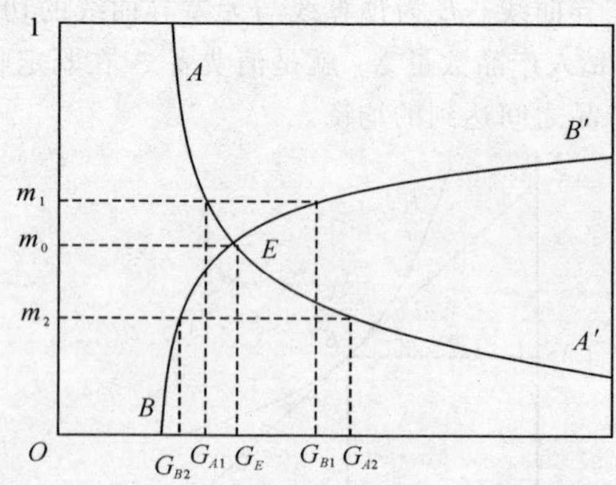

图 3-13　林达尔均衡

对应任一水平的税收 m，都可以通过需求曲线 AA' 和 BB' 找到两个消费者相应地需求数量。但只有当$m=m_0$时，AA'与BB'相交于E，消费者A和B对公共产品的需求才正好相等，等于GE。当$m<m_0$时，如$m=m_2$，消费者A的需求大于B的需求，即$G_{A2}>G_{B2}$；如果$m>m_0$，则$G_{A2}<G_{B2}$。只有在AA'与BB'的交点E处的税收水平下，两个人对公共产品的需求正好相等。因此E点就是均衡点，它决定了最佳公共产品供给数量和税收的分摊比例。

上述两人模型中的均衡也被称为林达尔均衡，相应地税收价格被称为林达尔价格。由于这一均衡是由两个人的公共产品需求线，亦即公共产品的边际效用曲线的交点决定的，因此这一均衡价格正好等于A和B各自从公共产品的消费中得到的边际效用价值。这样林达尔第一次用模型的方式对公共产品的需求和税收分摊做了精确的分析，证明了从理论上求解公共产品效率的可能性。

但是这一模型毕竟是比较简单的，而且从某种意义上讲其假定也相对粗糙。首先这是一个两人模型，如果人数增加了，结果是否相同？对少数人来讲可以解决的问题，对众多的人来讲就难以解决了。当个人的真实偏好表露对最终结果的影响力越来越小的时候，人们自然选择隐瞒偏好以便逃避税收支付。其次，即便在该模型中，均衡的达到实际上也取决于消费者双方的完全的理性和对称的讨价还价的能力。总之，模型的成立依赖于消费者对公共产品的真实需求的显示，这在现实中是很难通过个人的理性实现的。

第四节　公共产品的自愿供给

公共产品的非排他性表明，搭便车是经济人的选择，因而追求利润最大化的厂商将不会提供公共产品。因为就厂商而言，其利润等于其产品在市场上的销售收入扣除产品的成本，非排他性意味着预期没有市场的销售收入，因而其投入的成本将无法收回，更不用说利润了。因此公共产品通常由政府部门提供，通过税收的方式解决成本。然而现实中的许多事例表明，公共产品也是存在私人供给的。例如慈善捐赠、自愿者、希望工程等等。这表明市场均衡的缺失并不意味着政府是公共产品的唯一供给者。私人也可以通过非市场的途径提供公共产品，公共产品的自愿捐赠模型（voluntary contributions model）对公共产品的这种供给方式进行了分析，它解释了为什么可以存在非政府的公共产品供给，并且说明了为什么这种供给并不满足萨缪尔森条件。

一、非市场供给的不同思路

在不同于市场规则的一些规则下，如自愿捐赠规则下，一些数量的公共产品可以提供。公共产品的自愿捐赠的供给方式对传统经济人的假定也是一种冲击，我们想知道的是，人们究竟是如何做出他们的决策的。决策时他们仅仅考虑他们自身的利益，还是会有共同情感，如果考虑同伴的感受，他们的捐献是否会比不考虑同伴感受的时候为多？他们是否把其他人的满足当成自己的效用，他们是否愿意社会更加具有分享性？

我们依然利用上述的公共产品和私人产品均衡的例子，假定经济体中有 n 个相同的个体，每一个个体最初都分配到 z^o 数量的土地，每 1 个单位土地可以生产 k 单位的小麦，该个体有以下形式的效用函数：

$$u_i = z^{\alpha}(b_i)^{\beta} \tag{3-12}$$

式中 u_i 表示 i 的效用，b_i 代表他消费的小麦，z 是公园的数量（面积），α 和 β 的取值范围在 0 到 1 之间，这表明每一种产品的边际效用递减。

假定个人 i 捐献 c_i 数量的土地用作公园的供给，则他能够消费的小麦就变为：

$$b_i = k(s^0 - c_i) \tag{3-13}$$

公园的总供给将是：

$$z = c_1 + c_2 + c_3 + \cdots + c_n \tag{3-14}$$

显然，公共产品数量取决于每一个个体的捐赠 c_i ，那么 c_i 是如何决定的呢？

按照经典博弈理论，与完全竞争市场中依据市场价格的决策不同，一个人的决策直接依赖与之对决的另一个人的决策，也就是说个体行为的依据是另一个人的策略，其中著名的博弈均衡为纳什均衡（Nash equilibrium）。给定对方的策略，博弈者都有一个最佳策略，如果改变这一策略，将不能使自己的状况有所改善。

假定经济体由两个人组成，由于经济体中的个体的效用是由私人产品和公共产品组合的情况决定的（如式 3-12），纳什均衡博弈给出了公共产品博弈的一组支付矩阵，比如：

$$c_1 = 5\ ,\ c_2 = 8$$

如果个体 1 贡献 5，则个体 2 贡献 8 可以最大化他的效用；如果个体 1 贡献 8，则个体 2 贡献 5 可以最大化他的效用。两个人都会随着对方的贡献调整自己的贡献，以实现效用最大化。由此得到的均衡就是博弈均衡。

另一些学者则从利他主义、“阳光使者”、“社会偏好”（指亲社会的倾向）、差异厌恶、集体主义等方面提出了解释。

二、两人博弈

上述博弈思路中最简单的两人博弈的纳什均衡是什么呢？为了寻找答案，我们给博弈者建立一个最佳反应函数。个体 1 的最佳反应函数表示的是，对于个体 2 的每一种可能的贡献，个体 1 能够使其自身效用最大化的贡献是多少。

同样个体 2 的最佳反应函数表示的是，对于个体 1 的每一种可能的贡献，个体 2 能够实现其自身效用最大化的贡献是多少。

我们将式 3-13 和 3-14 代入式 3-12 中，可以得到：

$$u_1 = (c_1 + c_2)^{\alpha} k^{\beta} (s^0 - c_1)^{\beta} \tag{3-15}$$

为了得到个体 1 的最大效用，我们可以求个体 1 的效用的一阶导数，并令其等于 0：

$$\frac{du}{dc_1} = u_1 \left[\frac{\alpha}{c_1 + c_2} - \beta \left(\frac{1}{s^0 - c_1} \right) \right] = 0 \tag{3-16}$$

简化后得到：

$$\alpha(s^0 - c_1) - \beta(c_1 + c_2) = 0 \tag{3-17}$$

由此，我们得到对应于每一个可能的 c_2，使得个体 1 的效用最大化的贡献是：

$$c_1 = \frac{\alpha s^0 - \beta c_2}{\alpha + \beta} \tag{3-18}$$

这就是个体 1 的最佳反应函数。同理，我们可以得到个体 2 的最佳反应函数：

$$c_2 = \frac{\alpha s^0 - \beta c_1}{\alpha + \beta} \tag{3-19}$$

纳什均衡是两个个体的一种贡献组合 (c_1, c_2)，该组合能够同时满足两个个体的最佳反应函数，即给定任何一种对方的贡献，个体使自己最为有利的贡献。求解这两个等式，可以得到：

$$c_1 = c_2 = \frac{\alpha s^0}{\alpha + 2\beta} \tag{3-20}$$

这就是纳什均衡贡献，由此得到的公共产品的数量是：

$$z = \frac{2\alpha s^0}{\alpha + 2\beta} \tag{3-21}$$

三、*n* 个人的博弈

上述两个人的博弈均衡的前提是对称性假定，也就是这两个个体的偏好和行为方式是相同的，利用这一假定我们得到了纳什均衡的贡献水平。同样在 n 个个体组成的社会中，我们依然假定所有人的偏好和行为方式都相同，则个体 i 的效用函数为：

$$u_i = (c_i + \bar{c}_i)^{\alpha} k^{\beta} (s^0 - c_i)^{\beta} \tag{3-22}$$

式中，$\bar{c}_i$ 是 i 以外的所有其他个体的贡献总和，根据上面两人博弈的计算过程，可以得到：

$$c_i = (\alpha s^0 - \beta \bar{c}_i)/(\alpha + \beta) \tag{3-23}$$

由于假定每一个个体拥有相同的偏好和行为方式，因此每一个个体的贡献都相同，因此，式中的 $\bar{c}_i$ 等于 $(n-1)c_i$，将此代入式 3-23，得到 i 的贡献为：

$$c_i = \frac{\alpha s^0}{\alpha + n\beta} \tag{3-24}$$

因为所有个体都相同，由此得到的公共产品的数量是：

$$z^0 = \frac{n\alpha s^0}{\alpha + n\beta} \tag{3-25}$$

四、博弈均衡与萨缪尔森条件

那么公共产品的博弈均衡与最优供给是否一致呢？我们可以对比按照最优供给原则所能达到的公共产品数量和博弈均衡数量进行比较。

最优公共产品供给的条件由萨缪尔森条件给出：

$$\sum_{i=1}^{n} MRS_i = MRT \tag{3-26}$$

我们给定的边际转换率固定为 k，则个体 i 的边际替代率是：

$$MRS_i = \frac{\alpha}{\beta}\left(\frac{b_i}{z}\right) \tag{3-27}$$

将式 3-26 代入式 3-25 中，整理后得到：

$$\alpha \sum_{i=1}^{n} b_i = k\beta z \tag{3-28}$$

如果每个个体都相同，并且按照萨缪尔森条件来贡献他们的土地用作公园，则每一个个体 i 对土地的贡献是：

$$c_i = z/n \tag{3-29}$$

根据式 3-13，我们有

$$b_i = k[s^0 - (z/n)] \tag{3-30}$$

将此代入萨缪尔森条件式 3-27 中，得到：

$$n\alpha k[s^0 - (z/n)] = k\beta z \tag{3-31}$$

最佳的公共产品供给数量为：

$$z^* = \frac{n\alpha s^0}{\alpha + \beta} \tag{3-32}$$

这就是根据萨缪尔森条件得到的最佳公共产品数量。根据我们上面的计算，如果公共产品是根据自愿贡献的方式提供，那么将提供 $z^0 = \frac{n\alpha s^0}{\alpha + n\beta}$ 单位的数量。比较最优数量和自愿贡献的博弈均衡数量：

$$z^0 = \frac{\alpha + \beta}{\alpha + n\beta} z^* \tag{3-33}$$

显然，只有在 $n = 1$ 时，两种均衡才是相同的，一旦人数超过 1（这是公共产品的特征所在），自愿捐献的博弈均衡就小于最优均衡。随着人数的上升，博弈均衡数量和最优均衡数量都上升，但前者上升速度不如后者。人数越多，二者的差距就越大。

五、公共产品自愿捐献的实验研究

上述的分析无论是最优均衡还是博弈均衡都建立在理性人假定的基础上，这些人有对事物的完美的认知，并且有超强的逻辑推断能力。但是现实中的人是多种多样的，面对真实的公共产品的自愿捐献，最后的数量究竟是多少呢？在中国的很多乡村，我们发现一些公共设施如桥梁等，很多是通过自愿捐献资金建造的，通过捐钱和捐劳动的方式建造的公共产品的捐献者所捐献的款项各不相同，那么人们的捐献行为到底是如何进行的？是根据博弈原理进行的还是别的规则？人们除了理性，在决策时是否还受情感、情绪、声誉以及文化的影响？经济学的控制实验提供了研究公共产品的自愿捐献的一种途径。

1984 年阿萨卡(Issac)开始进行公共产品年博弈实验。由于实验的可重复性和可控制性，并且由于实验记录的是个体的依次出现的行为，不仅可以进行相关分析，而且可以进行因果分析，这种方法的优越性逐步显现。人们从投资回报的比例和方式、博弈人数、惩罚还是奖励的机制等方面展开研究，并从性别、年龄，以及不同制度、文化等角度进行分析。

众多研究公共产品自愿捐献(VCM)的文献表明[①]，在现实中公共产品自愿捐献的结果既不是基于理性人假定的理论模型所推导的零捐献的低水平，但也无法达到较高的水平。于是，研究者们从各种角度出发，寻找能够提升公共产品年博弈中合作水平的制度安排。最受关注的就是惩罚机制与给予机制的引入。在这些研究中，以费尔(Fehr and Gächter，2000)以及塞夫藤(Sefton，Shupp et al.，2007)的实验较为典型。奥斯特罗姆(Ostrom，Walker et al.，1992)则研究了公共池资源博弈中的行为，他发现即便承诺没有实质性的约束力，缔约或者对未来行动的承诺在维持合作上也是有用的。他们还研究了带惩罚的契约的作用，发现了契约在有内部惩罚支持的情况下会更有效。

费尔研究了一个两阶段的惩罚博弈。第一步相当于一个简单的 VCM 博弈。在第二阶段，个体有惩罚小组其他成员的机会，个体决策在小组里是匿名的，惩罚不仅降低对方的收益，也要付出自己的成本。在带有惩罚的 VCM 博弈中的公共产品供给要显著高于没有机会惩罚的 VCM 博弈。他们的实验揭示了惩罚是提高捐献、克服搭便车的有效安排；同时情绪是实施惩罚的一种保障。此后的研究越来越把惩罚当作是公共产品供给和促进合作的有效机制。

塞夫藤则设计了一组实验，以固定伙伴的形式对给予和惩罚在提高公共产品年捐献上的作用进行了研究。他们的实验包括独立并行的 4 种条件的实验，

① 见 Ledyard (1995)的综述。

即带有惩罚机会的实验，带有给予机会的实验，带有给予与惩罚机会的实验，以及基准实验，也就是没有惩罚和给予的公共产品自愿捐献实验。

以下我们介绍本书作者参与设计并实施的公共产品博弈(public good game，简称 PGG)实验。[①] 实验的基础部分沿袭费尔的设计，即 4 人一组的公共产品年自愿捐赠博弈。每一个小组都有一个公共项目，任何一个小组成员向公共项目的捐献，都将形成数额为其原始捐献的 1.6 倍的公共项目收益(用 R^G 表示，$R^G=1.6$)，该收益在小组的 4 个人中平均分配，即任何一个人向公共项目捐献 1 单位，每个人可以分享到 0.4 单位，即公共产品投资的个人回报率 r 等于 0.4。博弈小组是随机抽取的，小组中的 4 个成员始终固定在一起，即伙伴组游戏(partner，简称 p)。

公共产品博弈实验包含四种情形：(1)不带惩罚也不带给予的博弈(without punishment，without giving)，用 N 表示；(2)带有惩罚的博弈(with punishment)，用 P 表示；(3)带有给予的博弈(with giving ，or mercy)，用 M 表示；(4)包含惩罚和给予的混合策略(mixed strategy)，用 X 表示。4 种情形与塞夫藤的实验类似。每种情形玩 10 轮，我们用 10N、10P、10M、10X 分别表示 10 轮不带惩罚、10 轮带惩罚、10 轮带给予和 10 轮混合策略的博弈。N、P、M、X 的博弈规则和基本步骤如下：

N 情形下的博弈：每轮 1 步，参与者在每轮开始时得到 20 个筹码。参与者所要做的就是决定向公共项目捐献多少筹码，以及留下多少筹码。捐献公共项目的筹码在 0—20 之间。每轮博弈中参与者的积分变化如下：

禀赋	20个筹码，即20分
第一步后	20分 –你投入的筹码（分数） +0.4×所有人的总投入（分数）

N 中的总积分等于每轮积分之和。

P 情形下的博弈，每轮两步：第一步是捐献决定，规则同 N；第二步是惩罚决定，在完成第一步的自愿捐献后，每个参与者有权对其他参与者进行惩罚。参与者在获得其他小组成员对公共项目的捐献数额和比例的信息的基础上，做出自己的惩罚决定。如果惩罚别人，则自己也要遭受损失。惩罚力度用 R^P 表示，例如 $R^P=n$，表示惩罚他人的时候，罚别人 1 分，自己损失 1 分，别人损失 n 分。每轮博弈中参与者的积分变化如下：

① 实验设计由浙江工商大学公共管理学院许彬和浙江大学跨学科社会科学研究中心王志坚共同完成，程序设计王志坚，实验已经在浙江工商大学、浙江大学、浙江师范大学等学校开展，实验软件和实验细则使用可联系本书作者。

禀赋	20个筹码，即20分
第一步后	20分 –你投入的筹码（分数） +0.4×所有人的总投入（分数）
第二步后	=第一步后的收入（1） –n×收到的总罚分（2） –你给予别人的总罚分 如果（1）+（2）大于或等于0
	=0–你给予别人的总罚分 如果（1）+（2）小于0

P 中的总积分等于每轮积分之和。

M 情形下的博弈，每轮两步：第一步是捐献决定，规则同 N；第二步是给予决定，这一步类似于 P。不同之处在于给予别人时，别人得到收益。给予的力度用 R^M 表示，例如 $R^M=n$，表示给予他人的时候，给别人 1 分，自己损失 1 分，别人得到 n 分。每轮博弈中参与者的积分变化如下：

禀赋	20个筹码，即20分
第一步后	20分 –你投入的筹码（分数） +0.4×所有人的总投入（分数）
第二步后	=第一步后的收入（1） +n×收到的总予分（2） –你给予别人的总给予分

M 中的总积分等于每轮积分之和。

X 情形下的博弈，每轮两步：第一步是捐献决定，规则同 N；第二步是惩罚以及给予决定，规则同 P 或 M。不同之处在于可以同时实施惩罚和给予。

每轮博弈中参与者的积分变化如下：

禀赋	20个筹码，即20分
第一步后	20分 –你投入的筹码（分数） +0.4×所有人的总投入（分数）
第二步后	=第一步后的收入（1） +n×收到的总给予分–n×收到的总罚分（2） –你给予别人的总给予分和罚分 如果（1）+（2）大于或等于0
	=0–你给予别人的总给予和罚分 如果（1）+（2）小于0

X 中的总积分等于每轮积分之和。

实验结果显示，除了 1 比 1 的惩罚力度，惩罚可以提高捐赠，而给予本身无法维持，从长期看对提高捐赠是一个弱机制，最后的混合策略有较好地提高捐赠和财富的效果。①

实验可以一次完成，也可以先进行没有惩罚和给予的自愿捐赠博弈，然后由同学们讨论，提出如何增加公共产品捐赠的方案，并设法通过实验的方式实施方案比较结果。学生从博弈实验中体会公共产品捐赠变化的过程和原因，从而理解公共产品的供给难题。

① 详细结果见《公共产品博弈工作报告》，载于《政治经济学评论》，2009 年第 1 期。

【关键词】

排他(exclusion)
纯公共产品(pure public goods)
使用费(user fees)
搭便车问题(free rider problem)
交易成本(transaction costs)
公共提供的私人产品(public provided private goods)
配给制度(rationing system)
税收价格(tax price)
集体需求曲线(collective demand curve)
可行性曲线(feasibility curve)
边际经济转换率(marginal economic rate of transformation)
边际物质转换率(marginal physical rate of transformation)
萨缪尔森条件(Samuelson condition)
自愿捐赠模型(voluntary contributions model)
纳什均衡(Nash equilibrium)
实验(experiment)
公共产品博弈(public goods game)

【思考题】

1. 试举例说明公共产品的特征。
2. 你认为该如何解决搭便车问题?
3. 公共产品的私人供给和政府供给各自存在什么问题?
4. 利用图形说明萨缪尔森条件。
5. 以两人为例,比较公共产品的自愿捐赠的均衡与萨缪尔森均衡。

第四章　非纯公共产品

【概要】 大多数的公共产品都不是纯粹的，本章揭示了拥挤性与俱乐部产品之间的关系，分析了非纯公共产品中的俱乐部产品的数量均衡和使用者均衡的条件，使用频率可变的公共产品的均衡条件，最后介绍了地方公共产品的蒂布特模型以及改进地方公共产品供给效率的途径。

现实中的大多数公共产品并非是纯公共产品或私人产品，而是非纯公共产品，这些物品具有部分竞争性或拥挤性。对非纯公共产品的研究集中于两类，一类是俱乐部产品(club goods)，另一类是使用频率可变的公共产品(variable-public goods)。俱乐部产品包括游泳池、减肥俱乐部和网球场这样的设施，其特点是使用者的数量被控制，但不控制使用频率。同时产品容易复制，因此成员有选择权。使用频率可变的公共产品有公路、桥梁和公共交通系统。它们可以是排他的，也可以是不可排他的。如果是排他的，被控制的仅仅是使用的频率而不是使用者的数量，与俱乐部产品不同，使用频率可变的公共产品较难复制。从另一种角度区分，公共产品可以分为全国性的公共产品和地方性公共产品，地方性公共产品也是一种非纯公共产品，因为它实际上也实行了部分排他。

第一节　俱乐部产品

一、俱乐部产品和拥挤性

俱乐部理论或称为社团理论，由经济学家詹姆斯·布坎南(James Buchannan)和查尔斯·蒂布特(Charles Tiebout)开创，但二者的侧重点不同。布坎南在1965年的文章《俱乐部的经济理论》[①]中，力图从理论上定义一种经济

① Buchanan J. M.: *An Economic Theory of Clubs*, Economica, Vol. 23(1965), p. 1—14。

学上的商品，这种商品可以适应从纯公共产品到纯私人产品之间的连续体上的任意一点，也就是说并不存在纯私人产品和纯公共产品的泾渭分明的界限，而是某种特征的一个连续的变化过程，所以可以对所有的商品从纯私人产品到纯公共产品进行一个一般性的定义，布坎南还分析了这种商品的特性、成本和消费与它的集团之间的关系。而蒂布特感兴趣的是如何从易变的消费者选民对地方公共产品的选择中推断出他们的个人偏好，他是地方公共产品理论的一个代表。

俱乐部是一种组织，它仅对组织成员提供商品，即俱乐部产品。在俱乐部内部，成员对俱乐部产品的消费是平等的、非排他的，俱乐部为了提供产品而支出的成本的补偿来自向俱乐部成员的收费。但收费的原则可以是平等的也可以是不平等的。俱乐部理论中有一个关键的概念就是拥挤。俱乐部成员所获得的俱乐部产品的数量和质量依赖于成员的数量及其构成，那就是存在着拥挤。如果拥挤等于零，那么与纯公共产品的情况一致。如果俱乐部的规模为一个人，实际上就是私人产品，如果是所有人，就是纯公共产品。所以用俱乐部产品可以将产品作从私人产品到公共产品的连续处理。拥挤性是俱乐部产品的关键。

专栏 4-1　詹姆斯·布坎南

詹姆斯·布坎南(James M. Buchanan, JR)(1919—)，美国人，公共选择学派代表人物，因将政治决策的分析同经济理论结合起来，使经济分析扩大和应用到社会——政治法规的选择而获得 1986 年诺贝尔经济学奖。主要著作有:《财政理论与政治经济体系》(Fiscal Theory and Political Economy);《同意的计算》(The Calculus of Consent)，与塔洛克(G. Tullock)合著;《自由的限度》(The Limits of Liberty);《赤字的民主》(Democracy in Deficit)，与瓦格纳(R. Wagner)合著;《宪法合约的自由》(Freedom in Consitutional Contract);《课税的权力》(The Power to Tax)，与布瑞南(G. Brennan)合著;《法则的理由》(The Reason of Rules)，与布瑞南合著;《自由、市场与国家》(Liberty, Market, and State);《经济学:在预测科学与道德哲学之间》(Economics: Between Predictive Science and Moral Philosophy);《宪法经济学探索》(Explorations into Constitutional Economics)。

二、数量均衡的条件

拥挤性公共产品产出的最优条件实际上就是纯公共产品均衡条件的一个延伸。如果我们给定一个包括一定人口数量 N 的经济体，每个成员都具有对某公共产品相对于其他产品的偏好，这些偏好在 N 个人中随机分布。与纯公共产品不同,那里多一个人消费不影响其他人消费,因此多一个人不会改变任何一个人的偏好,拥挤性公共产品由于多一个人消费会发生拥挤,因此随着消费人数的增加,每个人对公共产品和其他产品的相对偏好会发生变动。如果给定某种公共产品使用者的数量,那么该公共产品的均衡与上述纯公共产品的分析方法完全一样。最优供给数量将出现在最后供给单位产生的边际收益之和等于其边际成本时。与纯公共产品不同之处是发生在人数变动的时候。这种区别我们可以用图 4-1 表示。

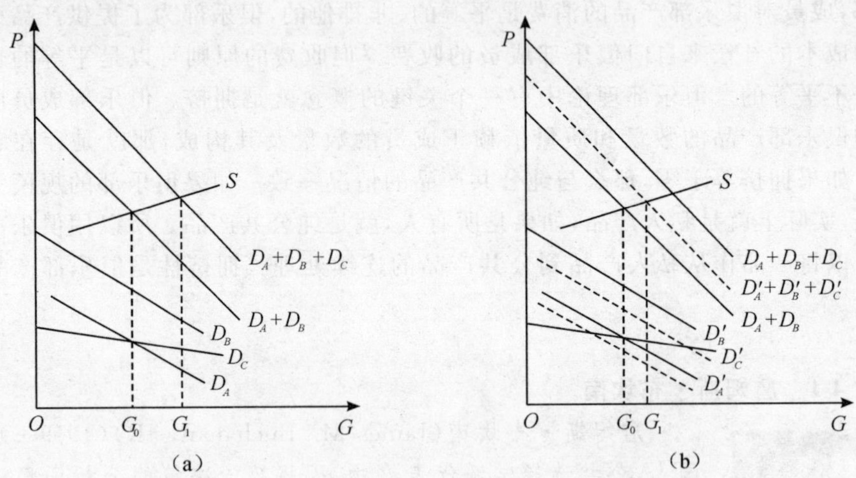

图 4-1 纯公共产品和拥挤性公共产品的需求加总比较

如图 4-1(a),假定原先有两个消费者 A 和 B,其对某公共产品的需求为 D_A 和 D_B,加总的需求曲线为 D_A+D_B,均衡数量为 G_0,现在增加了一个消费者 C,由于该产品是纯公共产品,因此在该均衡数量上,C 的加入不影响 A 和 B 的边际收益或需求曲线,但是由于 C 的加入,总的边际收益却增加了,最优的数量应该扩大到新的边际收益加总曲线与供给曲线相交的数量 G_1 处。由于 C 的加入,每个人享有的公共产品都比原来多了,总收益上升,这就是公共产品的规模收益。

但是,当产品为拥挤性公共产品时,消费者 C 的加入会降低原有消费者的边际收益或需求曲线,因为 C 的加入增加了拥挤度,降低了 A 和 B 使用时的舒适度等。于是 A 和 B 的需求曲线下移。如图 4-1(b),A 和 B 的需求曲线下移到 D'_A 和 D'_B,加总的需求曲线下移到 $D'_A+D'_B+D'_C$,均衡数量也随之减少,公共产品的规模收益被增加的成本(由于拥挤而减少的收益)部分抵消。而最终的均衡取决于拥挤的程度。只要有了拥挤带来的收益损失的衡量,我们同样可以找到均衡点。根据图形,我们可以得出结论,拥挤性公共产品的数量均衡条件,依然是萨缪尔森条件,即边际成本等于边际收益之和。

拥挤性公共产品的这种低效应构成布坎南俱乐部理论的基础。俱乐部产品是可以排除其他人消费的一种拥挤性公共产品，并且可以由不同的俱乐部提供。俱乐部理论不仅包括分析俱乐部产品的最优供给水平，同时也包括分析最优的使用者数量。上面分析了数量均衡的条件。下面继续分析最优使用者数量的决定。

三、使用者的均衡

假定所有潜在的俱乐部成员具有相同的偏好，并且所有人公平分担产品的供给和运营成本。图 4-2 描述了给定公共产品 G，使用者数量增加时给其中一位特定的俱乐部成员的利益带来的影响。

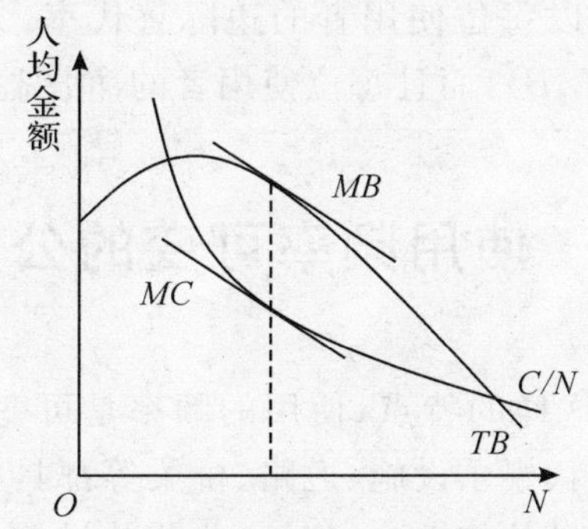

图 4-2　俱乐部产品的使用者数量的均衡

曲线 TB 表示当使用者数量增加时，该特定使用者所获得的总收益的变化情况。起初该曲线上升，表明当人数较少时，拥挤性不突出，俱乐部产品更接近于纯公共产品，因此其规模收益比较明显，但是随着人数的不断增加，该消费者从该俱乐部产品中获得的收益最终是下降的（典型的例子如球类运动，一个人的时候几乎没有收益，人数增加才能进行各种形式的运动，但人数过多又变得无法运动了）。TB 曲线的斜率反映了每增加一位消费者所产生的边际利益。这种边际利益是负的，我们将其定义为对某一位成员的边际拥挤成本。因为俱乐部的成员数为 N 个，所以每增加一名消费者而使得全体消费者利益受到的损失为 $N \times MB$。

假设公共产品的成本 C 在所有消费者中平摊，所以每位消费者应承担的成本为 C/N。对于以给定水平的公共产品 G，C 为常数，所以 C/N 为一条双曲线。C/N 的斜率为边际成本 MC。边际成本也为负，因为加入的使用者分担了部分成本从而减少了其他成员的成本。由于每增加一位成员应承担成本 C/N，由此先前的 N 位成员的总支付减少了同等数量，因此边际成本 MC 为 $-C/N^2$。则当 $MB = MC = -C/N^2$ 时，人均净利益达到最大值，或者

$$-N\times MB=C/N \tag{4-1}$$

表明当人均纳税额(交费额)正好等于边际拥挤成本($-N\times MB$)时,达到公共产品使用者数量的均衡,即新增一名成员为现有成员节约的费用,等于强加在原有消费者身上的边际拥挤成本,或机会成本。

俱乐部的均衡不仅是产品数量的均衡,同时也是使用者数量的均衡,这意味着要同时达到萨缪尔森条件和式(4-1)。在所有人偏好相同的假定下,N 个人的俱乐部的萨缪尔森条件可以写为 $N\times MRS=MRT$。如果公共产品供给的边际成本为常数,那么总成本 C 等于 $G\times MRT$,G 为产出水平。于是我们有:

$$C/N=G\times MRS=-N\times MB \tag{4-2}$$

当俱乐部同时满足最优数量和最优使用者数量的均衡时,人均纳税或交费额 C/N 将等于产出量乘以每位使用者的边际替代率,并等于每位使用者带来的边际拥挤成本($-N\times MB$),而且每位使用者的净收益达到最大。

第二节　使用频率可变的公共产品

许多公共设施具有这样的特点,使用的频率是可变的,也就是使用者可以有不同的使用程度。公园、娱乐设施、道路、桥梁等都具有这样的能够被同时使用,但使用程度却因人而异的特点。同时这些公共设施在使用的时候或许还需要个人支付一定的边际成本,比如开车所需要的燃料和时间。这类公共产品可以是拥挤的,也可以是不拥挤的。

一、不拥挤的公共设施的均衡

如果是不拥挤的,那么新增消费不会降低先前的消费群体的总体消费,这里不存在机会成本。而如果是拥挤的,那么新增消费会降低先前的消费群体的总体消费,因此就存在机会成本。

我们先考虑不拥挤,即机会成本为零的情况。如图 4-3,DD 为使用一定规模的公共设施 X 的服务时的需求曲线,假定成本唯一的由提供设施本身的成本决定。这一使用频率可变的公共设施的最优供给涉及两方面的问题。其一是给定公共设施的供给数量寻找最优使用量;其二是求出公共设施本身的最优供给量。既然不存在拥挤,追加使用设施的机会成本为零,因此该服务的使用应该扩展到消费的边际收益为零的点上,即图中的 X_0 这一点。

那么该公共设施的最优供给规模是多少呢?我们首先引进该公共设施总成本,除以公共设施的使用量,就得到了平均使用成本,即图中的曲线 AC。OX_0ba 就是该公共设施的总成本,而 OX_0c 则是该公共设施的收益,如果收益

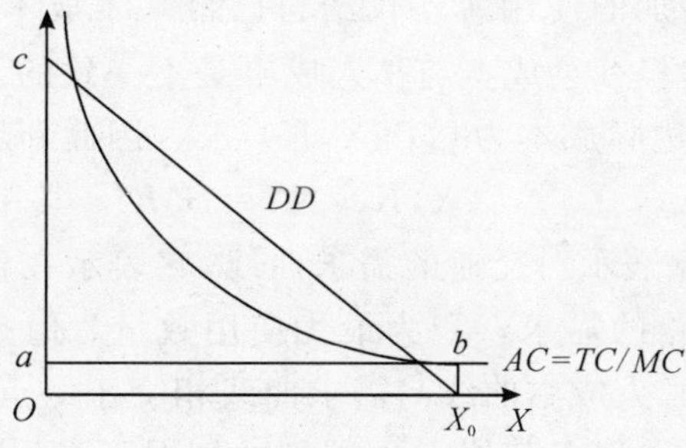

图 4-3　不拥挤的公共设施的最佳使用量

大于成本，则从社会的角度看提供该公共设施是合理的。反之则该公共设施的提供就是无效率的。

二、拥挤性公共设施的均衡

即便是收益大于成本，是否一定要提供这一规模的公共设施呢？是否还存在比这一规模更小的公共设施能够导致更为有效的结果呢？如果一座大而不拥挤的设施，比如桥梁，并不比一座较小的但也同样不拥挤的桥梁提供更多的利益的话，为什么不采用较小的桥呢？实际上，人们总是试图将公共设施的规模降低到所节约的成本与因拥挤导致的消费利益下降两者恰好相抵的水平上。

下面的分析就是具有拥挤性的公共设施的均衡。只有当某些公共设施的不可分割性强行要求一个最小规模，才能说建造无拥挤的公共设施是合理的。在这种时候，建造的原则就是按照最小建造规模建造。

我们考虑高速公路的例子。我们首先假定已经建造了一条规模为 K 的高速公路，我们讨论的问题有两个，一是既定规模下高速公路的最佳使用量，二是 K 是否合理，是否需要调整，也就是最优规模是多少。

假定公路的规模已经确定为 K，那么公路使用的可变成本主要有两个方面：一是燃料、车辆磨损等与行驶有关的成本，我们假定这部分成本只与道路的使用次数有关，而与道路的使用状况无关，即忽略拥挤的影响。因此这部分成本可以简单视为每次使用成本，固定为 C；另一部分是与拥挤有关的时间成本 T，在一定的范围内，由于没有出现拥挤，则 T 不变，但到拥挤出现后，T 就会随着使用人数的增加而增加。我们可以将之表达为 $T(X,K)$，它表示当使用者为 X，道路为 K 时的时间成本。于是，当道路为 K，使用者为 X 时，总的可变成本为 $X[C+T(X,K)]$，每个使用者的成本为 $C+T(X,K)$。

如图 4-4，我们从单个消费者的角度考察使用量的均衡问题。在使用者为 X_0 以内时，不存在拥挤，而超过这一点时出现拥挤，成本上升，所以使用者成本曲线 $C+T(X,K)$ 在 X_0 以内为一水平线，而在这一点以后则向右上方倾斜。

由于拥挤的存在,新增加的使用者不仅给自己带来了成本,也给所有其他的使用者带来了成本,在这里社会成本与私人成本是不一致的。每增加一名使用者给其他使用者带来的边际成本为 $\Delta T(X,K)/\Delta X$,因此新增使用者带来的成本增加额为 $C+T(X,K)+X^{*}\Delta T(X,K)/\Delta X=SMC$。其中 $X^{*}\Delta T(X,K)/\Delta X$ 为边际拥挤成本。DD 表示对交通的需求曲线,它表示在任意给定每次路途的价格成本时对高速公路的需求,X^{*} 为最优使用数量。但是由使用者自行决定的最优使用数量将在私人成本曲线与需求曲线相交于一点,由此决定的使用数量为 X^{e}。显然在没有税收或其他干预措施的情况下,私人决定的使用数量超过了最佳使用量。如果征收相当于拥挤成本的道路使用费 $t^{*}=X^{*}\Delta T(X,K)/\Delta X$,那么就可以使得私人边际成本等于社会边际成本,从而使得使用数量等于最佳使用数量 X^{*}。

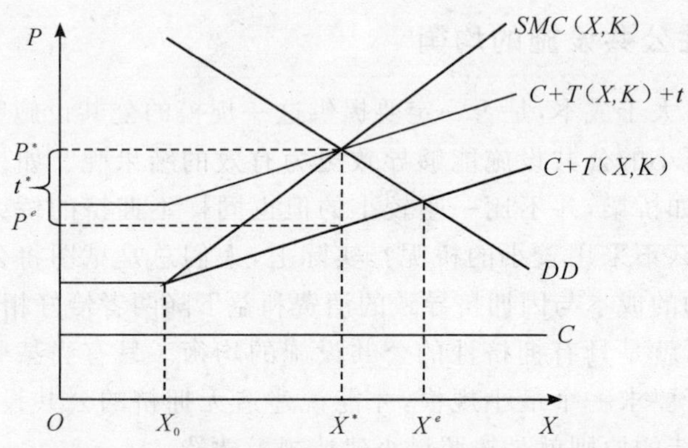

图 4-4　使用频率可变的公共产品的均衡使用数量

以上分析的是给定道路情况下的最佳使用数量。另一方面对于这类产品或服务,还需要考察的第二个问题是,最佳的产品或服务本身的数量是多少。当出现拥挤的时候,是否需要增加道路的数量呢?扩建高速公路显然能够节约时间成本,但是当道路扩建后,人们的使用情况又会发生相应地变化,那么这种扩容是否有效率呢?在图 4-4 的基础上,我们用图 4-5 进行分析。

如图 4-5,X^{*} 是扩容前的道路最佳使用量。当高速公路从 K 扩容到 K' 后,最佳使用量增加到 $X^{*'}$,同样,如果没有使用费或者征税,私人自行决定的道路使用量将达到 $X^{e'}$。因此,在扩容前后都不征税或收费的情况下,扩容导致的收益的增加为 $P^{e}bdP^{e'}$ 部分的面积,而在前后都征税或收费的情况下,扩容导致的收益的增加为 $P^{*}acP^{*'}$。高速公路的扩容是否是有效的,就要看扩容导致的收益的增加与扩容本身的成本的比较,如果前者大于后者,则应该选择扩容,反之,则不应该扩容。这意味着如果我们能够得到高速公路的需求曲线,我们就能够找到与扩容前的收益比较,从而判断这一公共决策是否正确,然而实践中

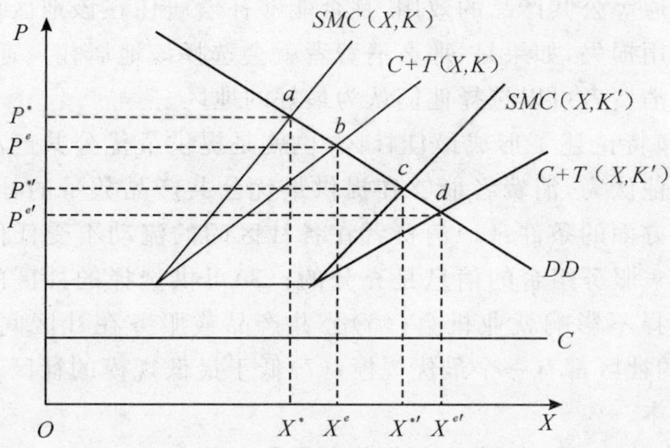

图 4-5　使用频率可变的公共产品的最佳数量

的困难在于高速公路扩容的收益是很难估计的，从而对现实中的投资是否是最佳的规模也很难做出准确的判断。

第三节　地方公共产品

一、蒂布特模型

1956 年，蒂布特发表了《地方支出的纯理论》①一文。文中讨论了有效地提供地方公共产品的方式，以及有效的运作方式所需要的条件，也就是被称为蒂布特模型(Tiebout model)的理论。

首先，蒂布特阐述了地方公共产品不同于全国性公共产品的选择机制。蒂布特认为，萨缪尔森等人的观点对于分析联邦支出是有效的，但不适合分析地方支出。现实中有一些公共产品如警察、消防、教育、医院和法庭等是由地方政府提供的，地方政府的支出和中央政府的支出的适用原则是不同的。对于地方公共产品来讲，不同地方的公共产品之间如同私人产品一样是存在竞争性的，因为同一个国家的居民是可以选择自己喜欢的居住地的，实际上就如同在市场上选择私人产品一样。在公共产品选择中，也可以通过类似市场的选择来进行，因为消费者是否选择一个地区作为自己的居住地，就是通过比较居住在该地所能获得的居住环境与为此而支付的税收的大小。即当地政府提供的消防、

① Tiebout, C. M., *A Pure Theory of Local Expenditure*, Journal of Public Economy, Vol. 64, No. 5(1956), p. 416－424。参见费雪:《州和地方财政学》，中国人民大学出版社 2000 年版，以及张馨等著:《当代财政与财政学主流》，东北财经大学出版社 2000 年版。

医疗、绿化、交通等公共产品的效用，是否能够补偿居住在该地区而要支付的税收所造成的效用损失，如果是，那么消费者就会选择该地居住。通过这种“用脚投票”的方式，消费者可以选择他们认为最好的地区。

其次，蒂布特论述了形成最佳社区，也就是提供最优公共产品的数量必须具备的条件。他认为，消费者能够在提供最优公共产品数量的社区生活，必须具备以下七个方面的条件：(1)消费者在各社区间的流动不受任何限制；(2)各社区的税收——服务组合的信息是充分的；(3)可供选择的社区的数量是很多的；(4)社区选择不影响就业机会；(5)公共产品或服务在社区间没有外部性；(6)任一类型的社区都有一个最优规模；(7)低于最低规模的社区会寻找新居民以降低平均成本。

最后，蒂布特论述了最优地方公共产品数量的实现。

因为消费者能够完全按照自己的偏好来进行社区的选择，因此，居住在同一社区的人应该有相同的公共产品需求曲线或边际收益曲线。如图 4-6 所示，MB_i 线代表任一消费者的边际收益线，$\sum MB_i$ 为总需求线，等于所有个人的需求曲线的垂直相加，由于每一个消费者的需求曲线都相同，所以，$\sum MB_i = nMB_i$，n 为消费者的人数。MC 为边际成本，h_i 为任一消费者分摊的成本。在完全竞争的条件下，边际收益与边际成本相交处的公共服务数量 E^* 就是公共产品的最适数量。

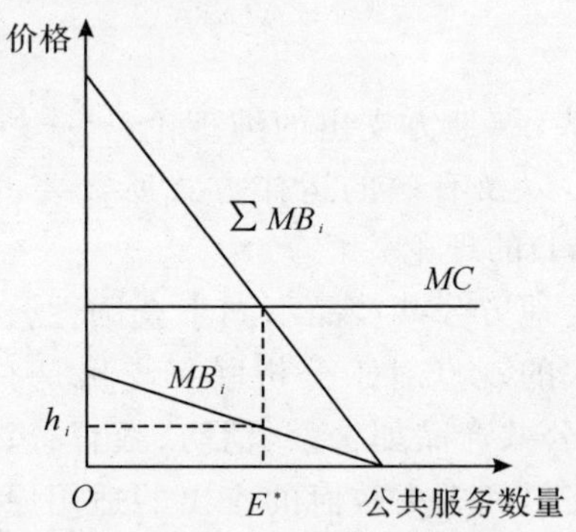

图 4-6 地方公共产品均衡

蒂布特模型中，偏好相似的人聚居在一起，每个社区的消费者对公共产品的消费是相同的，而付出的成本也是相同的，为总支出成本的 $1/n$。消费者对公共产品完全满意，社区达到公共服务数量的最优规模，是一种理想化的社区模型。

二、蒂布特模型的意义和问题

蒂布特模型最突出的贡献在于设计了公共产品的偏好显示机制，从而在公共产品供给中引入了消费者的选择，引入了竞争机制。

我们知道，在私人产品市场上，消费者的偏好是通过消费者的购买行为来显示的，出于对自身效用的关心，理性的消费者清楚自己的购买行为直接影响到效用的实现，如果试图通过不购买来隐瞒自己的偏好，结果是自己的效用无法最大化。因此在私人产品市场上，消费者偏好的显示不成为一个问题。相反由于公共产品的非排他性，一旦公共产品供给，无论消费者最初有没有付费、付费多少，都不会影响其对公共产品的消费。在这种情况下，理性的消费者完全有可能隐瞒自己对公共产品的真实偏好，从而减少自己的付出。在这种情况下，公共产品或者由于搭便车者的大量存在而失去了持续供给的可能性，或者通过强制性的税收供给，而一旦供给，无论好坏消费者都只有接受，存在强制性消费，而且供给过程中可能产生低效率。而蒂布特模型中的地方公共产品与其说是一种公共产品，还不如说更像一种私人产品，从而提供了克服上述公共产品供给低效率的可能性。

首先，在地方公共产品层面，与全国性公共产品不同，消费者是有选择权的。在一定的条件下，消费者可以选择自己喜好的地方公共产品，也可以拒绝一个地方的公共产品，其具体方法便是“用脚投票”，即选择一个所提供的公共产品对自己效用最大的地方居住，放弃对自己不适合的地方来实现对公共产品的选择。

其次，一旦消费者拥有了选择权，地方公共产品的供给便出现了竞争。蒂布特模型突破了公共产品供给中政府垄断供给、消费者被动接受的思路。公共产品供给的决定权，由完全的政府主导，变成了类似于私人产品的消费者决定。在地方公共产品层面，供给者是多个而不是一个，消费者在各社区间的流动不受限制，各社区的税收——服务组合的信息是充分的，而可供选择的社区的数量是很多的。因此消费者完全可以在众多的社区中进行选择，如同在不同的商品中进行选择一样。这样地方公共产品的供给者就面临着另一个供给者对消费者的争夺，不得不关注其产品或服务的品种和质量。

第三，蒂布特模型揭示了地方公共产品效率供给的可能性。一方面由于蒂布特模型部分解决了公共产品偏好显示的困境，从某种程度上解决了搭便车问题，从而可以避免公共的悲剧；另一方面，最优规模社区的提出，使得公共产品供给可能实现规模经济效益，使生产的效率得以实现。

第四，蒂布特模型提出了达到理想模型的条件。蒂布特模型本身是一个理想模型，为此蒂布特提出了达到理想状态的七个条件。其中第一、二、三是关于消费者选择达到消费者最大化的条件，即消费者在各社区间的流动不受任何限制，各社区的税收——服务组合的信息是充分的，以及可供选择的社区的数量是很多的，这样的规定保证了消费者能够进行自愿自主的理性选择；而条件六和七,即任一类型的社区都有一个最优规模,以及低于最低规模的社区会寻找新居民以降低平均成本,保证了从供给一方来看的降低公共产品成本的可能性。这些条件的设计,对于保证最优规模地方公共产品的供给是至关重要的。

总之,模型模拟完全竞争的私人产品市场,其核心正在于作为供给者一方的独立的产品和产量的决定权和作为消费者一方的完全的自由选择权。公共产品的均衡与私人产品的均衡毕竟不同,私人产品的消费是独立的、分别进行的,而公共产品的消费却带有联合消费的特点,产品是不可分的。因此最佳公共产品的供给规模与有相同偏好的消费者的消费规模之间的匹配就成为问题的关键。模型所揭示的均衡正是公共产品理论研究要解决的最大的问题——如何使公共产品能够与尽可能多的人的需求相一致?尽管模型中的均衡的条件在现实中难以完全实现,但毕竟揭示了实现这种目标所应努力的方向。一则,不具备的条件可以通过技术和制度的安排而加以解决;二则,即便不能完全达到其条件,但朝着这一方向的努力或多或少会使我们向目标更接近一些。而且我们看到,公共产品供给与最大多数人的需求相一致的目标,在地方公共产品层面上,比全国性的公共产品更容易接近两个模型所揭示的条件。蒂布特"用脚投票"机制的设置,也为我们解决地方公共产品有效供给中的竞争机制的设计提供了参考。

三、提高地方公共产品供给效率的几个思路

沿着蒂布特的思路,地方公共产品有效供给的前提是模拟竞争的私人产品市场,也就是要求供给方独立的产品和产量的决定权和消费方的完全的自由选择权。而在满足了这一前提以后,还需要根据消费者的偏好以及不同地方公共产品的特点,确定具体的公共产品供给规模。进一步说,地方公共产品的有效供给是一个如何最大限度地满足当地居民需求这个"一致性"问题。不同的个体对公共产品的需求各不相同,找到需求的规律性能够有助于"一致性"问题的解决。以下途径或许有助于提高地方公共产品的供给效率。

(一)地方公共产品的供给应尽可能与不同收入条件下的居民的需求相适应

作为消费者,在决定购买私人产品和公共产品时,所依据的一是自己的偏好,二是自己的收入水平。随着人均收入的提高,一方面人们对公共产品的需求不断增加,另一方面对公共产品需求的种类也在不断变化。

首先,收入的上升导致对公共产品需求的上升。一般而言,受收入约束的限制,富人对公共产品的需求平均大于穷人的需求,因而当人均收入提高时,对公共产品需求增加。

其次,收入的上升导致对高档商品的需求的快速增加,从而导致了与高档私人产品成为互补品的公共产品的需求的增加。当收入上升时,必需品的增长

慢于收入的增长，而高档产品、奢侈品的需求增长快于收入的增长。仔细分析后不难发现，越是低档的必需品，越是可以离开公共产品而消费，比如简单的食品和服装；而高档的商品往往需要借助于公共产品才能够消费，比如私人轿车的使用对公路的依赖，家电使用对电力供给的依赖，电视收看对信号的依赖，电脑对网络的依赖等等。当收入提高后，这类私人产品消费得更快，导致了对与这类私人产品互补的公共产品的需求的加速上升。

第三，收入的上升导致个性化需求的增加，不同消费者的不同偏好的满足需要借助于多种形式的“俱乐部产品”和“地方公共产品”。

(二)地方公共产品的供给要与经济发展的阶段相适应

马斯格雷夫和罗斯托认为，在经济发展的起飞阶段，政府投资在总投资中占有较大的比重，公共部门为经济发展提供社会基础设施，如道路、运输系统、环境卫生系统、法律与秩序、健康与教育，以及其他用于人力资本的投资等。在增长的中期，尽管私人投资已经不小了，政府投资还应继续进行，但这时政府投资只是对私人投资的补充。此外，无论是在发展的早期还是中期，都存在着市场缺陷，从而有可能阻碍经济趋于成熟。因此为了应付市场缺陷，政府的干预也应该增加。一旦经济达到成熟阶段，公共支出将从关于基础设施的支出转移到对于教育、保健和福利服务的支出。而在“大众消费”阶段，进行再分配的政策性支出的增加会大大超过别的公共支出，也会快于GNP的增长速度。马斯格雷夫和罗斯托的理论一方面揭示了事实上不断增长的公共产品方面的支出原因——经济的不断发展对公共产品提出要求；另一方面指出了公共产品在不同经济发展阶段应该有不同的类型来适应经济的发展需要。这实际上也表明，在不同的阶段必须有不同的公共产品来满足不同的需要。

(三)创造有利于消费者在不同地方自由流动的环境，减少流动的成本

蒂布特模型的实现关键在于消费者拥有对公共产品的选择权，而这一选择权的核心就是“用脚投票”，即消费者可以没有限制地、无成本地从一个社区转移到另一个社区。现实中，影响这一目标实现的因素主要有两个方面，一是法律方面的，二是经济方面的。前者包括诸如户籍制度、就业制度、社会保障制度等对迁徙的影响。在我国目前的户籍制度下，劳动力的跨地区迁徙显然困难重重，而目前劳动力就业上对非城市户口或非本地户口的歧视也限制了劳动力在不同社区的自由选择，社会保障制度的不统一也使得搬迁具有很大的成本。另外即便在制度上给予自由流动的保障，人口的流动依然有“运输成本”。尽管绝对消除流动成本是不可能的，但我们至少在法律制度上进行改革，为消费者的自由选择创造条件。

【关键词】

非纯公共产品(impure public goods)

俱乐部产品(club goods)

使用频率可变的公共产品(variable-public goods)

蒂布特模型(Tiebout model)

用脚投票(voting by feet)

【思考题】

1. 举例说明俱乐部产品的数量均衡和使用者均衡。
2. 利用图形说明不拥挤的公共设施的均衡。
3. 利用图形说明拥挤的公共设施的均衡。
4. 蒂布特模型的意义是什么?

第五章　公共选择

【概要】　公共产品如果由市场提供，会出现供给不足，而如果由政府提供，那么政府按照什么规则来做决策？是否存在一种可能性，可以达成社会一致的偏好，不同的投票规则各有什么特征，选择投票规则可以依据什么规则？现代民主社会中的多数票制是否会导致不反映民意的结果，其均衡是否是有效的？在政治市场上，人是否与在经济市场上一样，按照一定的利益原则行事？如果这样，会对政治市场发生什么影响？本章讨论与公共选择有关的一些问题，以对现代民主制度有一个新的理解角度。

前面几章对公共产品均衡的分析建立在政府能够达到帕累托最优的假定上。但是，正如我们已经指出的，公共产品的非竞争性和非排他性使得市场价格机制无法揭示个人偏好，非排他性导致了搭便车行为的产生，使得市场无法成为公共产品的配置机制。那么作为市场的替代，政府将依据什么机制来选择公共产品的种类和数量？这将问题引向了公共选择。

第一节　偏好显示与公共选择

一、偏好显示问题

偏好是个人对产品或服务的主观看法，在给定相同的条件约束下，一个人如果选择了 A 而不选择 B，则表明他对 A 的偏好胜过 B。这种主观的偏好自己无法呈现，只有借助于其他的东西显示自己。产品的供给决定，以了解消费者的偏好为成功的前提。在私人产品市场上，通过观察消费者的实际购买行为，可以推断出个体对私人产品的偏好的信息。因为排他性使得不真实披露自己需求信息的消费者无法实现其最大化，市场会促使消费者显示其偏好。而公共产品的非排他性导致了人们倾向于隐瞒自己的偏好，以达到搭便车的目的。因此，公共产品的个人偏好的显示就成为一个问题。如果每个人都想搭便车而隐藏其对公共产品的真实需求，公共产品将无法提供。

怎样才能让人们显示对产品的需求信息呢？反观私人产品的偏好显示，我们可以发现，个人之所以能够显示其对产品的偏好，原因有二：第一，消费者面对的选择是真实具体的，经济学家认为，除非人们面对具体的权衡取舍，即为了得到一个东西而不得不放弃另一个东西，否则他们不会认真考虑他们的选择；第二，人们最终的获益与他自身的选择而不是别人的选择相一致。而这两条在公共产品或服务领域都不具备。进一步说，在私人产品市场上，决策者（消费者）是掌握偏好并作出决策（是否购买）的人，而在公共产品市场上，通常决策者（消费者的代表，通常是政府）并不天然掌握消费者的偏好，因此他首先面临的问题就是获得他所代表的所有消费者的偏好的信息。

二、公共产品的个人偏好和投票均衡

究竟应该在公共产品上花费多少，每个人的看法不同。首先每个人对公共产品和私人产品的偏好不同，正如有些人偏好中餐，有些人偏好西餐一样，是纯个体性的感受，不需要理由。其次收入和税收也会对人们对公共产品的看法产生影响。一般来说，收入越高，对所有产品的需求都大，对公共产品的需求也大，此所谓收入效应。但是税收越高，人们对公共产品的需求就越小，此所谓价格效应。富人的收入比穷人高，但在许多国家，富人要为公共产品支付的价格也比穷人高。所谓税收价格（tax price）是指政府增加 1 元支出时，个人必须额外支付的数量。个人支付的税收总额等于税收价格乘以政府支出。由于收入效应和价格效应的方向相反，因此不能直接得出富人的意愿需求和穷人的意愿需求的高低的结论，而要联系收入，针对不同的税收价格进行具体的分析。在统一税制、比例税制、累进税制和累退税制的情况下，总效应有很大的不同。统一税制指的是不管收入多少，每个人都要支付同样的税收数量；比例税制是指每个人按照相同的收入百分比纳税；累进税制是指纳税额增加的比例超过收入增加的比例；累退税制是指纳税额增加的比例低于收入增加的比例。不同的税制决定了不同的税收价格，从而决定了一定收入水平下的总效应。

选民对公共产品的偏好可以通过投票来显示。我们分两种情况加以讨论，一是所有的选民收入相等，二是选民具有收入差别。

首先我们假定所有的选民收入水平相同，选民的投票与政府支出的均衡。假定政府所生产的公共产品对选民产生的是收益，政府为生产这些公共产品而向选民征税，由此对于选民来说产生成本，将此收益减去成本就是选民的净收益或效用，选民将根据这一效用的大小决定投票选举。如图 5-1，图的上半部分所表示的是选民投票所带来的边际收益和相应地边际成本。其中边际收益是政府支出的递减函数，它表明随着政府支出的增加，每一元增加的支出带给选民的效用是下降的，而边际成本则是政府支出的递增函数，这意味着政府支出每增加一元，选民放弃的其他收益是递增的。用边际收益减去边际成本可得到图的下半部分的投票效用曲线。这条曲线表示选民将会投票选举公共支出为 Q_G 的政府，因为在公共支出水平为 Q_G 时，他们的效用最大，此时边际收益等于边际成本。这就是收入相同时选民效用最大化的投票均衡。

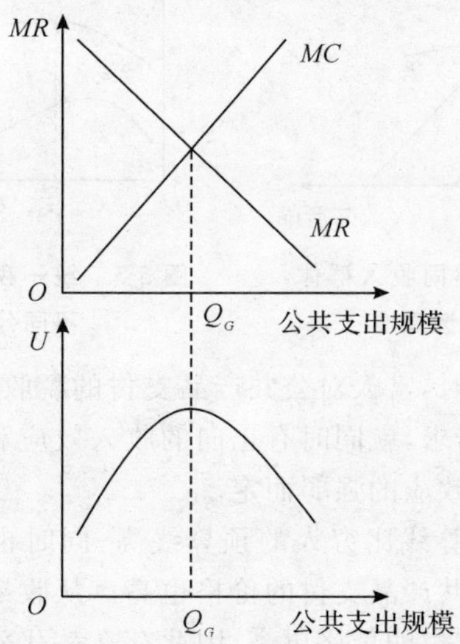

图 5-1　收入相同时选民效用最大化的投票均衡

如果考虑到人们收入水平的差异，以及税收制度对不同收入的人们所产生的影响的差别，那么不同收入水平的选民事实上在投票选举时的效用曲线是完全不同的。

我们假定穷人和富人对公共产品和私人产品的偏好相同，并且采取的是统一税制，因此唯一的差别就是预算线的高低不同。如图 5-2，穷人、中产阶级和富人三条预算线 B_p、B_m、B_r 的斜率相同，代表税收价格相同；高度不同，代表收入水平不同。富人的预算线最高，穷人的最低。I_1、I_2、I_3 为三条满足程度不同的无差异曲线。消费者均衡位于无差异曲线与预算线相切的点上。因此，图中有三个均衡点 G_p、G_m、G_r，分别代表穷人、中产阶级和富人在私人产品和公共产品权衡上的最优选择。

在统一税制下，只有收入效应，没有替代效应，因此高收入者偏好更多的公共支出，低收入者偏好较少的公共支出。随着公共支出的增加，每一人群的效用在开始时都增加，当到达 G_p 时，穷人的效用达到最大，随后公共支出偏离穷人的最优选择，穷人的效用下降，当公共支出达到 G_m 时，中产阶级的效用达到最大，随后下降，当公共支出达到 G_r 时，富人的效用达到最大，随后下降。图 5-3 表示了这种情况。

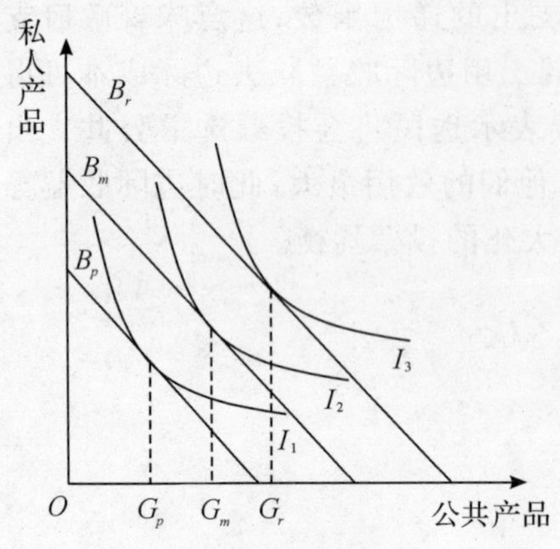

图 5-2　统一税制下不同收入群体对政府支出的选择

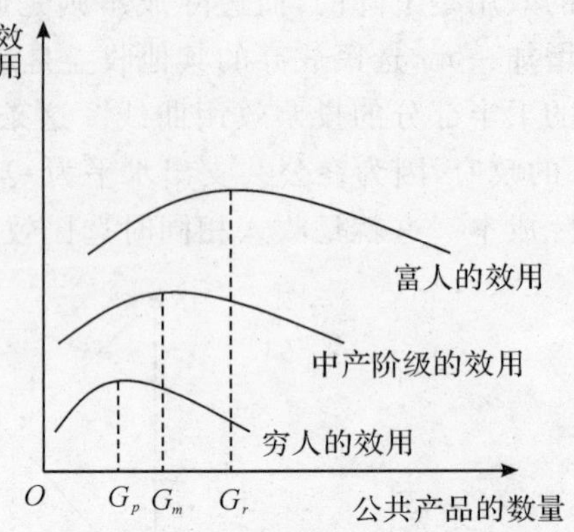

图 5-3　统一税制下不同收入群体在不同公共支出规模上的效用

当税收为比例税制时，富人对公共产品支付的税收价格高于穷人的税收价格，因此对公共产品的需求，就同时有正向的收入效应和反向的替代效应，总效应要视收入效应和替代效应的强弱而定。

如图 5-4，富人的预算线比穷人的预算线高，同时也更陡峭，这说明富人的收入高，同时，富人对公共产品支付的价格也高。从收入效应来看，富人比穷人需求更多，但由于富人支付的价格更高，因此存在替代效应，也就是富人比穷人需求更少。图 5-4(a)替代效应大于收入效应，从而使得富人的最佳公共产品规模小于穷人的规模，而 5-4(b)却正好相反，收入效应大于替代效应，富人的公共产品的最佳规模大于穷人的规模。

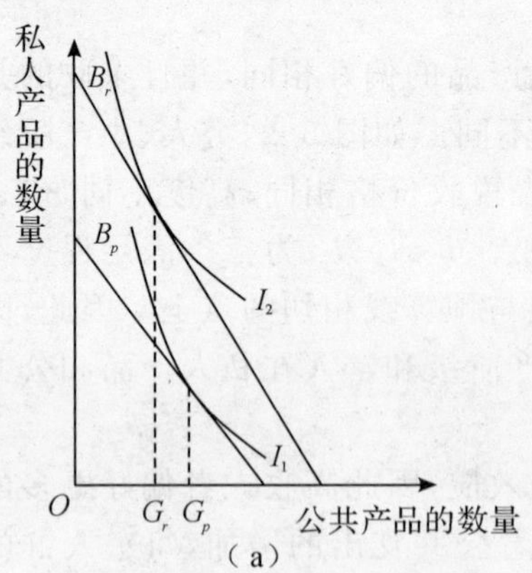

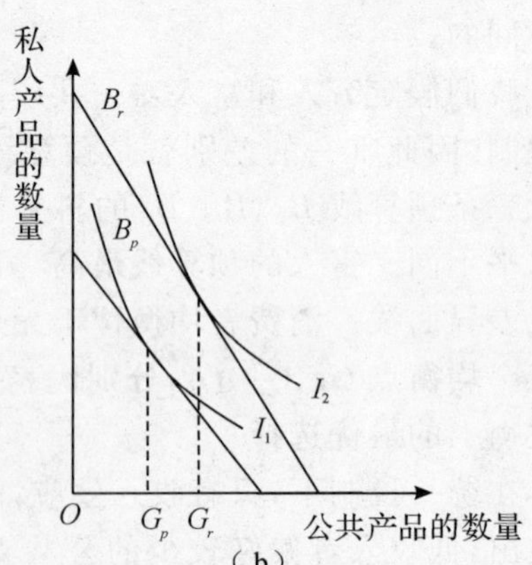

图 5-4　比例税制下穷人和富人对公共产品的选择

在累进税制的条件下，穷人为公共产品支付的价格，相对于富人，比在比例税制的情况下更低，因此，他们更加偏好较大规模的公共产品。穷人、中产阶级和富人对公共支出数量的效用或许可以用图 5-5 表示。

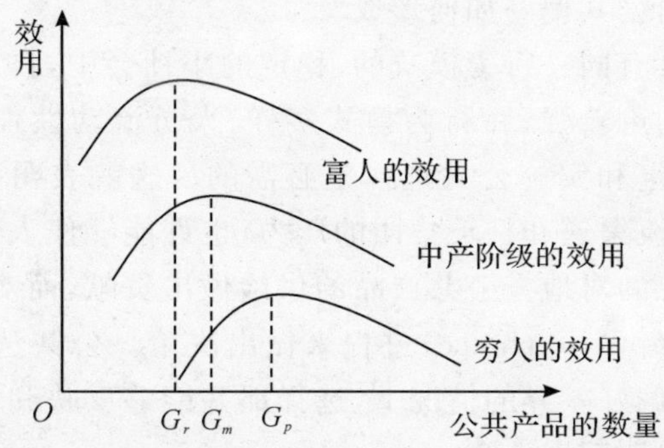

图 5-5　累进税制下不同收入群体对公共支出的效用

实行累退税制的情况下，穷人比在比例税制下比富人交得多，具体情况还是要看收入效应和替代效应的大小。

三、偏好的加总和公共选择

由于私人产品的非共同消费的特征，使得个人对私人产品的决策无需与其他人进行协调而达成一致的意见，我的消费选择不会影响你的效用，消费者在市场上的货币投票显示了他们的偏好程度，市场自动加总了一种产品的需求，因此厂商无需借助于其他机制去获得某产品总需求的信息，通过市场，企业的决策直接建立在消费者个人决策的基础上。

但是公共产品不同，它们所具有的非排他性和非竞争性决定了使用中的共享性，一个人的选择不仅影响他自己所能获得的效用，而且也会影响其他人的效用。尤其是公共产品一旦提供还具有强制消费的特点，也就是一种公共产品提供就排除了另一种公共产品的提供，比如说篮球场的建造排除了游泳池的建造。一旦提供了篮球场，那么偏好游泳的人也不得不放弃游泳，而去打篮球或者什么也没有享受。因此，公共产品供给之前首先要解决"协调一致"的问题。这就是公共产品的偏好加总。那么假定每一个人都愿意真实地表达对公共产品的需求，如何加总这些偏好呢？

在一个专制社会，偏好的加总是容易的，因为独裁者的个人偏好就是全体人民的偏好，只需把独裁者的个人偏好强加在每个人头上就可以了，公共产品偏好加总的问题将不再存在。但是在民主社会，却不能如此加总社会偏好。在代议制国家，当政治家投票增加某种公共产品的支出时，第一不是用他自己的钱为公共产品支出付费；第二他不是根据自己的愿望，而是根据选民的愿望投票。也就是说用别人的钱替别人办事。然而选民是多种多样的，有的偏好多支出，有的偏好少支出，有的喜欢多一些社会保障，有的则喜欢多一些国防开支。

这样政治家在投票之前也面临着加总偏好的问题。于是人们不禁要问，当人们的偏好彼此不同时，公共偏好如何形成？

一般而言，在具有同一行为模式的、稳定的小社会中，自愿的公共产品供给较多，合作行为的约束较强；在行为模式多样、人员流动性强的大社会中，以正式的投票程序来决定和实施公共选择是必需的。这就表明，稳定的小社会，通过利用非正式的交流渠道和精英集团的压力，也许能够使人们自愿遵守集体规范，并促使他们自愿的对地方公共产品的供给做出贡献，而对于一个国家，就必须借助于公共选择(public choice)过程来做出决策。公共选择的意义就在于：在人与人之间存在偏好差异的情况下，选择那些能够反映和满足一般偏好的规则，使人们的行为协调起来。

所谓公共选择，就是通过集体行动和政治过程来决定公共物品的需求、供给和产量，是对资源配置的非市场选择，即政府选择。在公共选择中，通过什么样的规则能够达到公共产品的供给与最大多数人的利益相一致？当人们需要不同的公共产品时，社会如何作出决策？现实中可以通过哪些方式来解决偏好的显示和加总？这些解决方式在理论上是否是有根据的？这些问题构成了所谓的公共选择问题，对这些问题的探讨是公共选择理论的主要任务。按照丹尼斯·缪勒的归纳，公共选择理论的思路为：(1)作出与一般经济学相同的行为假设——理性的、功利主义的个人；(2)把偏好显示过程描述为类似于市场——选民从事交换活动，个人通过投票行为来显示他们的需求，公民自由进入或退出俱乐部；(3)提出与传统价格理论相同的问题——均衡存在吗？它们是否稳定，是否具有帕累托效率？它们是如何达成的？[①] 总之，公共选择是大型民主社会达成“公共偏好”的一种途径。

第二节　多数票制

民主社会中的公共选择，通常是通过投票进行的。那么投票有哪些种类，遵循什么规则，是否会出现问题，现实的结果会怎样等一系列问题就需要深入探讨。

一、投票规则

现实中有许多投票规则，如一致同意投票规则、简单多数规则、比例多数规则、否决投票规则、需求显示法等。

① 丹尼斯·C.缪勒：《公共选择理论》，中国社会科学出版社 1999 年版，第 6 页。

所谓一致同意投票规则，或一致性规则指的是在决定某种公共产品的供给量时，全体当事人一致同意，或至少没有任何一个当事人表示反对时，才能确定方案和实施方案的规则。此时每一个参与者都对将要达成的集体决策享有否决权。如联合国安理会的决议。任何决议的实施都必须实现得到安理会五个常任理事国——美国、俄罗斯、英国、法国、中国——的一致认可(不反对)。一致同意规则的优点与缺点都十分明显，在一致同意规则下作出的公共选择，都不可能在不损害任何一方利益的前提下，使一部分人的利益增进，也就是说处于帕累托最优状态，同时任何人都不可能被迫接受自己不希望的结果，并避免搭便车行为的产生。但是很显然，为了得到一个大家满意的行动方案，通常需要全体参与者一而再、再而三地协商与讨价还价，需要付出高昂的交易成本，最终可能导致人们放弃这一规则。

多数票制(majority voting)是指这样一种投票规则，在此规则下，一项集体行动方案必须由所有参与者中超过半数或超过半数以上的某一比例，如 2/3、4/5 等的认可(不反对)才能实施。如果我们以参与者中刚好一半的人数为取舍标准，规定所有参与者中有一半以上的人同意，或者反对的人数低于参与者的一半，某议案就作为集体决策结果付诸实施，那么采用的是简单多数制。如果采用的是 2/3、4/5 这样高于半数以上的比例作为取舍标准的多数投票规则，可称为比例制或比例多数。简单的一人一票的投票规则，强调的是各参与者之间的平等权利，然而在有的情况下，不同人的重要性是不同的，根据利益差别，将参与成员进行“重要性”程度分类，然后凭借这种分类分配票数，相对重要者，拥有的票数较多，否则就较少。最后各个候选方案按实际得到的赞成票数的多少，而不是实际赞成人数或国家数的多少来选择。这种方法是一种修正的多数票制，即加权投票规则。多数票制与一致同意规则相比，交易成本明显降低，方案通过的可能性加大；但是少数人的利益受到了忽视，并存在着多数人对少数人的强制，而且容易产生利益集团的操纵和循环问题。

否决投票规则是首先让参与投票的每个成员提出自己认为可供选择的一整套建议或行动方案，汇总之后每个成员再从汇总的方案中否决掉自己最不喜欢的那些方案。然后在剩下的方案中进行再投票。否决投票的好处在于不可能出现公共选择的结果是某个人最不喜欢的结果这种情况，同时也激励每个人提出不是别人最不喜欢的方案，因为那样做容易遭到否决，从而有利于成员间的沟通。但是首先，如果留下来的方案超过一个，还需要借助其他投票规则；其次，也可能出现没有一个方案留下来的情况，这意味着参与集体行动的个体在利益与兴趣上有某种共同性。当参与决策的人数众多，而所要解决的问题比较复杂，各方的利益冲突较大时，实行否决投票规则可能得不出集体选择的结果。

需求显示法是让每一个人把某一公共产品(一定的数量和质量)给他带来

的主观效用以数字的方式显示出来，从而比较所有人对几个备选方案的效用情况，作出选择。我们用一个例子来说明需求显示法的含义与使用过程。

假定有王、李、张三个人，被要求在A、B、C三个方案中选取一个作为集体行动方案。

首先，三人分别说出，若三个方案付诸实施，每一方案所能给他带来的收益折合成货币值多少。假设A、B、C三方案的价值分别为王：60元、20元与10元；李：20元、80元、40元；张：50元、10元、20元。见表5-1。

表5-1　三方案的价值和税收　　单位：元

方案	A	B	C	税
王	60	20	10	40
李	20	80	40	0
张	50	10	20	30
社会价值	130	110	70	70

第二步，加总各方案的价值量，得到各方案的社会价值。表中，A、B、C三方案的社会价值分别为130元、110元及70元。A方案社会价值最高，于是，集体决策结果是A方案。

第三步，比较某个选民弃权时集体选择结果的变化，根据该选民的参与对最终结果的影响程度，计算出每个参与者所应支付的税收款。具体计算方法是：首先，计算出只有其他人参与时各方案的社会价值，并由此找出最大社会价值所对应的方案；然后，加进所考虑的选民的货币选举结果，如果这时最终的集体方案并不因他的加入而发生改变，那么他的税款为零。如果由于他的加入，集体选择结果发生了变化，那么比较他加入前后两个集体选择结果所对应的社会价值额，两者之差即为该选民所应支付的税款。请注意这一税款通常并不等于他所声称的该方案对于他的价值。

在上述例子中，当王没有参加时，李、张二人所确定的集体行动方案不是A而是B，此时B的社会价值为90元(80＋10)，而当王加入时，集体行动方案变为A，A的社会价值额为130元。这两者之差40元即为王应支付的税款。对于李，无论他是否参加，集体行动方案都是A，因此李所应支付的税额为零。类似地计算出张所应付的税款为30元。三人所应支付的税款总额为70元，王、李和张的税收支付比例为4/7、0和3/7。

第四步，根据实施集体行动方案所实际需要的成本，譬如建一盏路灯或办一个幼儿园的实际成本，来确定每一个参与者实际应支付的税款。当然这只是理论上得出的名义税额，实际的税收分担要更为复杂。

需求显示法的优点是使投票者得到的公共物品的数量与质量，最大限度地接近投票者的实际偏好结构，因此它将大大提高制定集体决策的社会效率。缺点是使用起来比较复杂，特别是当参与集体选择的人数和备选方案较多时。

由于否决投票往往也依赖其他投票制度，需求显示法一般仅停留在理论上，一致通过虽然是最理想的原则，却存在着高昂的交易成本，所以实际采用的通常是多数票制。下面着重分析多数票制的均衡。

二、最优多数——布坎南和塔洛克均衡

在一致性投票规则下，不会存在一方对另一方在公共产品消费上的强迫性的状态，如果一致性规则本身不存在任何成本，它显然是最优的规则[①]，但是要确定一个有利于所有人的议案，所需要花费的时间可能是很多的，成本也会相当大，以至于这种规则成为不可能。这意味着，在投票制度及其他非市场决策过程中，需要许多人同意某个或多个结果时，交易成本是必须考虑的重要变量，某些人的利益可能因为集体决策而受到损害，这时外在成本就会出现。在另一极，独裁者决策将决策成本降至最低，但除非独裁者偏好恰好与所有人偏好一致，否则其社会福利损失很大。这两者之间的多数票规则是民主制度下通常采用的投票规则。那么，是否存在一种多数票制，使得决策成本和交易成本之和最小，或者说最有效率的"多数"究竟是多大比例？这就是布坎南—塔洛克均衡涉及的问题。

所谓外在成本，指的是产生于必须服从与意见相违背的社会决定的成本，或者说是方案克服阻碍的成本。它是一个方案获得批准和实施所需要的最低多数的数值的减函数，随着最低必要多数的人数增加，这些外部成本显然会下降，显而易见三分之二多数规则便比简单多数规则具有较少的外在成本，极端的情形就是，一致同意规则适用，这些外在成本消失。

但另一方面，对任何一项议案进行投票表决时，总是不可能轻易达成协议，总是有人对所提出的议案持反对意见。并且随着人数的增加，通过一个方案所需要的协商谈判就越复杂，所需的时间便越长，这些都构成了成本，这部分成本可以称作集体谈判的决策时间成本，显然决策成本随着投票人数的增加而相应增加。这意味着，一个方案获得批准所需的最低多数的数值越大，决策成本也越大。这两种成本构成投票规则条件下的投票总成本，可以用图 5-6 表示。

如图 5-6，曲线 D 是决策时间成本函数，曲线 C 是外在成本。曲线 $C+D$ 为公共选择成本函数，它是外在成本与决策成本之和，纵轴代表预期成本，横轴代表通过一个方案所需的最低人数，最优多数是指使这两组成本之和最小的同

---

① 丹尼斯·C.缪勒：《公共选择理论》，中国社会科学出版社 1999 年版，第 67 页。

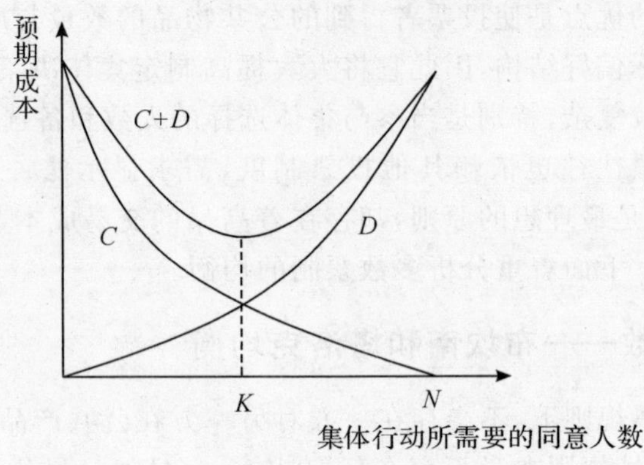

图 5-6　最优多数

意人数的百分比。这一点在 K 处达到。在 K 点，这两条曲线在纵轴上的叠加达到最小。设 N 为总人数，在给定这些成本曲线的条件下，通过议案的最优多数是 K/N，在这个比例上，为了再争取一个人支持而对议案重新修订所获得的预期效用恰好等于这样做带来的预期的时间成本的损失。但是总成本最小的情况不一定发生在曲线 D 和曲线 C 的交点。这取决于两条曲线的变化率。在 K 处，D 和 C 曲线的斜率的绝对值相等。

布坎南—塔洛克是从投票规则本身的经济性来分析，这可以看作规则选择的均衡分析，但这一分析并没有揭示既定多数票制下投票本身可能存在的问题。

专栏 5-1 肯尼斯·阿罗

肯尼斯·阿罗（Kenneth J. Arrow，1921— ），美国著名数理经济学家，因在一般均衡理论方面的突出贡献与约翰·R.希克斯共同荣获 1972 年诺贝尔经济学奖。除了在一般均衡领域的成就之外，阿罗还在风险决策、组织经济学、信息经济学、福利经济学和政治民主理论方面进行了创造性的工作。1921 年 8 月 23 日出生于美国纽约市。1940 年从纽约市教育学院毕业，获得社会科学学士学位，主修课程为数学。1941 年 6 月从哥伦比亚大学毕业，获得数学硕士学位。1942—1946 年，在美国陆军航空兵司令部服役。1949 年在哥伦比亚大学获得数学博士学位，1962 年，在美国总统经济顾问委员会工作，1953—1956 年和 1962—1963 年，任斯坦福大学经济系主任，1968—1975 年，阿罗被聘为哈佛大学经济学教授，1975 年任斯坦福大学经济学教授，并仍担任哈佛大学特聘教授。1980 年从大学退休，但仍从事研究工作。

阿罗发现,如果我们排除了人际效用的可比性,而且在一个相当广的范围内对任何个人偏好排序集合都有定义,那么把个人偏好总合为社会偏好的最理想的方法,要么是强加的,要么是独裁的。他认为,不可能存在一种社会选择机制,使个人偏好通过多数票规则转换为成社会偏好,这被称为阿罗悖论(Arrow paradox),或者阿罗不可能定理(Arrow's impossible theorem)。

三、投票悖论和阿罗不可能定理

在简单多数制下,有时候并不一定存在集体选择的结果。在公共选择理论中,有所谓的"周期多数现象"或"投票悖论"(the voting paradox),即在运用简单多数制进行集体选择时,容易出现的投票结果随投票次序的不同而变化,大部分甚至全部供选方案在特定的分步骤的部分方案比较过程中,都有机会当选的循环现象。

现在举例说明周期多数现象。假设一个团体中存在三个人A、B、C,这一团体来决定会餐的食品。可供选择的有牛肉、羊肉和猪肉,三种人的偏好分别为:

A:羊肉(X)>猪肉(Y)>牛肉(Z)

B:猪肉(Y)>牛肉(Z)>羊肉(X)

C:牛肉(Z)>羊肉(X)>猪肉(Y)

如果从X、Y、Z三个方案中任意挑选两个,按照简单多数制,即三人中有两个或两个以上的人支持某方案,该方案就当选。将此方案与余下的第三个方案相比较,并依据同样的简单多数规则产生最终结果,这时便出现了一个奇怪而有趣的现象。若先比较X与Y,则A和C更偏好X,2比1,X方案当选。然后将X与Z比较,结果B和C优选Z,最后Z方案当选。若从对X与Z的比较开始,最终获胜的将不是Z而是Y。从Y与Z的比较开始,最终当选的方案又变成了X。

由此我们看到,这时的最终投票结果完全取决于议程的控制,而不是方案本身的优劣。如果排出简单多数制下集体对三个供选方案的偏好次序,就会产生A>B>C>A的循环或周期,这就是周期多数一词的来源。周期的存在意味着不存在多数表决均衡:没有一种决策能赢得超过其他所有决策的多数票,最终的结果取决于议程的控制。

一旦人们知道议程与投票结果的关系,他们就可以或者通过控制议程来控制结果,或者在无法控制议程的情况下,采取策略投票。也就是说投票者会首先考虑最后一轮希望出现的结果,然后倒推上一轮应该投什么方案的票,哪怕这个方案并不是他所偏好的方案。比如前面我们提到的A,尽管更加偏好X,但是在先比较X和Y,然后获胜方案与Z方案比较的程序安排中,就可以采取策略投票,不投X,而投Y的票,使得Y胜出。这样在Y与Z的竞争中,Y就可以胜出，于是就避免了自己最不喜欢的 Z 方案的胜出。由此又会出现一个无限循环的博弈，也就是 B 也如此思考……最后的结果将取决于人们对信息的掌握程度和自身的推理能力。

上述投票悖论的出现使人们进一步思考是否存在某种政治机制或者社会机制并能够解决这个问题。人们认为，理想的政治机制应该具有以下四个特征：

第一，传递性(transitivity)。即偏好是可传递的，如果 A 比 B 好，而 B 又比 C 好，那么 A 应该比 C 好。如果不具备这个特征，就可能陷入投票循环。

第二，非独裁选择(nondictatorial choice)。独裁与民主社会是背道而驰的，虽然独裁可以简单地把独裁者的偏好当作大家的偏好，但民主社会要求政治机制必须保证其结果不能只反映一个人的偏好。

第三，独立于无关备选方案(independence of irrelevant alternatives)。倘若必须在 A 和 B 两种选择之间做出最终选择，这种选择不应受到 A 或 B 与其他选择(比如 C 和 D)排序的影响。这种决策只是 A 与 B 之间的一对选择。例如，倘若某个人改变自身的 A 与 C 之间的排序，不会影响 A 与 B 之间的集体选择。

第四，策略集无限(unrestricted domain)。表明权利的非限制性，只要人们的偏好次序具有传递性，那么在集体选择的形成过程中就不应排除任何人的意见，也不可能剥夺某一特定的“理性”个人的选择权利。

是否存在某种规则能够同时达到理想制度的四个特征？这一探索随着斯坦福大学的诺贝尔经济学奖获得者肯尼斯·阿罗(Kenneth J. Arrow)的研究而告终。阿罗发现不存在可以同时满足这些理想特征的规则，这一定理被称为阿罗不可能定理(Arrow's impossibility theorem)。

经济学家考察社会选择规则的方法，是以个人主义以及序数效用这两根支柱为基础的。投票规则的设计要讨论的问题是：要使一条社会选择规则在理论上被接受，需要哪些最起码的条件？阿罗定理意味着，不存在任何可以把不同人的偏好加在一起，并满足所有理想特征的方法，因此也不存在人们总是投他们真实偏好的票的投票制度。

四、单峰偏好和中间投票者

投票悖论意味着，除非全体社会成员的偏好完全一致，否则民主只能是虚无飘渺的幻想；而且，离开了某种程度的个人决定，社会便不可能一致地、合乎理性地运行。但是阿罗定理揭示的是缺乏一种机制使得社会一致的偏好一定达成，但并非是说在任何情况下都不能产生均衡的结果。研究表明，在偏好具有单峰性(single-peakedness)特征的情况下，多数投票的均衡就能够存在。

图 5-7 表明效用是公共产品支出水平的函数，每个人对公共产品的偏好在形状上都呈现出一个单峰，具有这样形状的偏好称之为"单峰偏好"。"峰"可以在两端，也可以在中间。如图 5-7(a)、5-7(b)中的偏好均为单峰偏好，5-7(a)中的峰在外端，5-7(b)中的峰在中间。而图 5-7(c)中的偏好就有一左一右两个峰，这种偏好被称为多峰偏好。

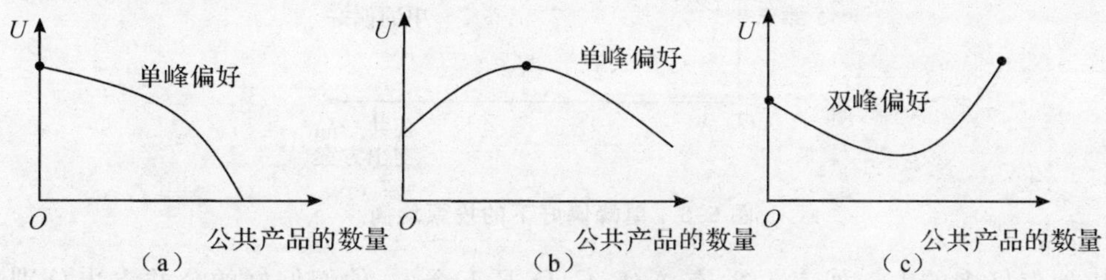

图 5-7　单峰偏好和双峰偏好

我们以三种公共产品支出方案，三个投票者为例说明单峰偏好下多数票制的均衡。如图 5-7，X、Y、Z 为公共产品支出的三个备选方案，甲、乙、丙三个投票者对三个方案的排序分别是：

甲：$X>Y>Z$

乙：$Y>Z>X$

丙：$Z>Y>X$

三个人甲、乙、丙，在三种选择 X,Y,Z 中做出决定，按照多数投票规则，个人甲和乙的偏好是 Y 优于 Z，个人乙和丙的偏好是 Z 优于 X，乙和丙的偏好是 Y 优于 X。因此，社会选择的次序具有传递性：$Y>Z,Z>X,Y>X$("$>$"代表"优于")，Y 是确定的均衡。

把每个选民的偏好用图 5-8 描述，每个选民的偏好是单峰偏好(single-preferences)。以上分析表明，当每个人的偏好排列都呈单峰状态时，周期多数现象就不会出现，如果总参与人数为单数，简单多数规则可以产生唯一的集体选择方案，这一方案正好与处于中间状态的选民的偏好一致。在简单多数制下，集体选择的结果将是 Y，这种结果是唯一的，并不因两两比较的顺序不同而不同，而且分步骤进行与一次性进行的结果是一样的。

比较一下三人的偏好序，我们发现，甲和丙两人都认为 Y 属于中间方案，同时又意见相反的分别把 X 和 Z 当作最好的，与此对应 Z 和 X 就成了最差的。而乙的偏好序正好处于这两种极端情形的中间地段，他认为 Y 是最佳方案，X 与 Z 均比 Y 差。最终的集体决策结果与他作为中间选民的选择一致。

当偏好是单峰时，我们按照人们对公共支出的偏好水平进行排序，即从偏好最少到偏好最多的人排序。中间的人是有一半的人比他偏好少，而另一半人

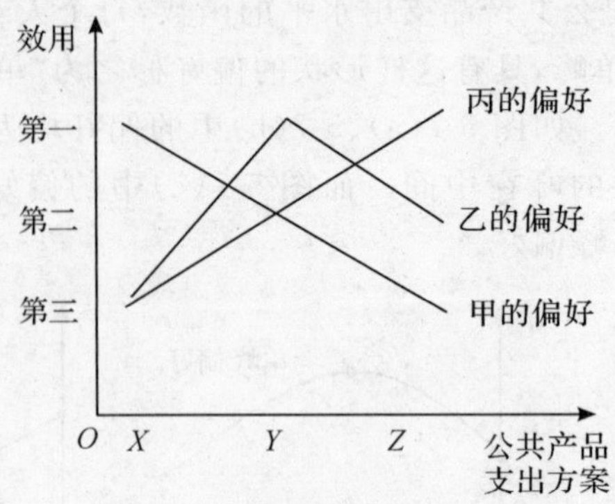

图 5-8 单峰偏好下的投票均衡

比他偏好多的人。如表 5-2,有 A、B、C、D、E 五个人,他们偏好的公共支出分别为 300、400、500、600、700,C 就是中间投票者,多数投票均衡正好位于中间投票者的偏好决定的水平。原因是,如果任何低于 500 的支出水平的方案与低于 500 的支出水平的方案决胜负,那么所有偏好大于中间投票者以及中间投票者本人都会投票赞成 500 的支出水平,相反如果 500 的公共支出方案与大于 500 的公共支出方案决胜负,那么中间投票者以及所有偏好低于中间投票者的选民都会投票支持 500 的公共支出。所以无论如何中间投票者偏好的方案都能胜出。

表 5-2 不同选民偏好的公共支出规模

投票者	A	B	C	D	E
公共支出规模	300	400	500	600	700

五、多数投票均衡的低效率

对于萨缪尔森定义的公共产品来说,由于其具有很大的外部收益,如果没有公共部门提供,它们的供给就会不足;或者说,相对于帕累托最优而言,它们的供给太少。那么通过多数投票决定的公共产品均衡是否是帕累托最优的?

由于多数票的均衡位于中间投票者偏好的规模上,因此均衡的效率可以看中间投票者的数量是否满足效率条件。如果仅仅考虑数量,中间投票者的偏好不外乎三种情况,太少、正好和太多。通过对比中间投票者的投票和前面论述的公共产品均衡的萨缪尔森条件(效率条件),可以判断多数票均衡是否是有效的。

假定中间投票者符合理性人假定,因此他的投票只取决于他个人的成本收益的比较。在统一税制的情况下,中间投票人承担的边际成本等于平均的边际成本,如果最终每个人从该公共产品中的获益是等同的,那么多数票制的均衡就是有效率的。反之,则无法达到效率状态。但是在比例税制和累进税制情况下,多数票制的均衡一般会导致公共产品过度供给。

假定经济体中有 N 个人,实行统一税,每个人的税收价格为 $1/N$;实行比例税,税收价格是 Y_m/YN,其中 Y_m 是中间投票人的收入,Y 是平均收入。在对称的收入分配情况下,中间投票人的收入等于平均收入,如图 5-9(a),从而多数票制的均衡是有效率的。但是在大多数情况下,收入分配是不对称的,一旦存在一些非常富有的人,就有使得平均收入高于中间投票人的收入,如图 5-9(b),于是中间投票者的税收价格相对下降,他偏好的公共产品数量就会大于效率水平,也就是说,他的成本比例份额小于收益的份额,他会投票支持过度的公共支出。在累进税制条件下,中间投票者的税收价格比比例税制条件下更低,因此公共产品的过度供给的情况更加严重。

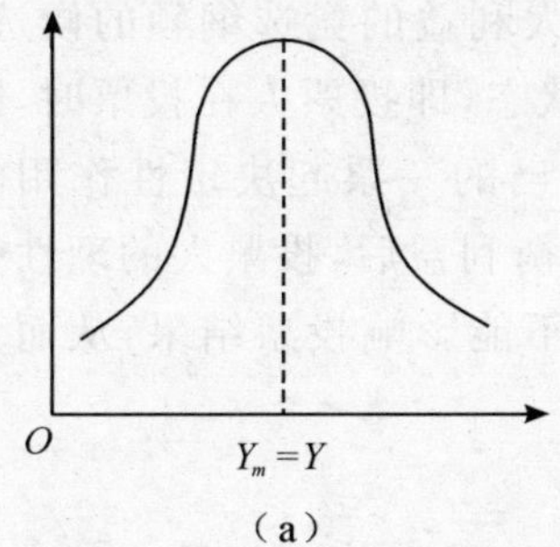

(a)

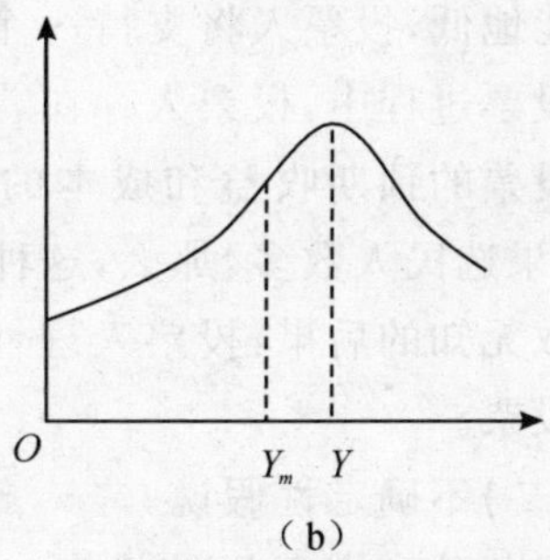

(b)

图 5-9 收入分配

但是以上的分析是基于单峰偏好以及投票者不存在参与问题的假定。如果不是单峰偏好,那么就可能不存在均衡,而投票者是否参与以及如何参与投票实际上会受到很多因素的影响,这构成了下一节的分析内容。

第三节 政治经济理论

一、政治市场上的经济人

投票规则的讨论是以投票为前提的,但是人们是否一定会投票呢?

关于选民的投票动机,主要存在这样几种假说:理性选民假说、不确定性假说和道德选民假说。

(一)理性选民假说

唐斯于 1957 年提出了"理性选民假说",他认为:理性选民把投票决策建立在预期效用基础之上。是否参与投票取决于选民对这一投票活动的预期效用的估计。[①] 这一预期效用是参与政治程序所能享受到的，当决定投票时，理性选民会估计他的投票导致的福利提高减去投票成本后的净福利水平。假定与根本没有给他带来效用的结果相比，理性选民将偏好结果 X。结果 X 的效用以 $U(X)$ 表示，它衡量的是如果选择了这种结果，理性选民的福利提高的程度。假定他的投票将影响选举结果的概率为 P，那么投票的预期效用是 $P[U(X)]$。然而，投票活动本身会有成本，记为 C，这种成本不仅包括归集信息的成本，也包括实际投票的成本。投票成本既可能是时间，也可能是精力和货币费用。因此，投票的净预期效用 $E(U)=P[U(X)]-C$。如果，投票会有精神收益(D)，那么，投票的预期效用 $E(U)=P[U(X)]-C+D$。只有投票的净预期效用 $E(U)>0$ 时，选民才会参加投票。根据这一假说，投票人将是利己主义者，总是希望政府提供的公共产品能最大程度地符合自己的偏好，同时自己承担的税收尽可能地低，投票人将支持一个能给自己带来最大利益的竞选纲领的候选人。但在投票过程中，投票人存在着“理性无知”这一状态，即投票人在投票时，既要考虑投票的预期收益和成本的比较，也要考虑自己的一票起决定性作用的概率，如果选民人数多，那么，这种概率就近于零，权衡利益后，投票人的理性行为会导致无知的后果：投票人理性地认为他的选票不能影响投票结果，从而不去参加投票。[②]

(二)不确定性假说

费莱琼和费奥里纳认为，当存在着不确定性时，选民将利用另一种决策策略，即极大极小策略(minimax strategy)。在这种策略下，个人的选票有两种结果，一是个人的选票对选举结果没有影响。如果个人已经投票，他会后悔，因为投票会发生成本，造成效用损失 C，这是一种资源浪费，他的目标就是要使这种后悔值最小化。但也总是存在着另一种结果的可能，即个人的投票很重要。在这种情况下，投票的收益 $U(X)$ 超过投票成本，如果个人选择投票就不会后悔，

---

① 这种估计首先是从以下四个因素考虑的：1. 自身投票的意义；2. 对各政党间的期待效用差；3. 投票成本；4. 投票的长期收益。里克尔、申德舒克、古德及梅耶等进一步明确了唐斯的长期利益概念，指出选民的长期利益包括以下五个方面的内容：1. 民主主义社会中的选民通过义务投票得到伦理上的满足；2. 为政治体制尽忠的满足感；3. 给予自己最喜欢的政策以支持而带来的满足感；4. 决定投票意志并为此归集信息的满足感；5. 处在政治体制下的选民的能力得到承认的满足感。其分析中已暗含着投票动机的道德因素。

② 既然投票是非理性的，但现实中又有一定的投票率，那么，理性人为什么还要投票呢？个麦克林、奥尔森等人对投票人行为作了进一步分析得出以下结论：一是选民越多，投票率越低；二是选民越一边倒，投票率越低；三是选举越不重要，投票率越低；四是候选人观点越接近，投票率越低；五是信息越容易获得，投票越高；六是选民越有参与感与责任心，投票率越高。这较好地解释了现代西方政治中投票率低的原因。

而如果他不投票就会失去他决策参与投票而获得的价值$U(X)-C$。如果假定选民总是期望使可能发生的最差结果的可能性最小化，那么只要$U(X)-C>0$，他就会投票。

(三)道德选民假说

穆勒指出，作为一个道德选民，个人在决定是否投票时，旨在使下列形式的目标函数最大化：$O_i=U_i+\theta\sum U_j$，O_i 为个人 i 的目标，U_i 为个人 i 消费物品和服务所获得的效用，$\sum U_j$ 为社会中的其他人的效用总和，θ 为参数。当个人是自私的，$\theta=0$，这个人就属于理性选民，然而，当 $\theta=1$ 时，这个人就被认为是无私的，他关心社会中的其他人的效用。这个人投票不只是因为关心其自身的福利，而且他还关心其他人的福利。因此投票的效用比较高，而且投票是那些认为他们的选票对社会产生深远影响的人的理性反应。当 $\theta>0$ 时，这个人考虑的利益得失超过了自身的效用。

二、利益集团

由于选民往往认为自己的一票对投票结果影响不大，或者自己投票成本太高，或者对投票没有兴趣，这样就给了利益集团通过民主的方式实现自己利益的机会。

利益集团是指那些致力于影响国家政策方向，但本身并不谋图组织政府的组织。自 20 世纪 60 年代以来，无论是利益集团的总数，还是加入利益集团的总人数都呈级数形式增加。而且利益集团对公共决策的影响也不再仅仅局限于对政策决策的影响上，直接组织政府或控制立法程序也成为一种重要的手段。因此就有必要对上面的定义加以修补，即利益集团是由一群具有共同利益和要求，在社会中占少数的人组成的团体，其目的在于力求通过对国家立法或政府政策的形成与执行施加对自身有益的影响，而且有可能的话，他们还会谋图组织政府或垄断立法机构，以期最便捷地实现自身的利益。

利益集团具有两个特征：一是利益集团只能是由社会中的一部分人构成；二是这部分人具有一定相似或共同的属性或利益，这是导致集体行动的基本和必要条件。利益既可以是货币的，也可以是非货币的，比如荣誉、声望等。

利益集团存在的理由是什么，为什么有不断壮大的趋势？以大卫·特鲁曼和罗伯特·道尔等人为代表的传统的利益集团理论认为，从“个人行动的目的是追求自身利益最大化”这一古典自由主义的基本命题出发，集团的存在是为了增进其成员的利益，即集团存在是为了谋求个人不能通过纯粹个人行动来增进的那一部分利益。按照这种理论，社会上的人总是归属于某一个或几个利益集团，只要有集体利益，就有集体性的组织。

首先对这种理论提出批评的是奥尔森。按照奥尔森“集体行动逻辑”的观点，任何集团要形成一致的集体行动，必须克服“奥尔森困境”，即由集团利益的公共性而导致的个体成员之间的“囚徒困境”及搭便车行为。奥尔森认为，集体行动和集团的规模有关，如果从集体行动中获得利益的个体为数很少，那么成员之间的博弈在近似于完全信息的条件下进行，比较能够认识相互行动的重要作用，从而很少产生搭便车行为。因此利益十分明确的小集团可更加容易解决搭便车行为，从而组织和完成集体行动，所以利益集团作为一个小集团可以用很低的组织成本和信息成本去追求他们的共同利益，并且在影响政府决策时轻易地战胜人数众多的分散选民。此外，下面两个因素也有助于利益集团采取集体行动：(1)集体行动的结果可能对个人有着重大的价值，这种收益超过了组织集体行动所花费的所有成本。在这种情形下，无论其他人怎么做，只要他参与就会对他有好处。因此其他人就可以不必承担任何成本而从中受益。(2)集团会采用“选择性激励手段”，即集团有权根据其成员有无贡献来决定是否向其提供集体收益。

罗伯特·萨利兹伯里等人提出了政治企业家模型，形成了第三种解释，他们把利益集团的组织者看作政治企业家，把集团提供给成员的利益分为三种类型：物质利益、观念利益和团结一致的利益。每个集团向个人提供的是多种利益，而并非是单纯的物质利益。在萨利兹伯里看来，政治企业家之所以愿意作为集团行动的组织者，是不仅可以从中获得丰厚的物质利益，而且也可以获得其他等非物质利益，如成就感、名声和荣誉等。

由于公共行动费用的分散性和其利益分配的相对集中性，使得利益集团在公共政策的决定中有机可乘。公共行动费用的分散性是指赋税负担的分散性。由于赋税负担是分散的，就每个选民而言，政府的开支是否减少，对于每个选民的影响并不是很大。但另一方面，由于政府行为的利益分配相对集中，选民中的某些人能从维持或增加政府开支的行动中得到许多好处，并且他们为此而支付的税收成本与此相比是微不足道的。这种状况使得一般选民并不积极热衷于在政治市场上投票，而少数选民则可以通过组织成为利益集团来投票或游说促成对他们非常有利的公共政策。

利益集团一经出现就对公共政策的决定产生巨大的影响，其决定性的作用就在于利益集团相对于普通选民具有组织优势、信息优势和财政优势。组织优势是指利益集团成员之间讨价还价的成本较低，大家都知道各自可能的行动以及该行动所带来的各种可能的后果，从而很少发生搭便车现象，所以较小的利益集团更易于组织集体行动。信息优势是指，政治企业家不可能获得全体选民的偏好信息，在普通选民又不愿意积极提供其偏好的情况下，利益集团便成了唯一的偏好信息的提供者。财政优势是指利益集团还可以通过提供政治捐款等财政支持，使政治企业家倾向于按利益集团的偏好来决策。正因为利益集团具有这样三种优势，也就特别有力量来影响政府的公共政策，最终导致公共选择的均衡将由利益集团的性质及其偏好来决定。

三、两党制与中间投票人

两党制是民主政治的一种形式，但是实践中他们却往往采取类似的政策，其原因就在于希望当选的政治家也是经济人。结合上面的中间投票者理论，能够较好地解释这一现象。

在一个较大的社会，个人为公共产品进行的支付占总支付的一个极小的比例，以至于可以忽略，这一点对于希望当选的政治家意义重大。在我们的分析框架中，政治家的决策同样受到他个人的成本收益的比较。因而我们可以假定，对于政治家来说，能够当选是他最主要的收益，与此相比，公共支出的收益和成本都是可以忽略的。因此他的愿望就是他的选票最大化。那么采取什么样的立场能够得到更多的选票呢？假定有两个政党"R"和"D"，在 D 党策略已定的情况下，R 党应采取怎样的立场？

我们假定议题是公共支出的规模。我们用 G_R 表示 R 党的立场，用 G_D 表示 D 党的立场，那么，在任一给定的 G_D 水平，都有最优的 G_R 与之对应。如图 5-10 所示，中间投票人偏好的公共支出为 G_m，假定 D 党选择的是高于中间投票人偏好的公共支出水平 G_D，则 R 党一定选择介于 G_m 和 G_D 的公共支出水平 G_R，因为这样 R 党能够获得所有偏好小于和等于中间投票者偏好的选民的选票，以及偏好略高于中间投票人的选民的投票，因此该党获得超过半数的选票。作为回应，D 党就把自己的主张改变为在 G_m 和 G_R 之间的水平，如 G_D'，于是该政党能够当选，但是，R 党又会改变策略到 G_R'，……这样无论什么党，如果希望自己能够当选，那么就应该主张中间投票者的立场。

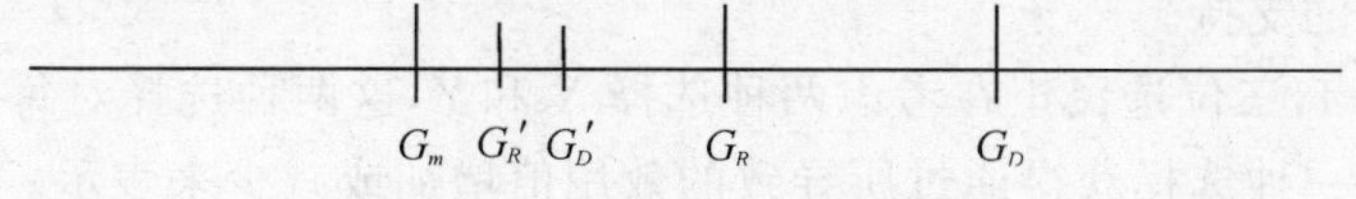

图 5-10　两党制与中间投票人

四、投票交易

以上分析都是基于某一项提案的投票而展开的，而且投票者都是按照自己的选择顺序忠实地进行投票。而在现实生活中，常常存在这样的情形，投票者须同时就两个或两个以上的问题或提案组合进行投票，多数通过规则只记录每个人对这些提案组合的序数偏好，这些偏好信息在多数通过规则之下不会直接地集中，因此多数通过规则之下得出的结果有可能不满足帕累托最优，即被通过提案的总偏好强度低于其他提案。我们可利用表 5-3 加以说明。

表 5-3 列示了选民 A、B、C 对三种方案 X、Y、Z 的偏好。数字 3、2、1 分别代表第一、第二、第三，每位选民对每一特定方案进行排序，如 A 对方案 X、Y、Z 的偏好分别排在第一、第二和第三，表格中就用数字 3、2、1 表示。同时为了考察人们对每一选择的偏好强度，假定每个人都按总分为 10 分分配于这三种选择之中。在简单多数投票规则下，方案 X 和 Y 的票数表明 Y 优于 X，方案 Y 和 Z 的票数表明 Y 优于 Z，方案 Z 和 X 的票数表明 Z 优于 X，在本例中，总排序最高的结果将是被选择的方案，这种决策将导致 Y 获胜，因为在所有方案中 Y 总排序最高，可是在分数投票规则下，方案 Z 的分数最高。可见简单多数投票规则的缺陷正是没有表明偏好强度。

表 5-3　多数投票与偏好强度

选民	方案					
	X		Y		Z	
	排序	分数	排序	分数	排序	分数
A	3	5	2	3	1	2
B	1	1	2	3	3	6
C	1	1	3	5	2	4
总分数	5	7	7	11	6	12

投票交易可能有助于这一问题的解决，即在投票者对方案组合具有不同的偏好强度情况下，他们会愿意就那些与其关系重大的问题进行投票交易。其直接方式是买卖选票或以贿赂的形式拉取选票。另一方式是互投赞成票，即投票人在投票赞成自己最偏好方案的同时，投票赞成另一方案，以换取他人对自己最偏好方案的支持。

如表 5-4，三位选民正在考虑两种选择 X 和 Y，这两种选择对每一选民的重要性用其中一种选择获得通过所导致的效用值增加或减少来表示。

倘若这些选择中的每一种选择需要多数人同意才能通过，那么显然没有哪一项选择能够通过。选民 A 和 C 反对选择 X；选民 A 和 B 反对选择 Y。但是选民 B 对 X，以及选民 C 对 Y 都有强烈偏好，议案 X 和 Y 的通过会给投票人 B 和 C 都带来许多利益，可是这种偏好强度在多数投票中不起作用。倘若互投赞成票现象存在，那么只要 C 同意投 X 的票，B 就可能同 C 一起投 Y 的票。互惠利益使得两个议案都得到通过。

表 5-4　互投赞成票的过程

选民	结果	
	X	Y
A	−3	−3
B	7	−3
C	−2	7

互投赞成票似乎解决了简单投票规则下忽视偏好强度的问题，按照潜在的帕累托改进标准，该社会的境况改善了，整个社会的效用净变化是 2 个单位——如果 C 投 X 议案的赞成票；或是 1 个单位——B 投 Y 的赞成票。不过这个结论并不是确定的，如果将两个 7 换成 4，那么 B 和 C 的交易就没有利益可言了。因此利益交易的存在要求强度分布是一个非均匀分布，否则就不会存在交易。

现实生活中经常会有这样的情况发生，人们有时候按自己的选择顺序进行投票却不如采取战略性行动更能获得好的效果。这种战略行动包括选票的交易和政党间的合谋。现实存在的交易表明，多数表决不仅有投票悖论这样的明显的弱点，还有暗地里交易和合谋的隐藏的缺点，所以当使用多数制决定方案，并不能对结果抱乐观的看法。

综上所述，公共选择提供了显示公众对公共产品偏好的一些方法，这使得公共产品的政府供给成为可能，并且在一定的偏好情形和规则下，能够达到公共产品的均衡。但是公共选择理论更重要的作用在于揭示这种均衡达成的困难，其在统一的经济人假定下，揭示了现代民主政治体制存在的显而易见的和隐含的悖论。正如布坎南曾经指出的，公共选择理论只是明确提出公共经济一般理论的一种努力，它可以帮助我们在集体选择方面从事人们长期以来在微观经济学方面所做的事情，即用一种相应地、尽可能合适的政治市场运转理论来补充商品与服务的生产与交换的理论。或者说是传统市场理论向政治领域的一种扩展。

第四节 公共选择实验

一、公共产品显示偏好演化实验

(一)实验目的

1. 了解公共产品偏好表达的困难。
2. 了解公共产品偏好加总的困难。
3. 了解不同的加总规则对个人偏好表达的影响。
4. 了解个人随着时间变化而显示的偏好的轨迹。
5. 了解偏好分布的变化规律。

(二)实验原理

商品能否带给人们真正的满足,关键在于商品的消费是否符合人们的偏好,与个人偏好一致的选择,能够导致个人效用的最大化。对于私人产品而言,消费者的"货币投票"清楚地表明了约束条件下的消费者的倾向,消费者的购买行为可以看作一定价格和预算约束下消费者的"显示偏好",由于私人产品的竞争性和排他性特点,使得隐瞒自己偏好的消费者无法获得自己的需求的商品。因此在私人产品市场上,偏好的"显示"并不成为问题。

对于公共品来讲,由于其非竞争性和非排他性的特征,对人们隐瞒偏好而搭便车提供了激励,由此造成公共品的供给不足。因此如何准确"显示"人们对公共品的偏好,如何加总不同人的不受限制的偏好,就成为公共品理论一个重要却难以解决的问题;而加总后的"社会偏好"是否真正代表了个人的偏好,人们能否满意"社会选择"的结果是公共政策制定最终能否取得好的效果的关键问题,这同样是一个难以衡量和解决的问题;最后,在社会选择进行过程中实行的不同规则,是否会对人们的偏好表达施加某种影响而导致"社会偏好"出现偏差,进而出现民主悖论现象等等,都是重要但迄今都没有彻底解决的问题。

我们设计的带"投票"环节的公共品博弈实验[①],试图通过实验来探索上述问题。其基本思路是,在本书前面介绍的公共品博弈实验的基础上,增加一个"社会选择"环节,让实验参与者有机会表达自己的"惩罚偏好",由他们自己投票来决定惩罚制度。这个环节也就是通常所谓的"听取民意"。这样我们将原来公共品博弈实验中的惩罚制度(惩罚制度本身就是一种公共品,而它的确定

① 该实验由浙江工商大学公共管理学院许彬和浙江大学跨学科社会科学研究中心王志坚共同设计,实验软件由王志坚制作。实验详细规则和软件可咨询本书作者。

又会影响作为实验基础部分的公共品的投入决定)——即惩罚比例的选择权交给了每一个实验的参与者，其目的在于尝试给出一种公共品偏好显示的方式——“表达”，或曰“投票”，类似于私人产品的消费者价格(消费者可以接受的最高价格，它代表了消费者的偏好)，让每一个博弈参与人“报出”自己的意愿惩罚力度，再对各人表达出来意愿惩罚力度以一定规则进行加总，以之作为接下来进行的公共品博弈实验中的惩罚制度，它将对公共品的提供水平起到一定的作用。

根据需要，实验中可以分别采取平均数原则和中位数原则对个人的意愿或“偏好”进行加总，得到那个数值，我们称之为“社会偏好的惩罚制度”。进行这种“社会选择”，其目的不仅在于得到一个“社会偏好的惩罚制度”以便进行公共品博弈，更重要的在于观察不同的加总原则如何引导人们显示各自对公共品的偏好，以及这种偏好表达行为所导致的后果在群体层面上的呈现。

(三)实验步骤

1. 投票，即参与者在“投票窗口”填上一个代表自己意愿的惩罚力度的数字，比如 8，代表罚对方 1 分，自己损失 1 分，对方损失 8 分，然后提交即可；

2. 实验操作系统按照平均数原则自动加总个人偏好得到惩罚力度的“社会偏好”；

3. 实验窗口显示出“社会偏好”的惩罚力度，并按照这一力度进行公共品博弈实验，实验按照要求进行 6 轮或 5 轮；

4. 参与者根据自己投票以及实验得分情况，进行第二次投票，……，重复上述过程，经过每一场 5～6 次投票，25～30 轮博弈，至实验结束。

实验过程行为如下图：

▯○○○○○▯○○○○○▯○○○○○▯○○○○○▯○○○○○

图中，方框表示投票选择公共政策，圆圈表示公共品博弈。投票的结果决定随后的公共品博弈的制度。

二、策略投票实验

(一)实验目的

在公共选择理论中，投票经常成为“问题”，比如循环投票、策略投票、投票交易。那么这些现象发生的机理是什么？如何让学生更直接地体会这些问题的真实性，进而去解决这些问题？策略投票实验针对其中的策略投票问题，设计了不同偏好假定和不同加总原则下的投票游戏。[①] 该实验的目的有教学和科研两个方面。

就教学方面来讲，其一，该游戏可以让实验参与者了解策略投票是如何在理性的投票者身上发生的；其二，该游戏可以让实验参与者比较不同的投票策略，了解何种投票策略能够获胜何种策略不能获胜；其三，该游戏可以让实验者了解策略投票的结果，从而了解民主投票中存在的问题；其四，该实验可以让实验者了解个人意志的实施和群体结果之间的复杂而有趣的关系；最后，该游戏间接地让实验参与者了解投票程序或规则如何影响投票策略和投票结果。

就科研来讲，通过实验我们可以观察策略投票的发生过程和结果（如投票极化、中庸化还是分散化等）；辨析影响策略投票的主要变量；探讨投票规则对决策和结果的影响等。

(二)实验原理

“社会偏好”是由所有的实验参与者按照事先规定的原则加总个人投票表达的偏好而形成的。假定每一个实验参与者都希望自己的偏好能够获胜，但显然只有自己的偏好与“社会偏好”一致才能胜出。为此，投票中他或许会采取策略，不是表达自己的偏好，而是投票改变“社会偏好”，使其与自己的个人偏好相一致。本实验提供了一个投票和按照不同规则加总的实验平台，在给定偏好分布和投票规则的前提下，经过多轮投票，让投票者设法让“自己的”偏好获胜。最后观察个人策略投票的群体结果。

(三)实验过程

第一阶段：预先设计方案实施

给定一场实验的偏好分布，并分配偏好到每一个参与者。分布有正态分布、均匀分布、双峰分布、两极分布等，一场实验抽取一种分布，并按照实验人数将符合该分布的偏好分配到每一个参与者（四舍五入取整数分配）。假定该偏好就是实验者的偏好。

第二阶段：公布本场实验的偏好加总规则

每一个参与者通过投票设法实现“自己的偏好”。（如果是教学以外，可以考虑获胜者得到礼品）即在投票窗口输入一个可以实现自己目标的偏好值。

观察投票结果，调整投票策略，进行下一轮投票，共进行 5～10 轮。

第三阶段：方案竞赛

学生分组设计方案并实施，看哪个小组胜出。方案包括投票程序、投票加总规则、偏好分布、被选方案、策略、共谋（小集团取胜，集体行动的逻辑）、贿选

① 该实验由浙江工商大学公共管理学院许彬和浙江大学跨学科社会科学研究中心王志坚共同设计，实验软件由王志坚制作。实验详细规则和软件可咨询本书作者。

等等。

要求：在实施前将方案、策略及其目标写成文字告诉老师备案，将方案变成简单的实验手册，并由一名学生代表主持并控制实验。允许团体对抗（小组内部可以共谋）。

（四）实验结果及总结

观察实验结果，交流，完成个人实验报告和小组实验报告。

【关键词】

偏好显示(preference revelation)

加总偏好(aggregating preferences)

公共选择(public choice)

税收价格(tax price)

多数票制(majority voting)

投票悖论(voting paradox)

阿罗不可能定理(Arrow's impossibility theorem)

单峰偏好(single-peaked preferences)

中间投票者(median voter)

极大极小策略(minimax strategy)

投票交易(logrolling)

【思考题】

1. 不同税制对不同收入人群在公共支出上的选择有何影响?
2. 什么是布坎南—塔洛克均衡?
3. 现实中有哪些投票悖论?
4. 什么是单峰偏好?
5. 中间投票者起到的作用是什么?
6. 投票交易一定是违背效率的吗?

第六章　公共生产、寻租与官僚制

【概要】　本章从一个典型的自然垄断生产入手，分析公共生产存在的必要性，以及公共生产低效率可能的根源，并对公共生产低效率的最重要解释——寻租和官僚制行为分别做了阐述。寻租理论指出政府对市场经济的干预可能制造垄断租金，私人部门围绕垄断租金进行的寻租竞争，以及由此引发规模庞大的更高层级的寻租，所有这些直接非生产性支出(DUP)从社会福利角度看都是效率扭曲和福利净损失。官僚制经济学分析的经典框架——尼斯坎南模型，则主张从理性选择、效用最大化视角理解官僚行为，其分析表明追求预算最大化的官僚所提供的产出是社会最优产出的两倍，即官僚机构有内在的自我膨胀倾向。最后对公共决策过程进行调整或预算控制可能有助于缓解以上两种“政府失灵”。

前面章节对公共产品供给的分析中，曾提到私人自愿捐赠的公共产品供给水平将低于社会最优规模，进而有必要由政府或公共部门供给公共产品。沿着前几章思路展开，本章将讨论公共生产中的低效率问题，为之前的公共产品的有效供给问题做一个补充。具体的，我们将从典型的公共生产作为切入点，分析公共生产的必要性和可能产生低效率的根源；进而第二节和第三节分别介绍导致公共决策偏离社会最优的两个最重要的解释进路——寻租理论和官僚制的经济分析。最后将就如何改进公共政策制定的效率，抑制寻租和改善官僚制治理做一个简单的总结。

第一节　公共生产的基本面分析

现实当中，绝大多数的商品和劳务的生产供给均由私人部门承担。然而世界范围内政府和公共部门除了运用行政或法律手段规范市场秩序，许多时候也还“亲自下场”参与产品和劳务的供给。现今，在许多国家，公共生产正不同程度地介入到各个生产领域中，具体包括传统公共事业部门，比如城市供水、大规模水利设施、城市基础设施、电力供应、煤气，以及司法、行政等政府职能的发挥。目前虽然各个国家处在不同的经济历史发展阶段，公共生产具体涉及的范围有所调整，而且从表面上看，不同国家公共生产的改革实践甚至有矛盾之处，但是这些实践案例背后所蕴含的基本逻辑却具有相当程度上的一致性。公共生产所涉猎的行业一般是追求利润最大化的私人生产不愿意介入的领域，从供给结构看公共生产普遍存在垄断特征。进而很值得思考的是：垄断的公共生产对社会福利影响如何，公共生产是否必然缺乏效率，是否只能在公共生产的公共性和盈利性之间做一个取舍？诸如此类的问题构成以下有关公共生产必要性和低效率根源讨论的基本出发点。

一、公共生产的必要性

如果严格按照福利经济学第一定理的基本逻辑推理，即完全竞争市场可以实现资源配置的帕累托最优，那么确实很难为公共部门参与产品或劳务的供给找到合适的效率依据。但是众所周知，一方面，福利经济学第一定理的成立需要六个很强的假设条件；另一方面，即使这些假设条件都能得到满足，所实现的帕累托最优从社会福利函数角度看也可能并非合宜。正是从以上两个思路出发，生产中普遍存在自然垄断或规模收益递增特征，比如城市自来水供给、煤气供应等。以及公共利益的多维特性，即公共利益不仅包括资源的有效率配置，同时其他社会目标或价值也有相当的重要性，这两个方面构成了公共生产存在必要性的根本判断依据。

(一)自然垄断

导致私人产品公共生产最重要的“市场失灵”的是非竞争性市场，而市场非竞争性的基本原因则是规模报酬递增的存在，即随着产出的增加单位成本趋于递减。显然，存在规模报酬递增的行业，有限几个大企业的供给有利于发挥效率优势。进而一个行业报酬如果递增非常显著，极端的只有一个企业供给最有效率，则这种行业结构我们称为存在自然垄断。简而言之，自然垄断(natural monopoly)是指由某种经济技术特征决定的，某个行业由单一企业生产产品成本最低的现象。自然垄断行业一般有以下两个特点：

1. 规模经济效益明显

规模经济(scale of economies)是指随着企业产量的扩大，长期平均成本不断下降，这其中最重要的一个原因是网络效应(network effect)，即随着使用人数的增加，每个人使用的边际成本趋于递减。典型的有：城市供水、供气系统，其主要投资都是网络铺设，一旦体现为成本固定的管道铺设，后续追加的生产供给成本相当有限，因而随着使用人数增加，单位人口分摊的固定成本趋于递减，平均成本趋于下降。这样由一个企业将供给规模扩展到独占整个市场，将能实现生产的最低成本。并且由于存在不菲的初始固定成本壁垒，任何新的企业的试图进入，很大程度上都很难与在位企业进行竞争。

2. 大规模的沉没成本（sunk costs）

沉没成本是指企业退出时不能收回的成本，这种成本通常表现为企业的资产专用性，即当企业退出该行业或者转换生产其他产品时，这种成本在市场上的贬值非常显著。显然如果行业进入需要耗费大量的初始沉没成本，那么多个企业之间的竞争的结果将出现大量的资源浪费，相反由一个企业扩大生产规模，摊薄固定成本显得相对有利。这种现象在通信行业的网络构建中尤其明显，通常我们只需要非常有限的通信网络，而更多的通信网络不仅浪费大量资源，而且存在资源利用率低下的问题。

以下通过一个简单的自然垄断例子，对自然垄断的私人生产与政府规制的公共生产进行比较。如图 6-1 所示，某个规模递增的自然垄断行业的市场需求曲线为右下倾斜的 DD 线，相应地企业的边际收益曲线为 MR。简单起见，假定企业的边际成本 MC 曲线恒定为一个单位，即支付一定的初始成本后，新增加一个单位的产出边际成本相对较小；随着产出增加，生产单位产品的平均成本 AC 趋于下降，这意味着生产技术满足规模报酬递增特性。显然由于需求曲线 DD 代表的是社会对生产该单位产品的评价，而生产产品的边际成本固定为 $MC=1$，因而满足社会最优的产出应该为 A 点，即 $MC=P=1$，最优产出水平为 Q_0。值得注意的是，这个条件与完全竞争市场的厂商均衡条件一致。然而在自由垄断条件下，即不存在政府规制，并且没有潜在的行业进入威胁，这时单个垄断厂商将选择利润最大化条件进行生产供给，即供应 Q^* 单位的产品，每个单位产品获得垄断利润为 EF 的距离。这时的产出水平远小于社会最优的产出水平 Q_0，社会福利损失高达三角形 ACE 的面积。

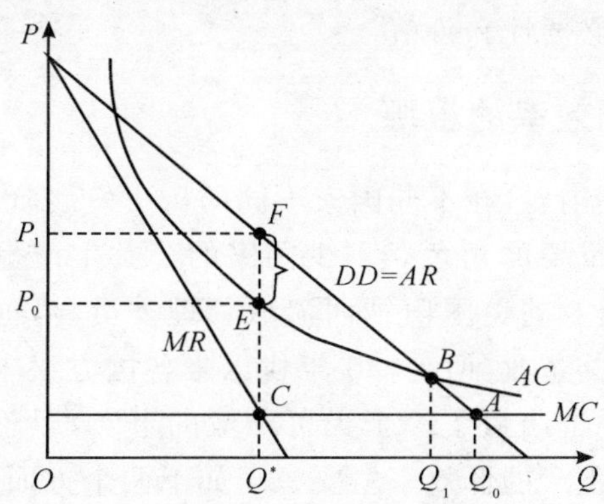

图 6-1　自然垄断

但是如果采取政府规制手段或者直接的公共生产，以上状况可能有所改观。直接非营利的公共生产情形下，均衡点变为 A 点，均衡产出是 Q_0，即保证最后一个单位产出的边际成本正好等于社会对其的价值评价，但是为了维持这个均衡，公共生产所造成的亏损必须通过政府税收加以补偿，每单位产品的补偿规模为需求曲线 DD 与平均成本线 AC 之间的距离。然而值得注意的是，考虑到这种由政府全权负责的公共企业收支的情况存在严重的激励扭曲，现实中更经常使用的是零利润(zero profit)的公共生产，即不要求自然垄断企业根据边际成本定价，只要求它们实现收支平衡定价，此时厂商均衡为图中的 B 点，产出水平为 Q_1。并且如果存在合适的潜在进入竞争，那么竞争将迫使自然垄断企业尽可能实现收支平衡，而其获得的利润刚好就是各行业的平均利润水平。最后必须指出的是，以上提到的公共生产可能优于自由垄断，背后实际上隐含了较为强烈的假定，即政府补贴或收税的成本较低，并且能够对公共企业有较好的监督，能够维持一定的潜在进入竞争。如果这些条件无法满足，很难认为公共生产优于自由垄断。

(二)公共利益的多维性

除了自然垄断特性，公共生产的另一个重要原因是公共利益的多维性。追求利润最大化的企业往往很难兼顾到广泛的公共利益，而政府通常也很难找到简单的干预办法保证企业这样做，因而这时候政府往往选择直接的公共生产。例如司法服务强调的是法律程序的公平、公正，所以政府不会将司法服务承包给私人生产商。再者在一些人看来，除了传授技能和知识，学校同时还承载着许多其他的社会功能，比如，国家价值和爱国情感的培养等等。正是有这种考虑，虽然私立学校也可以传授技能，但是几乎所有国家里，公共学校仍旧相当普遍。总之，人们一般认为按照一定公共选择程序做出来的议案或公共生产决定，相比私人生产在更大程度上可以体现更广泛的社会利益，因而这个意义上，公共生产也有存在的必要性和价值。

二、公共生产低效率的根源

虽然，从世界范围内看，在不同国家不同的历史发展阶段，公共生产都曾扮演或者正在扮演极为重要的角色。不少国家的公共生产也不乏相当出色的效率表现，比如经常被提及的美国田纳西流域管理委员会，再比如法国曾经出现的大批的高效率的公共企业，但是，80 年代以来各国方兴未艾的公共事业或企业的私有化改革，似乎也凸显了一个无可辩驳的事实，即总体上公共生产的效率令人堪忧。而公共生产的低效率主要源于如下两个方面，其一是企业组织层面的激励扭曲；其二为企业内部成员层面的激励问题；前者主要表现为公共生产组织冲突的目标约束和组织僵化，而后者主要指公共生产中广泛存在的委托——代理难题。

(一)组织差异

除了以上提到的生产技术普遍存在的规模收益递增,公共生产组织和私人企业,在组织的内部治理层面上存有许多差别,具体包括以下两个方面:

第一,组织激励扭曲与预算软约束。首先,公共企业不受利润动机的驱使,因而最大化生产的激励往往比较匮乏。实际上公共组织的许多决策都是基于政治方面的考虑,比如在高失业地区创造就业等,而这些措施往往对生产率的提高不利。另外也相当普遍的是,在一些国家的公共生产组织甚至没有亏损的概念,缺乏相应地破产机制,生产剩余和亏损都完全由政府负责。与之类似的做法,在社会主义国家的国有企业治理中表现得尤为突出,这一点通常也被著名经济学家科尔奈称为"预算软约束(soft budget constraint)"。一般来说,企业的预算约束是指以收支相抵的财务原则对企业经济行为的制约作用。如果企业的经济活动经常违反收支相抵原则,在收不抵支的情况下可以通过豁免税收、获得补贴等方式加以补偿,那么可以认为企业的预算约束是软化的。

第二,多重约束束缚和组织调整的僵化。值得注意的是,一定程度上正是由于公共生产往往很难采取市场竞争利润方式进行考量,进而为了对此进行补充平衡,政府一般也对公共生产制定了种种其他限制,这些限制对维护纳税人的利益发挥了一定的作用,但是过多的约束和调整的僵化却也成为公共生产低效率的组织根源之一。首先,人事雇佣方面,出于对公共雇员可能滥用地位和权力的担心,政治程序往往对公共生产组织提出许许多多的约束。私人企业可以雇佣自己合意的人,支付愿意的工资。如果企业支付给员工工资过高,则所有者受到损害。但是这种情况在公共生产中有截然不同的表现,政府机构支付给某人的工资过高,损失的是纳税人。为此我们制定了严格的公务员规则,以保证政府雇佣和提升最为胜任的人,并支付恰当的工资。虽然这些规则发挥了重要的监督和限制作用,但是也带来了显著的组织调整僵化:政府机构通常很难解雇不胜任的雇员,从而削弱了激励;其次,众所周知,在采购方面采购支出是政府支出的一个重要组成部分,为了避免滥用每年规模庞大的政府采购资金,公共政策力求设计出确保政府不受欺骗的程序。但是这种做法的结果却往往不可避免地提高了采购成本。比如为了保证采购价格较低,在许多领域政府采购都采取竞争性投标的方式,为此政府往往事先必须就所采购商品的特征做出事无巨细的细节性规定,而这样的采购需求通常在规格上和潜在供应商的市场供给上有差别。最终,许多供应商只能以成本增加的方式应对政府的高规格要求。最后,政府机构复杂的预算编制,以及预算体制的僵化,都会导致长期投资变得相当不连续、持续调整困难,这也导致公共生产的成本无端高企。

(二)个人差异

组织层面的差异使得委托—代理问题在公共生产中表现得更为突出。由于很难被解雇，同样也由于报酬体系设计、考核目标与竞争性市场原则有较大差别，这些都导致公共生产中的个人效率改善，或面向所服务市场的产出质量改进的激励措施不足。而另一方面，公共生产机构中的个人激励却又往往指向更政治化的目标。激励约束条件差异使得公共生产中个人行为“扭曲”的典型是：官僚行为和过度风险厌恶的低效率。

首先，官僚行为(bureaucratic behavior)与企业中的个人行为有很大差别，比如官僚可能不会因为效率提高获得较多的物质激励，但是他们可以享受管理较大组织的权力和权威的发挥。与官僚行为的韦伯式经典假设不同，美国著名经济学家尼斯坎南(W. A. Niskanen)认为，政府官僚也可能是根据自己的利益最大化行事，相反，并不会完全忠实地维护所服务的公民的利益，即出现通常所说的政治领域的委托—代理问题。另外，尼斯坎南还指出，政府官僚机构不断增加的中央集权旨在提高效率，但是却可能使效率进一步恶化，因为这给官僚更大的空间通过牺牲效率和公共利益以追求自己的利益。总之，官僚行为模式的存在使得公共生产效率大打折扣。有关这方面更为详细的分析，将在本章第三节展开。

其次，除了激励差异或偏离委托人的目标最大化，官僚行为对效率的损害还典型地体现为过度的风险厌恶。官僚可以通过特定的政治程序，确保所有行动都是经过管理部门评估过，从而解除自己在错误中的责任。尽管这种集体决策程序降低了个人在任何成功中的重要性，但是官僚很多时候似乎都更偏好进行这种权衡取舍；但是这也不可避免地造就了官僚机构的繁琐性质，即所有决策必须通过适当程序或途径进行。而这种官僚政治决策程序的流行，更有其内在深层次的原因：一方面，从事厌恶风险活动的许多成本不是由官僚自己承担，而是由作为整体的社会通过税收供养更多人员的方式承担；另一方面，值得注意的是，要求由几个人来批准一个事项原本有其内在积极的一面，也不一定都是官僚追求自身利益的结果，因为政府官僚使用的资金是公共资源，因而更为谨慎或遵循特殊规定的程序能更加保证资金的安全性。

三、小结

以上从生产技术特点和组织制度约束切入，对公共生产存在的必要性以及可能的低效率原因做了诠释。规模收益递增及社会利益的多维性，导致私人生产在一些领域存在基本的缺陷，作为补充的公共生产在一定程度上可以缓解这些问题。但是由于公共生产内在的组织约束，使得其生产效率被不同程度地扭曲了。与“市场失灵”所造成的资源配置低效率相比，有些时候政府或公共部门的干预可能造成更为广泛的损失，后者通常被指称为“政府失灵(government failure)”。本章接下来的两节将对政府失灵的两个最重要的表现——寻租和官僚行为，做一个简单的介绍。

第二节　寻租与公共生产的效率扭曲

虽然，早在 1967 年塔洛克就已经正式提出寻租概念，然而只有到 1974 年安妮·克鲁格(Ann Kruger)的经典文章发表以后，寻租(rent-seeking)作为一个普遍存在的政治经济现象，在公共经济学的理论分析以及日常公共政策实践中，才开始得到前所未有的重视。现今围绕寻租现象的研究所发展起来的一系列概念体系，俨然已经成为政治领域内腐败和公共部门生产低效率问题研究中至关重要的分析框架之一。值得一提的是，寻租概念也已被收录到经济学权威工具书——《新帕尔格雷夫经济学大辞典》的词条当中，这在一定程度上表明寻租理论在公共经济分析中的核心地位，受到学者们的普遍认同。本节首先讨论寻租范式的缘起，接着论述寻租概念的界定，最后对寻租活动所引起的福利经济学损失，以及寻租和设租的关系做一个简单的讨论。

一、寻租范式的缘起和发展

事实上，早在 1967 年的开创性文章——《关税、垄断与偷窃的福利经济学成本》一文中，塔洛克就已经正式地提出寻租概念。塔洛克对寻租问题的分析，直接源于对垄断所造成的福利损失的思考。众所周知，伴随着经济发展，企业规模的扩大，20 世纪 50 年代美国经济学界兴起了一场有关垄断的福利损失的争论。[①] 这场争论中的直接缘起是芝加哥大学的经济学家哈伯格对垄断的福利损失的定量测算，他的计算发现垄断所造成的福利损失竟然只占到国内生产总值的 0.1%到 1%；并且，即便后续经济学家对哈伯格的估算参数做了调整计算，美国大企业垄断的福利损失也没有超过 1.5%。[②] 哈伯格的研究引发了广泛的争议，不少经济学家都试图对哈伯格的过低估计做出解释，有代表性的解答包括：莱宾斯坦的 X—非效率(X-inefficiency)假说和塔洛克的寻租理论。然而遗憾的是，塔洛克的文章并没能在当时经济学的主流杂志上发表，最终辗转发表于影响力较低的《西部经济杂志》。尔后到安妮·克鲁格基于国际贸易限额管制的讨论中提出寻租问题后，寻租现象才开始为主流经济学家们所重视，塔洛克的开创性研究也自此受到关注和认同。

---

① 值得注意的是，也正是这场有关垄断福利损失的讨论激发了芝加哥大学法律系开始系统性地运用经济学理论分析法律管制问题，这一定程度上成为后续 60 年代法经济学兴起的直接原因之一。

② 戈登·塔洛克：《对寻租活动的经济分析》，西南财经大学出版社 1999 年版。

表 6-1　资源错误配置引起的福利损失

研究者	研究对象	原因	福利损失(%)
哈伯格 A	1929 年美国	垄断	0.07
斯瓦茨曼 D	1954 年美国	垄断	0.01
西托维斯盖 T	1952 年共同市场	关税	0.05
魏麦尔斯菲尔德 J	1958 年德国	关税	0.18
詹森 LH.	1960 年意大利	关税	最多 0.1
杰克逊 HG.	1970 年英国	关税	最多 1.0
辛格 A	蒙特维的亚协约国	关税	最多 0.0075

资料来源：戈登·塔洛克：《寻租——对寻租活动的经济分析》，西南财经大学出版社 1999 年版，译者序。

(一)哈伯格三角形

根据经典的马歇尔消费者剩余分析框架，如下图 6-2 所示，在一个垄断市场中，右下倾斜的 $D=AR$ 线代表市场需求曲线即对垄断厂商的需求曲线，厂商的边际收益曲线为 MR。简单起见，假定厂商的边际生产成本恒定为 MC，则垄断企业根据利润最大化进行决策，即 $MC=MR$，确定私人最优产量为 Q_2^*，并根据此产量定出市场价格为 OD。但是，从整个社会福利最大化的角度看，从 Q_2^* 到 Q_1^* 的这段生产，社会对单位产品的评价仍旧高于生产产品的边际成本，因而，满足社会福利最大化的最优产量应该是 Q_1^*，即 $P=MC$。值得注意的是，后者实际上也就是完全竞争市场的利润最大化条件，垄断企业根据私人最优决策确定的产量小于社会最优的产量水平，二者的偏离所减少的消费者剩余为梯形 $ACDE$ 的面积，而生产者剩余增加额为矩形 $BCDE$ 的面积，因而，总的来看产

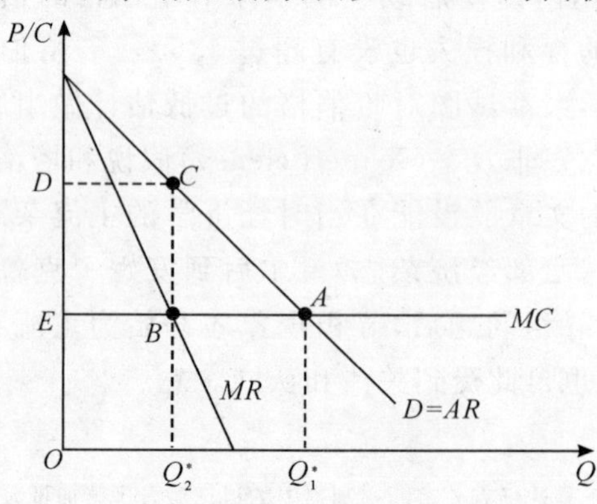

图 6-2　垄断的福利损失与哈伯格三角形

量不足所造成的社会福利净损失为三角形 ABC 的面积。正是从这种分析思路出发，哈伯格利用美国企业的调查数据对垄断企业的福利损失——“哈伯格三角形”进行了估计。他的计算得出了一个令人极为惊讶的结论，即经过调整后垄断所造成的福利损失也不会超过国内生产总值的1.5%。

（二）莱宾斯坦的 X—非效率

不难想象，哈伯格的测算引起了经济学界广泛的争议，如此之小的垄断福利损失使得传统之于垄断福利分析的研究显得极为无关紧要①。对此，美国经济学家莱宾斯坦提出 X—非效率对垄断的社会成本之谜进行解释，核心的想法是对配置无效率和 X—非效率进行区分。所谓 X—非效率是指独家垄断下企业经营目标偏向于守成而非进取，从而造成生产效率低下。莱宾斯坦认为，哈伯格的研究内核是典型的新古典主义，该方法的一个隐含前提是为了实现利润最大化，企业能够有效地购买和使用生产要素。哈伯格三角形只考虑到资源的配置非效率，即垄断的社会成本仅为价格和数量扭曲引起的，这忽视了企业从竞争转入垄断后，失去竞争压力的企业将会出现 X—非效率。如图6-3所示，垄断一方面使价格从上升产出下降，产出从社会最优的 Q_c 减少到私人最优 Q_m；但是，另一方面，更重要的是，X—非效率使企业的长期平均成本从 $LRAC1$ 上升到 $LRAC2$。这样，配置非效率引起的福利成本为哈伯格三角形的面积，而 X—非效率引起的福利成本为四边形 P_0CEP_m 的面积。于是，垄断所造成的总社会福利损失，应为配置非效率的哈伯格三角形 ABC 和 X—非效率的四边形 P_0CEP_m 的面积之和。

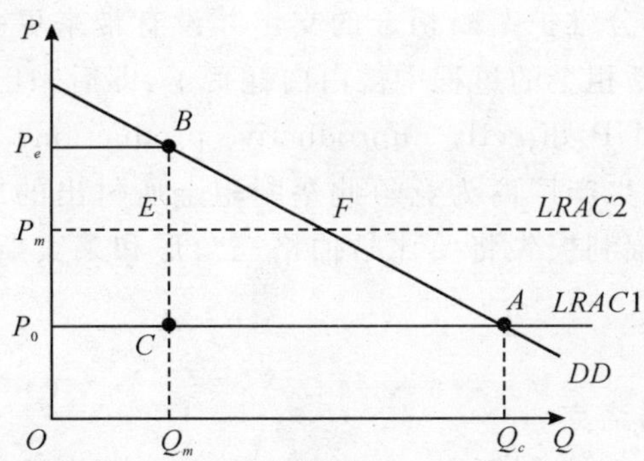

图6-3　配置非效率与 X—非效率

实际上莱宾斯坦也承认，由于配置非效率仅涉及净边际效应，重新配置的福利影响必然很小。传统分析基本假定，企业能够有效地购买和使用投入要

① 著名经济学家蒙代尔曾打趣说，如果哈伯格的估算准确，那么经济学家对垄断所做的大量研究，对社会福利的贡献真还不如消灭一些白蚁。

素，那么剩下的问题就是价格和数量扭曲的结果。虽然某些价格和数量扭曲也许很大，但所有的相对价格都发生大的扭曲看起来不太可能。相反，如果缺乏竞争压力，企业因管理上的低效率而未能有效地购买和使用投入要素，所引起的潜在福利损失要大得多。在免受高竞争压力的企业中，莱宾斯坦指出引起X—非效率的3个原因：第一，不完全的劳动合同；第二，不能完全确定或确知的生产函数；第三，未能通过市场交换进行购买或使用的投入要素，或者即使通过市场交换，但对所有买者来说，交换的条件也并非一视同仁。[①] 在这些条件下，企业成本最小化的假设并不正确。结果，企业和经济不可能处于在资源约束决定的生产可能性边界上运行，相反，许多时候是处于生产可能性边界以内运行。

(三)塔洛克四边形

莱宾斯坦对哈伯格三角形的扩展解释，在塔洛克看来只是讲到竞争压力缺乏导致的停滞低效率，并没有触及垄断福利损失的核心。正是对莱宾斯坦假说的不满，激发了塔洛克对此问题做出进一步的阐释，这即是1967年的经典文章“关税、垄断与偷窃的福利经济学成本”的直接缘起。回到图6-3，塔洛克认为，私人生产最优偏离社会最优，这给私人生产者带来的高达P_0CBP_e的垄断利润，或者也称为垄断租金。不难想象，为了攫取这部分经济租金，垄断企业将不惜耗费相当大的一部分资源用以寻求或维护垄断地位，而大部分情况下，企业是通过游说或贿赂政府相关部门通过行政手段为其保持这种垄断租金。简单地说，如果寻租市场竞争较为充分，最终垄断企业为获取这部分垄断利润所付出的维护租金的成本将正好为垄断租金四边形P_0CBP_e的面积。并且从社会福利的角度看，这部分维护垄断租金的支出并没有带来更多的产出，相反仅仅是在攫取和争夺垄断租金的过程中被白白耗费了，即后来巴格瓦蒂意义上的直接非生产性行为(DUP，directly unproductive production)。当然，如果再将寻租竞争过程中，其他生产厂商为竞争此垄断租金所付出的成本考虑在内，那么寻租行为所造成的福利损失将要比哈伯格三角形和莱宾斯坦的X—非效率的损失大很多。

专栏6-1　戈登·塔洛克

戈登·塔洛克(Gordon Tullock)，1922年出生于美国伊利诺斯州，1947年获得芝加哥大学法学院博士学位。1947年被录用为外交服务人员，并被派往我国天津市。一系列政治生涯后，1958年塔洛克进入弗吉尼亚大学托马斯·杰弗逊政治经济中心和布坎南一块从事研究工作，在寻租、投票等公共选择领域都做出了开创性的贡献，被视为是公共选择学派的开创者和领导者之一。代表作

① 戈登·塔洛克：《对寻租活动的经济分析》，西南财经大学出版社1999年版。

包括：和布坎南合著的《同意的计算》，为公共选择学派奠定了理论基础，以及现代寻租理论的开山之作——1967年的《关税、垄断与偷窃的福利经济学成本》。另外，塔洛克还是《公共选择杂志》的创办者。由于在公共选择领域的出色贡献，塔洛克获得1998年美国经济协会的杰出会员奖（distinguished fellow）。

（四）克鲁格的贸易限额管制与寻租

克鲁格论文讨论的是市场导向型经济，其中政府对经济活动的限制渗透到各个方面，而这些限制产生形式各异的租金，从而引发了人们对租金的竞争。有时候这种竞争完全合法，在另一些时候，对这些行政垄断租金的寻求则是通过各种非法途径进行，比如贿赂、腐败、走私和黑市。克鲁格的文章建立了一个竞争性寻租模型，说明对国际贸易施加数量限制将会产生围绕租金的竞争，进而利用印度和土耳其的数据对寻租的成本做了粗略的度量。她发现1964年印度的租金额占到国民收入的7.3%，而土耳其1967年仅进出口许可证租金额就已经达到国民收入的15%。另外，就寻租所造成的社会福利损失方面，克鲁格还指出：第一，竞争性寻租使得经济运行处于有效率的生产技术转换线以内；第二，数量限制产生的福利损失无疑比同等数额的关税限制产生的福利损失要大；第三，竞争性寻租使某些活动的私人成本与社会成本相背离。显然，一方面对寻租产生机制的论证规范性上，克鲁格的文章确实要比塔洛克的开创性文献略胜一筹；另外，克鲁格对土耳其和印度的寻租成本的估算也更加符合杂志编辑的种种考虑。一定程度上，正是由于以上两个方面的原因，克鲁格的文章被视为现代寻租理论的正式开端。自那以后，垄断或行政垄断所造成的福利损失、寻租现象的政治经济含义，开始引起公共经济学家们广泛的注意。

二、寻租的基本面分析①

（一）寻租的定义和特点

一般来说，寻租是指那种利用资源并通过政治过程获得特权，对他人利益的损害超过租金获得者收益的行为。塔洛克1967年的经典文章曾给寻租下过这样一个定义，寻租是指人们为了获得垄断或取得政府其他庇护而从事的活动；另外，公共选择学派的另一位开创者詹姆斯·布坎南则把寻租定义为人们

① 本部分的写作主要参考陆丁：《寻租理论》，载于《现代经济学前沿专题（第二集）》，汤敏、茅于轼主编，商务印书馆1993年版。

凭借政府保护进行的寻求财富转移而造成的资源浪费的活动。虽然,已有学者有关寻租的定义存在差异,但大家一般都认同寻租活动的实质就是为维护既得利益或是对既得利益进行再分配的非生产性活动。也有学者主张这种人类社会中广泛存在的非生产性的追求经济利益的活动,可以称为广义的寻租活动。狭义的寻租活动则是具体指现代社会中最为常见的利用行政法律的手段,阻碍生产要素在不同产业之间自由的流动、自由竞争的办法来维护或攫取既得利益的行为。

寻租活动的共同特点是:第一,它们造成了经济资源配置的扭曲,阻止更有效的生产方式的实施;第二,它们本身白白耗费了稀缺的社会经济资源,使原本可以用于生产性活动的资源浪费在这些无益的活动上;第三,这些活动还会导致其他层次的寻租活动或"避租"活动。例如,如果政府官员在这些活动中享受了特殊利益,政府官员的行为将会受到扭曲,因为这些特殊利益的存在,会引发一轮追求行政权力的浪费性寻租的竞争;同时,利益受到威胁的企业也会采取行动"避租",与之抗衡,从而耗费更多社会经济资源。因而,通常人们也将寻租活动视为一个人类社会的负和博弈,即就社会整体而言损失大于利得的竞赛。

(二)寻租与寻利的区别

为什么经济学家把这些非生产性寻利活动称为寻租?寻租与普通的市场生产交换中创造的垄断利润在性质上有什么根本的差异呢?众所周知,租即经济租,在经济学里面最初的意思是指生产要素所有者获得的收入中,超过要素机会成本的剩余。而机会成本(opportunity cost)是指选择某种机会所放弃的所有其他机会中最大的价值。从福利经济学第一定理的推演中,实际上不难发现,在一个一般均衡的经济里面,每种生产要素在各个产业部门中的使用和配置,最终都将实现机会成本和要素收入相等。简单地说,在一个熊彼特意义上的平滑流转经济中,将不允许存在任何超额利润,这种状态通常也称为一般均衡的无套利条件。换句话,如果某个产业中要素收入高于其他产业的要素收入,那么这个产业中存在着该要素的经济租。在自由竞争条件下,租的存在必然吸引该要素由其他产业流入有经济租存在的行业,进而该产业的供给增加产品价格趋于下降。于是在规模经济不递增的前提下,要素的自由流动,最终将完全耗尽所有租金套利的机会,即要素自由进出保证最后所有生产要素在不同行业中只能获得平均利润。所以,按照经典的一般均衡理论,只要市场自由竞争,要素流动在各个产业之间不受阻碍,所有行业中任何生产要素的超额收入(即租)不可能长久稳定存在。

然而在一个动态的经济结构中,短期里生产要素在一个行业中的经济租,既可能为正也可能为负,这是社会经济在动态发展过程中,由于存在摩擦不断调整、不断适应的正常现象。例如在熊彼特看来,当一个企业家成功地开发一项新技术或新产品，引入某种新的生产方式、生产组织方式，或者开拓了一个新的市场时，他的企业就能享受高于其他企业的超额收益。这时候，我们也把这种创新活动称为“创租活动”（rent creation），或者可称为“寻利”（profit-seeking）活动。当其他企业家看到应用这一新技术或生产这一新产品有（超额）利可图，就纷纷起而效之，涌入这一市场，从而使产品价格降低，超额利润（租）渐渐消散。后者的行为，也属“寻利”范畴，寻利活动是正常的市场竞争机制的表现，其作用是降低生产成本开发新产品。因而和寻租活动是直接非生产性支出，将稀缺的社会资源耗费用于既定租金或利益的分配性努力不同，寻利活动的本质上是对新增的社会经济利益的追求，这些活动将直接诉诸于生产性支出，最终为社会供给了新的产品或劳务，增进了社会总福利。

（三）寻租的分类

首先，寻租活动可以采取合法的形式，也可以采取非法的形式。合法的活动如企业向政府争取优惠待遇，利用特殊政策维护本身的独家垄断地位；非法的行为比如行贿受贿、走私贩毒。另外，根据寻租引致的派生层次差异，布坎南认为寻租活动可以分为以下三个层次：(1)垄断权的潜在获取者的努力和支出；(2)政府官员为获得潜在垄断者的支出或对这种支出做出反应的努力；(3)作为寻租活动的一种结果，垄断本身或政府所引发的第三方资源配置的扭曲。[①] 举例来说，假定一个城市政府用发放有数额限制的经营执照的办法人为地限制出租汽车的数量，那么市场上的出租车数量就会少于自由竞争市场的均衡水平，出租车业主就可以赚取超额利润。人们受到这种超额利润的吸引，就会想办法从主管执照发放的政府官员那里得到营业执照。如果执照的发放很大程度上取决于主管官员的个人意志，寻求执照的人们就会争相贿赂讨好这些官员，从而产生第一层次的寻租活动。因为这些活动而使官员享受特殊利益，又会吸引人力物力为争夺主管官员的肥缺而发生第二层次的寻租竞争。如果部分或全部的出租车超额收入以执照费的形式转化为政府的财政收入，那么各个社会利益团体又有可能为了这笔财政收入分配而展开第三个层次的寻租。

最后，根据对市场条件扭曲程度的差异，巴格瓦蒂又把寻租或直接非生产性寻利活动(DUP)分为四大类。第一类，在该活动发生前后，市场条件都是扭曲的。例如上述对于政府收入的争夺战，起源于对市场竞争的限制，其结果也不会改变这种限制。第二类，在非生产性活动发生前市场条件使其扭曲的，但该活动的效果是对市场条件扭曲的矫正。比如一些希望通过竞争获利的企业通过游说的方式使决策当局废除限制竞争的政策法令。第三类非生产性寻利活动是那种使市场扭曲从无到有的活动，比如上述寻求政府保护来维持既有利

① 引自丹尼斯·C.缪勒：《公共选择理论》（中译本），中国社会科学出版社1999年版，第283页。

益的企业行为。第四类活动在发生前后都不会增加或减少对市场活动的行政法律限制。合法的如有关经济纠纷的法律诉讼,非法的如偷窃活动。

三、寻租的福利经济成本

事实上,正如之前的论述指出的,寻租问题的讨论直接源于对垄断的社会福利成本损失的争论。因而一般认为寻租的福利成本不仅包括垄断所造成的普遍社会福利损失,同时还必须将寻租过程中所耗费的庞大人力物力,以及寻租所带来的经济社会环境的恶化计算在内。塔洛克之后,许多研究者也对一个社会的寻租成本做了许多定量估算,比如克鲁格对印度的测算表明,寻租成本占到该国国内生产总值的 7.3%;另外一些研究者的计算认为,寻租成本有时可能高达一个社会国内生产总值的 58%。[①] 虽然就具体福利损失估计仍旧存在许多分歧,但是理论上已有学者一般都认同寻租成本大致由以下三个部分构成:第一,哈伯格三角形和塔洛克四边形;第二,寻租所带来的社会道德成本,以及更重要的寻租规则流行导致企业家资源的非生产性耗费或扭曲性配置;第三,资源的非生产性耗费,耗费了生产性资本,抑制了发明创造,进而对长期的经济增长不利。

(一)哈伯格三角形与塔洛克四边形

如图 6-4 所示,私人垄断厂商边际成本曲线 MC 与边际收益曲线 MR 的交点为 C,则垄断所造成的直接福利损失为哈伯格三角形 ABC 的面积,因为从私人最优的产出水平到社会最优的生产规模,每生产一个单位产品的边际收益 MR,都将超过生产的边际成本 MC,因而产出不足将造成福利损失,但是此时垄断厂商将获得高额的垄断利润 P_0CBP_e,这即是莱宾斯坦意义上的价格数量扭曲的配置非效率。进而为了攫取或维护市场上的这种垄断势力所带来的垄断租,垄断企业将耗费部分资源游说政府,理论上,如果寻租市场竞争完善,则垄断企业为获取垄断权利所支付的寻租成本应该刚好为垄断租的大小,即塔洛克四边形 P_0CBP_e 的面积。这背后暗含的基本道理是:充分竞争的寻租市场,最终保证所有行业或企业将只能获得平均利润。显然,寻租过程中所耗费的支出,比如送礼或者贿赂等,从社会福利的角度看,并没有创造出任何新的价值,因而应该是社会福利的净损失。当然,同样需要注意的是,如果垄断租金规模较大,那么将会吸引更多垄断厂商为此展开寻租竞争,获胜企业支付的寻租成本大小为垄断租,而其他企业所耗费的寻租成本对社会而言同样也是直接非生产性支出,因而也是寻租成本的一部分。这样一来,整个社会的寻租竞争互动,为这个垄断权利所支付的寻租成本将大大超过垄断租的价值。这种寻租利益

① 有关寻租成本的计算,可以参考塔洛克(中译本,1999)有关寻租的小册子。

方之间的寻租互动所造成的高昂社会福利净损失，也正是塔洛克 1967 年的开创性文献着力论述的重点之一。

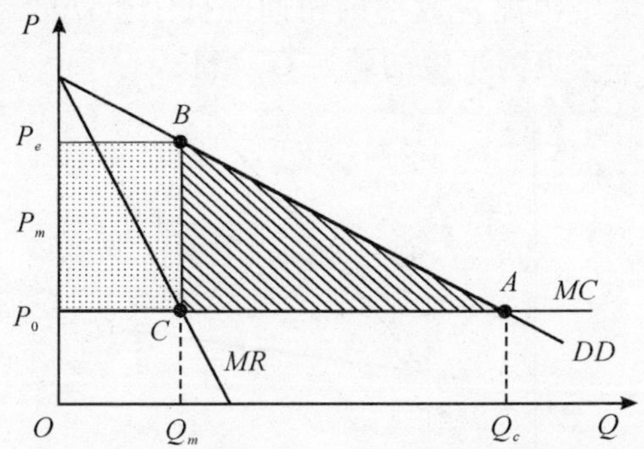

图 6-4 哈伯格三角形与塔洛克四边形

(二)社会道德成本和企业家资源的非生产性耗费

寻租活动不仅造成社会福利损失，同时还带来社会风气的沦丧或社会道德成本的急剧上升。正如克鲁格指出的，寻租的普遍化和制度化，终将导致生产厂商将注意力从生产转为租金攫取的分配过程，社会整体的道德感下降，这对未来的经济社会的健康发展极为不利。另外，和静态的垄断福利损失分析思路不同，著名经济学家鲍莫尔指出，寻租的另一个重要成本是企业家资源的非生产性耗费。在他看来，一个社会的生产力发展和科技进步，主要不是取决于该社会企业家资源的多寡优劣，而是取决于该社会制度机制对企业家资源的引导和发挥，并且在同一个时期，不同社会中企业家才能的总量将相对较为稳定，但是企业家的行为有生产性和非生产性的区分。现代社会中，影响企业家资源在生产领域配置的因素往往与政治法律方面的寻租机会相联系。过高的税收，政府对经济事务过多的干预，过于繁杂的法律系统，低下的行政效率等，都可能产生鼓励企业家资源作为非生产性应用的机制。

(三)资源配置扭曲与经济增长

在一些学者看来，寻租不仅造成垄断的福利损失，关键还在于资源的错误配置或配置扭曲，最终对长期的经济增长速度有所影响。而寻租所造成的垄断，也部分抑制了经济中发明创新活动的开展。举例来说，如果某个时刻，社会开始就某项垄断权利进行寻租，则寻租支出增加将使得研发技术方面的投入下降，进而资本积累差异将导致未来经济生产率受到影响。如下图 6-5 所示，横轴 t 为时间，纵轴 Y 为产出，最初社会发展轨迹为 G_1。假设第一种情况，在时点 T 发生了一场为科技发明权而产生的科研竞赛。由于竞争者把资源移用于科研，减少了生产，所以产出水平由 A 降低到 B。但是，由于科技发明对生产率的推动作用，产出增长速度从 B 点开始加快，沿着一个更为陡斜的轨迹 G_2 增长。

进一步，假设第二种情况，在时点 T 发生的是一场寻租竞赛，且寻租者挪用的资源和第一种情况一样多，那么虽然一开始产出的下降一样，但由于寻租白白耗费了社会资源，并造成资源配置效率的扭曲降低了生产效率，所以产出增长速度减慢了，从此沿着一个更为平缓的轨迹 G_3 增长。

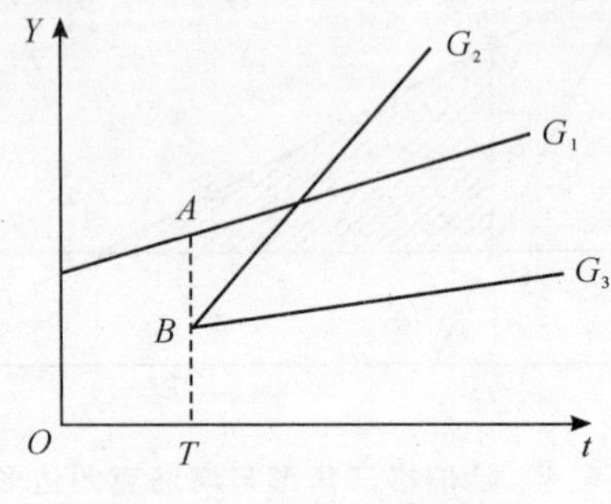

图 6-5　寻租与经济增长

四、寻租与设租

以上分析表明，一定程度上正是由于政府对经济的干预，导致权利租金在经济生产中广泛存在，由此也孕育了各式各样的寻租机会。鉴于寻租或巴格瓦蒂意义上的直接非生产性寻利活动对资源配置的扭曲，可能对社会道德成本、社会福利和经济增长带来极为负面的影响。因而分析寻租活动赖以维持的经济社会条件，并进一步思考如何遏制寻租，将具有极为重要的理论和现实意义。

就寻租赖以维续的经济社会环境而言，麦克切斯内(Mcchesney)曾提出“政治创租(political rent creation)”和“抽租(rent extraction)”的概念。前者是指政府政客利用行政干预的办法来增加私人企业的利润，人为创造租，诱使企业向他们进贡作为得到这种租的条件，后者是指政府官员故意提出某项会使私人企业利益受损的政策作为威胁，迫使私人企业割舍一部分既得利益与政府官员分享。另外，克鲁格曼则认为，寻租活动的蔓延有恶性循环的趋势。因为寻租的存在，市场公平性受到损害，使人们对市场机制的合理性和效率发生了根本的质疑。于是人们要求更多的政府干预以弥补收入分配不均的情况，这进一步提供了更多的寻租机会。另外也有学者指出，寻租活动往往还有以下特点，即一项政府政策造成的市场扭曲越是严重，有关人员和利益团体享有的租或剩余就越多，于是这项政策就越是难以得到矫正。但是他们也指出，一项扭曲市场的政策要延续下去，需要符合两个条件，第一，政策造成的扭曲相当严重，从而形成一个积极维护这个政策的利益团体；第二，该政策造成的租应当集中在少数寻租者手中而不易轻易消散。

另外，对于如何改善寻租所造成的浪费。康格尔顿(Congleton)曾提出了一个很有意思的见解，他认为通过改进政治民主程序的实施方式，寻租所造成的损失可能可以部分得到改善。塔洛克也认同通过政治决策程序的改进，比如从简单多数转换为受限制的多数投票，再比如多使用全民公决制度等，均可以减少甚至是“消灭”寻租。康格尔顿的分析利用一个比较巧妙的例子，对不同分配方法所产生的寻租及其对社会福利的损害，做了一个简单的阐释。假定一笔不可分割的社会财富，价值 10 万，社会上只有两个利益团体甲乙。康格尔顿考虑如下 3 种分配方式，第一，这笔财富的分配有赖于两个团体之间的直接抗争来决定。谁花费在抗争中的代价高，谁就将获得全部财富；第二，这笔财富由一个社会的总管或大家长来决定分配，总管的决定取决于所得贿赂的多寡。同时，在某个团体向总管行贿时又必须相应地花费一定的代价来掩人耳目；第三，这笔财富由一个三人委员会投票决定分配，而每个委员投票给哪一方完全取决于哪一方给的贿赂的多少。同时，任何一方向委员会贿赂时也须相应花费一定的代价来掩人耳目。

根据康格尔顿的分析，第一种方式成本最高，因为抗争中每人将耗尽趋于 10 万进行竞争以获取财富，因而双方的耗费都将接近 10 万。第二种方式在竞争上的支出也大致与第一种类似，接近于 10 万，但是支付的贿赂部分成为总管个人的收入，对整个社会而言不算是浪费，只有用于遮掩贿赂的开支才是纯浪费。因此，第二种方式的社会成本低于第一种。第三种方式的特点是双方花费不会趋于那笔财富的价值，反而会趋于零。因为在三人委员会的投票决定胜负的情况下，每一方只要争取两个人投自己票就可以赢。如果第一轮甲选择贿赂每个委员 2 万，即(2，2，2)，乙只要选择(2.5，2.5)就可以获胜；而甲又可以针对乙选择(0.5，0，1)获胜。总之，如此以往，双方的寻租开销会越来越小。康格尔顿试图证明，用委员会表决的民主方式决定社会财富的再分配可能更有效率，能够更好地抑制寻租机会。希金斯和托利森则主张开放第一层次的寻租竞争，促使第一层次的寻租活动中的租金消散，这样就可以减少寻租活动的预期所得。又有一些学者认为市场发育不完全是寻租的主要原因，他们主张用减少政府对市场交易的不适当压抑，提高政府服务的效率和透明度，健全法制等办法来减少地下活动。

第三节　官僚制的经济分析

官僚行为是政治领域公共生产低效率的第二个重要根源。虽然人类历史的实践和日常生活经历都一再表明，政府官员或官僚机构有其自身的利益追求，并且和上级委托人之间的委托—代理关系，往往使得美好的公共政策落得不尽人意。尽管如此，就理论分析而言，传统政治学或早期的公共选择文献，还是非常“天真”地假定官僚机构能够非常忠实地维护委托人的利益。或者按照尼斯坎南的说法，既然早期公共选择文献已经假定选民和政治家都是理性最大化的行动者，那么认为作为二者之间过渡机制的官僚的行为不符合经济人假定，并希望他们能够是一个有崇高职业操守、切实维护公众利益的群体，显然这两种假定存在前后矛盾之处。这个意义上，塔洛克、唐斯以及尼斯坎南对官僚制的经济分析，一方面是对传统政治理论模型的修正，另一方面也是对早期公共选择理论完善做出的不懈努力。其中，尼斯坎南的官僚模型，被视为现代官僚经济分析的经典之作。

本节第一部分将首先介绍古典学者的官僚制模型或假设；第二部分讨论公共选择学派的官僚经济学分析经典之作——尼斯坎南的代议制政府，试图对官僚机构内在的扩张冲动以及导致的效率扭曲做出解释；最后简单探讨对尼斯坎南模型的改进和评价。

一、官僚行为的古典假设

官僚机构一词在英文里本来有贬义的含义，一定程度上也是低效率的代名词。类似的，在我国同样是和官僚主义、官僚作风联系在一起而为人诟病。但是著名社会学家马克斯·韦伯却一反传统赋之褒义的色彩，认为官僚制比任何其他组织都具有技术上的优越性。在他看来，官僚机构是服务于当选政府所认定的公共利益，它们提供的服务不偏不倚、有效率，它们是一个有效率的组织机构。具体来说，韦伯认为官僚机构具有如下六个特点，这些特点和官僚自身对政治的职业精神，共同确保官僚体制忠实的服务于现代政府：第一，工作按照专业化的要求进行了分工；第二，官僚机构内部存在权力和等级金字塔；第三，官僚机构的运行与官僚的行为有章可循，照章管理；第四，官僚受过专门训练，各司其职；第五，每个人都一视同仁地对待；第六，人事选拔与提升依据统一的标准。[①]

以上论述不难发现，韦伯的理论更多偏向于规范陈述，相反实证成分则较为缺乏。实际上更确切地说，韦伯无非是给出了一个理想的官僚模型。他区分

---

① 以上概括引自文建东：《公共选择学派》，武汉出版社 1996 年版。另外，尼斯坎南则对韦伯的官僚制假定做了如下阐释：“按照韦伯的看法，现代官僚机构具有如下特征：第一，官僚机构是大的组织；第二，大部分官僚机构的雇佣是全职的，他们以此谋生，大部分收入是从官僚机构得来的；第三，雇员的任命、续聘和提升，主要根据其在官僚机构内的表现，而不是通过选择或预先的特征；第四，官僚机构以命令和服从的等级结构权威关系来管理，官僚有权利和义务来服从既定的规则；第五，任职者和职位是严格分开的，长官并不拥有他们的职位或生产手段，下属只有在作为一个受雇用者角色时才对官僚机构的权威负责；第六，官僚活动以行政的复杂性、任务的特殊功能性和运行的秘密性为组织特征。”引自尼斯坎南，《官僚制与公共经济学》(中译本)。

了三种权力合法性权威：法理型、传统型和个人魅力型，而他的官僚机构则是基于法理权威的一系列关系的同义词。在公共选择的官僚理论出现之前，韦伯式官僚理论从者甚众，但是也有一些学者对此提出异议。比如，有研究者指出韦伯强调规章制度的管理功能会使人墨守成规，规则作为达到目的的手段往往反过来成为目的。

二、公共选择的官僚理论

(一)基本理论背景

公共选择的观点与传统官僚政治理论截然不同。在公共选择学派看来，官僚机构和公司或非营利组织一样，只是客观存在的组织形式，无非由于组织目标和面临的环境约束存在差异，使得其具体治理方式与其他机构存在差别。实际上，尼斯坎南早期有关官僚制的经济分析，正是将官僚机构比拟为公司，而将官僚类比为公司经理。当然必须指出的是，就具体官僚机构的内涵，不同研究者存在一定的分歧。比如，广义上，杰克逊 PM. 认为官僚机构是一种特殊的正式组织，其特点是复杂的管理等级制度、专业化的技术与任务以及用规章制度对官僚机构权力的明文限制。按照这种定义，一切公共部门均在官僚机构之列，例如各级政府机关、公共公司和私人非营利组织等。其后，布雷顿和温托布甚至也把私人公司组织也包括在内。与此相反，罗利 C 和艾尔金 R 则从相对狭窄的口径上定义官僚制，他们所主张的官僚机构的特点是：组织运转所需资金或收益是从市场销售产品以外的途径获取，并且收益超过成本之余额不能由主管者与雇员占为己有，作为直接的个人收入。在后面这种定义里，政府机关是官僚制的主要组成部分。

再者，值得指出的是，公共选择理论有关官僚制的分析也并非一步到位。早期的公共选择理论隐含的假定，一旦公共物品的需求确定下来，其供给就会自动的适量供应，供给变成一种外生变量。这种理论框架中，官僚机构被看成是对需求做出中性的有效反应的被动代理人，官员被描绘为缺乏激情的苍白形象，他们服务于公共利益，没有个人野心。从公共选择的文献逻辑看，在分析公共品需求时将政治家和选民描绘成理性的经济人，而假定为外生供给模型中，又沿用传统政治理论，将官僚描述成服务于公众利益的公仆，这在逻辑上显然是不一致的。为了解决这种不一致，塔洛克和尼斯坎南首先开始探求利用经济学方法研究官僚机构的内在组织治理特征，从而把官僚机构的运行纳入公共选择分析中。塔洛克 1965 年的文章以及尼斯坎南 1967 年的成名作——《官僚制与代议制政府》，是以公共选择思路分析官僚制的开端。在这个思路的基础上，20 世纪 70 年代和 80 年代，尼斯坎南、布雷顿等人又进一步对尼斯坎南的基本模型做了扩展和发展。总的来说，这些公共选择视角下的官僚制的经济学分析，普遍将官僚机构看作是生产者纳入公共选择理论的供给模型之中进行分析，把官僚看成是理性的经济人，追求个人利益，如薪金、地位、权限、预算、晋升等的最大化，官僚机构与官僚行为遵循着制度约束下的刺激反应模式。

（二）尼斯坎南的官僚模型

1. 模型的基本假定

事实上，尼斯坎南对官僚制的开创性分析，一定程度上是受到公司治理理论的启发。因而，在他的理论框架中，官僚制和官僚机构的特征化事实概括，与传统政治理论中的韦伯式假定，以及早期公共选择文献的概括均有较大差异。值得注意的是，尼斯坎南把官僚机构定义为具有如下两个方面特征的非营利组织：第一，组织的所有者和被雇用者，不能挪用收益和成本之差的任何部分作为个人收入；第二，组织赖以维持的收益，并不直接源于按照单位价格销售的产品，官僚机构至少一定程度上是依靠周期性拨款或赠款获得财政资助。另外，就官僚机构的主体而言，尼斯坎南认为，官僚一般指官僚机构的全职雇员，在这个意义上，官僚类似于平常语境中的公务员；但是必须注意，官僚一词多数情况下是用来表述具有独立可辨识预算的官僚机构的资深官员。这些官僚或者是职业官员，或者是由选举产生的行政官员直接任命。①

在尼斯坎南看来，官僚的目的不是诉诸于公共利益，也不是追求官僚机构的效率运转，相反其行为模式符合个人效用最大化。影响官员效用的因素很多，尼斯坎南指出，可以进入官僚效用函数中的变量包括：薪水、职务、津贴、公共声誉、权力、任免权、易于更迭与易于管理的官僚机构。值得注意的是，除最后两个以外，所有这些变量都可以近似认为与官僚在机构任职期间总预算规模单调正相关。虽然，预算水平较高使更迭问题和机构管理的个人负担提高，但是两者将随总预算的进一步上升有所下降。正是在这个意义上，尼斯坎南给出其官僚模型的最重要假定：即使对于那些拥有较低金钱动机和较高公益动机的官僚，预算最大化也是他们效用最大化的替代物，相反，官僚机构内在效率改进的动力相当微弱。值得指出的是，绝大多数公务员竭力增加他们所负责的官僚机构的预算这一事实，可以视为是对尼斯坎南假设的强有力的支持。

2. 约束条件

既然官僚追求的是预算最大化，那么这也意味着官僚机构必须基本上保证一定的服务供给，以使预算拨付方通过预算产出量，它最终构成官僚机构的规模约束。对官僚机构而言，实现预期产量的必要条件是，预算等于或大于供给该产量的最低预期成本，这个成本约束条件是尼斯坎南官僚机构供给理论的一个关键要素。官僚机构为了获得预算资金，必须对一系列活动以及这些活动所

① 尼斯坎南：《官僚制与公共经济学》，中国青年出版社 2004 年版，第 22 页。

造成的预期结果做出承诺。另外值得注意的是，官僚机构的交换关系与市场组织的交换关系存在显著差异，主要体现在：官僚结构为了预算而供给一个总产出，而市场组织按照一个价格供给单位产出。为了预算资金而供给所承诺的产出，这种行为的特征性概括对官僚机构的行为具有重要含义，它意味着许多情况下，官僚机构具有与非营利垄断类似的垄断势力。

从表面上看，官僚机构和审批预算的立法机构之间构成一种"双边垄断格局"，即立法机构或上层政治官员通过支付一定的预算规模向官僚机构购买一定的官僚服务。但是这种双边垄断关系中，双方的讨价还价能力并非对等，其中的根本原因在于信息昂贵致使双方的信息存在严重不对称，并且官僚机构相对于立法机构或政治官员占有信息优势。换句话说，立法机构和政治官员拨款时需要知道官僚机构的生产成本函数为前提，但是由于缺乏充足的信息，同时又因为官僚服务的供给一般具有独断性特征，因而立法机构或政治官员难以解决官僚机构的成本函数信息。反过来，官僚机构对立法机构和政治官员的需求曲线却了解得一清二楚，如立法机构和政治官员为了购买一定产出而愿意付出的最高预算拨款。于是，在与立法机构协商拨款数量时，官僚机构处于有利地位，它可以争取到立法机构愿意拨出的最大预算规模，一定意义上这就相当于完全价格歧视。由此官僚机构获得了全部消费者剩余，而立法机构的监督大大弱化。

3．基本结构

在基本模型中，尼斯坎南进一步假定官僚机构供给一种服务，这种服务将用于从单个资助者那里换取一笔预算。由于官僚机构并不按照单位价格来销售服务，所以资助者批准的预算构成了官僚机构的全部财政来源。简单起见，假定立法机构或中间投票人对官僚服务的价值评价为：$TB=aQ-bQ^2$，其中 $a>0, b>0$。于是，对官僚服务的边际价值评价 MV 可以表示为对价值评价函数求一阶导数，即：

$$MV=\frac{dTB}{dQ}=a-2bQ$$

以上式子表明，随着官僚服务供给增加，中间投票人从中获得的边际价值趋于递减。另外从供给方看，官僚服务的生产成本可以表示为：$TC=cQ+dQ^2$，其中 $c>0, d>0$。类似的，对总成本函数求解一阶导数，也可以得到官僚服务供给的边际成本：

$$MC=\frac{dTC}{dQ}=c+2dQ$$

不难看出，以上边际成本曲线右上倾斜，这意味着官僚机构供给服务逐渐增加，边际成本逐渐递增。另外，由于官僚机构的全部收入只能源于管理当局拨付或愿意为官僚服务支付的预算，所以，对官僚机构而言，能够存续经营的一个收支平衡约束是：$B \geqslant TC$ 。如图 6-6 所示，横轴为官僚服务的规模，纵轴代表官僚服务的价值和成本。

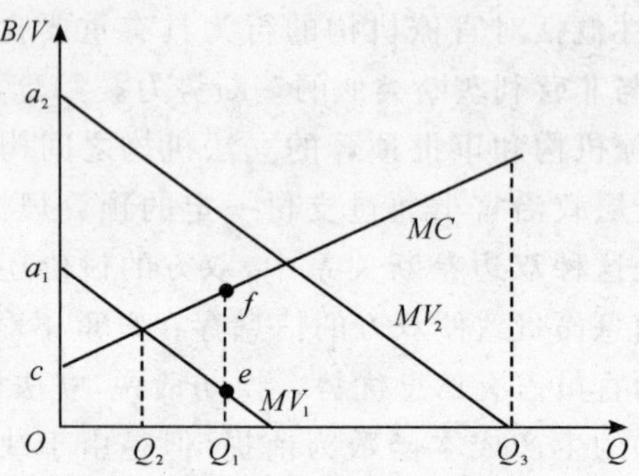

图 6-6　尼斯坎南的官僚模型

值得注意的是，根据之前的假定，官僚机构和中间投票人的代表——立法机构之间存在信息不对称，官僚知道中间投票人对官僚服务的边际价值评价曲线 MV 的性状，相反立法机构只能从官僚提供的信息中得知官僚生产的成本函数性状。于是官僚机构的效用最大化即求解预算收入 TB 最大化，约束条件是至少保持收支平衡。因而，对官僚机构而言，最大化预算收入的一阶条件可以表示为：

$$MV = a - 2bQ = 0$$

进而，移项可解得最优官僚服务供给规模为：

$$Q^* = \frac{a}{2b}$$

然而，保持官僚机构的收支平衡意味着供给规模必须满足以下不等式，即：

$$aQ - bQ^2 \geqslant cQ + dQ^2$$

相应地，可以解出此时官僚服务供给的临界规模应该是：

$$Q \leqslant \frac{a-c}{b+d}$$

进一步，取 a 为参数值进行讨论，综合预算最大化的最优官僚服务供给规模条件和以上临界规模，官僚服务最优的供给水平可以表示为：

$$Q^* = \begin{cases} \dfrac{a-c}{b+d}, & a < \dfrac{2bc}{b-d} \\ \dfrac{a}{2b}, & a \geqslant \dfrac{2bc}{b-d} \end{cases}$$

从图 6-6 可以看出，当参数 a 比较小，即对官僚服务的需求比较少时，此时存在一个边界供给规模 $Q_1 = \dfrac{a-c}{b+d}$，使得官僚可以获得的预算达到最大化，并且预算收入正好足以弥补官僚服务的生产成本，即成本四边形 $OcfQ_1$ 的面积等于预算收入四边形 OQ_1ea_1 的面积。值得注意的是，在供给第 Q_1 个单位的官僚服务时，生产的边际成本为 Q_1f，而中间投票者对此单位服务的评价仅为 Q_1e，所以从社会福利最大化的角度看，这个单位的生产所造成的福利损失为 ef 的距离。这当然也意味着，官僚机构的供给规模从中间投票人的角度看是产出过度。实际上，如果按照标准的双边垄断市场特征，则最优官僚服务供给规模应当满足最后一个单位官僚服务的边际成本与边际价值相等，即 $MV=MC$，由此可以解出社会最优的官僚服务供给规模：

$$Q_2=\frac{a-c}{2(b+d)}=\frac{1}{2}Q_1$$

令人惊讶的是，社会最优的官僚服务供给规模，恰好是追求预算最大化的官僚愿意供给的服务规模的一半，这个结论正是尼斯坎南模型最吸引人的地方。虽然模型的基本假定可能存在有待商榷的地方，但是有一点却显得异常重要，这个模型指出官僚机构的生产有内在的自我膨胀的冲动倾向。

必须注意，在官僚服务需求较小的情况下，官僚机构只能够供给以上产出水平以维持收支平衡。如果官僚服务有较高的需求，即如图 6-6 所示的 MV_2 的情形，则此时最优的官僚服务供给水平为：

$$Q_3=\frac{a}{2b}$$

同样，此时第 Q_3 个单位的官僚服务所耗费的边际生产成本很大，但是中间投票者对此服务的评价为零，所以还是造成社会福利的净损失。并且，官僚机构获得的预算规模为三角形 Oa_2Q_3 的面积，这个面积大于官僚机构生产的总成本耗费，即边际成本 MC 线与横轴 O 到 Q_3 围成的梯形面积。

4. 基本结论和评价

从公共选择理论自身体系的完善角度看，尼斯坎南的官僚模型最重要的一点在于揭示了追求预算最大化的官僚机构，将存在内在自我膨胀的趋势。另外，从模型推演中，我们也发现，官僚制生产不可避免导致产出过度，这是公共生产内在低效率扭曲的重要根源之一。相比传统的韦伯式假设，或者早期的公共选择文献的假定，尼斯坎南的分析为理解政治决策和政策过程提供了一个弥足珍贵的视角。在这里，官僚机构不再作为一个"黑箱"被置于分析之外，相反，我们能够用理性选择框架对官僚的行为做出解释和预测，这对公共选择理论的完善具有重要的意义。

尽管如此，仍旧必须指出的是，尼斯坎南主张从理性最大化的角度理解官僚行为，并且将官僚的效用最大化简单地假定为预算收入的函数，这两个方面从文章发表的那一天起就招致许多批评。比如，杰克逊就认为官僚的效用函数比尼斯坎南提出的复杂得多,他们在很多情况下都是处于服务于公共利益或完成公共任务,而不是企图通过最大化预算来达到最大化自身效用的目的。另外,米格和布朗勒则对预算最大化做了修正,在他们的模型里面,官僚和立法机构仍旧维持双边垄断格局,但是官僚最大化的是财政节余和预算收入的组合以便从中获取最大效用。20 世纪 80 年代以后也有经济学家试图尝试将更大程度的消费主义引入公共服务供给中。最后,尼斯坎南原始模型中最重要的假定之一,官僚相对立法机构存在完全信息优势,这在一些研究者看来也颇为不现实,后续研究指出官僚多大程度上可以将公共产出转换成自己的预算中的经济租金,这在很多时候取决于主管当局对生产函数或生产成本的了解程度,所以最终的官僚机构产出是官僚与立法机构讨价还价的结果。当然这个研究思路也意味着现在官僚机构并不一定就是效率低下扭曲的代名词,问题的关键在于立法机构和官僚之间的交易合约设计。总之,以上提到的挑战都有一定的道理,但是不少研究与其说是对尼斯坎南模型的替代,不如说是对尼斯坎南基本模型的丰富和扩展,当然,后续的研究也都指出,尽管可能有些夸大其词,但是尼斯坎南模型最重要的一点正是在于,异常简洁清晰的使人们注意到公共部门官僚机构存在潜在的配置无效率。

第四节　公共生产低效率的出路

在许多学者看来,现代社会文明的开创及持续发展中,政府和司法机构作为一种产权监督模式,发挥了至关重要的作用。一定意义上,正如韦伯之于现代国家的假设指出的,政府具有排他的合法垄断暴力优势,并以此换取产权保护的税收收入。然而,如何让具有暴力垄断优势的政府,克制住掠夺产权所有者的冲动,这个困扰产权和经济发展关系的难题,在产权经济学文献中有时又被称为"诺斯悖论"。类似的,有关政府行动的内在合理性逻辑的追问,在宏观经济管理的理念和政策选择上也有所体现。就具体公共生产来说,塔洛克曾指出,政府干预是"市场失灵"的一个可能出路,但是如何避免或消除公共生产过程中的寻租和官僚问题,即出现可能效率扭曲更加严重的"政府失灵",却也成为一个亟待思考的话题。本章的论述对这种"浮士德式"困境的权衡提供了一定的阐释和见解,但是如何在现实经济生活当中减少寻租以及抑制官僚行为却仍旧有待讨论。

根据前面的分析,寻租产生的一个重要环境因素就是公共生产对经济管制的结果,进而企业将围绕这种管制寻求垄断租的保护或创造新的垄断租。对此塔洛克曾指出公共决策程序的改变可能有利于寻租活动的下降。具体来说,他认为以下五项内容都可能可以缓解寻租所遭致的福利损失：第一，用受限制的多数投票（qualified majority voting）原则替换原来的简单多数原则；第二，尽可能多地采取全民公决；第三，让政府尽可能保持预算平衡；第四，限制政府的规模与范围；第五，更好地贯彻宪法。另外，就官僚行为的治理而言，以上对尼斯坎南模型的评价也指出，关键在于如何处置官僚与立法机构之间的信息不对称，如何改善二者的交易合约设计。具体政策实施建议包括：效率检查、货币价值审计、合同承包、财务管理创新以及对预算决策过程重新计划和设计等等。

【关键词】

寻租(rent seeking)

X—非效率(X—inefficiency)

配置非效率(allocative inefficiency)

官僚制的经济分析(economic analysis of bureaucracy)

寻租成本(the cost of rent seeking)

自然垄断(natural monopoly)

预算软约束(soft budget constraint)

委托—代理问题(principal-agent problem)

政府失灵(government failure)

【思考题】

1. 什么是寻租？寻租有哪些分类？
2. 试简述寻租的社会福利成本。
3. 试用本章所学的官僚模型内容,对政府支出规模增长做出解释。
4. 试阐述尼斯坎南的官僚模型,并对其做出评价。

第七章　外部性治理的理论与实践

【概要】　外部性是最重要的一种“市场失灵”。经典的庇古思路认为，外部性的关键是私人成本与社会成本的分离，或者私人收益与社会收益的不一致，前者典型的是负外部性将导致产出不足，必须用征收庇古税进行矫正；后者则是正外部性致使产出不足，现实中可以用政府补贴加以引导纠正。与此不同，科斯主张外部性的核心是产权界定问题，即只要交易成本较低，产权配置基础上的自由交易将实现资源配置的帕累托最优，不存在私人最优与社会最优的不一致。

本章首先介绍外部性的基本内涵，包括外部性的定义和分类；第二部分分析外部性对经济资源配置的效率扭曲；第三部分讨论外部性分析的经典思路，具体包括庇古的社会成本、社会收益分析，以及科斯的交易成本进路；第四部分探讨外部性的治理与矫正；最后一部分对具体环境政策实践及对近年新的研究思路做一个简单的总结和展望。

第一节　外部性的基本内涵

一、外部性的定义

众所周知，福利经济学第一定理陈述的完全竞争市场实现帕累托最优，需要具备六个基本条件。其中，第一个条件要求“个人效用仅取决于自己的消费组合；生产者利润取决于本企业的投入组合”[①]。然而，现实当中这个条件很难被满足，更经常出现的情况似乎是，消费者的效用不仅取决于自己的消费组合，更多时候是受到其他消费者和生产者行为的影响。经济学发展历史上，早期的西奇威克(1887)所举的灯塔例子，到20世纪20年代剑桥学派的庇古AC.提到的火车机车的火花点燃邻近稻田，以及50年代米德的蜜蜂例子均被视为是对以上生产和消费独立性条件的经典挑战。更一般的，经济学家将这类不满足帕

① 约翰·利奇：《公共经济学教程》，上海财经大学出版社2005年英文版。

累托最优条件的"市场失灵"现象归纳为外部性,其典型特征是生产者或消费者在生产和消费过程中对他人造成影响,但是没有通过合适的市场对价进行支付或补偿,进而对资源的帕累托最优配置造成扭曲。

美国经济学家布坎南(J. Buchanan)和斯塔布尔宾(D. C. Stubblebine)曾给外部性下过这样的定义:只要某个人的效用函数或厂商的生产函数,所包含的变量是在另一个人或厂商的控制之下,即存在外部性。[①] 用公式表示,即:

$$U^A = U^A(X_1, X_2, X_3, \cdots, X_n, Y_1)$$

另外,一些经济学家认为外部性存在意味着,消费者或者生产者在消费或生产过程中私人的生产成本、收益与社会的成本收益出现了不一致,给他人造成了正面或负面的强制性影响,但是没有相应地市场机制对这种行为进行定价。因而,在这个意义上,外部性之所以产生,关键在于缺乏某些市场要素,使得市场交易在当时不可行。

二、外部性分类

一般而言,根据外部性不同的影响特征,可以将其分为正外部性和负外部性。正外部性(positive externality)意味着生产者或消费者行为给他人带来了有益的影响,但是没有得到相应地收益补偿。比如,传染病疫苗接种不仅给接种疫苗的主体带来好处,同时由于接种疫苗后不再可能将疾病传染给周围群众,因而疫苗接种行为除了个人受益对社会也有好处,然而,这种好处很难通过收取费用进行补偿。相反,负外部性(negative externality)则是私人行为没有承担给社会造成的负面影响。负外部性在环境污染问题上尤为常见。比如,上游厂商生产过程中将污水排放到河流中,对下游的养殖业造成了负面的影响,如果这种行为没有市场谈判补偿就将出现负外部性。

另外,根据行为的施加主体不同,也有研究者将外部性分为生产的外部性和消费的外部性,前者主要指生产过程对周围环境产生的影响;而后者主要针对消费行为。最后,根据传导机制差异,又有学者将外部性进一步划分为技术外部性和金融外部性。技术外部性一般指生产者或消费者对他人生产或消费的影响是间接的,没有通过市场价格体系进行传导。相反,金融外部性(pecuniary externality)是指外部性的影响是通过市场价格体系起作用。比如某个地区流行葡萄酒,进而对葡萄的需求增加,增加了种植葡萄的农民的收入。20世纪50年代,有关技术外部性和金融外部性的讨论,在许多经济学分支上都出现了异常丰富的文献,然而现今比较一致的观点是,技术外部性是真正的外部性,而金融外部性并非真正外部性,对资源的帕累托最优配置并没有扭曲影响。

① 转引自朱柏铭:《公共经济学》,浙江大学出版社2002年版,第109页。

第二节　外部性对资源配置的影响

根据上一节的论述，外部性是一种重要的"市场失灵"类型，正外部性将导致行为的私人收益偏离社会收益，而负外部性造成的影响是私人成本偏离社会成本，进而根据福利经济学的一般原理，这两者都将不可避免地导致资源配置失当。

一、负外部性与产出过多

负外部性意味着生产者或消费者在生产或消费过程中对社会产生不良影响，而这种影响没有通过市场价格机制加以补偿，致使生产的私人成本偏离社会成本。一个典型的例子是，上游污染企业生产过程中将污水排放到河流中导致下游的养殖企业的利益受到损害。仔细分析这个过程，上游生产企业每生产一个单位的产品时，不仅耗费了一定的边际私人成本(MPC)，比如新增加的工人工资、原材料耗费、水费电费支出等，同时还将一定数量的污水排放到河流中，后者给下游的养殖户造成损害，称为边际社会损害(MD，marginal damage)或生产的边际外在成本(MEC，marginal external cost)。简单起见，假定厂商是在一个完全竞争的产品市场进行供给，即生产的边际社会收益(SMB)和私人收益(PMB)相等。这样一来，由于不存在协商补偿的市场机制，不难想象每个上游生产商只根据私人的边际成本和边际收益确定最优的生产规模，而生产过程中的边际社会损害没有进入厂商的生产核算，因而私人厂商的最优生产规模将偏离社会最优规模。

如图 7-1 所示，上游生产商每生产一个单位产品给社会带来的边际损害为 *MEC*。简单起见，边际外在成本 *MEC* 随着生产规模的扩大趋于增加，这符合一般生产污染的基本概况，即污染量较小时对社会的损害几乎可以忽略不计，

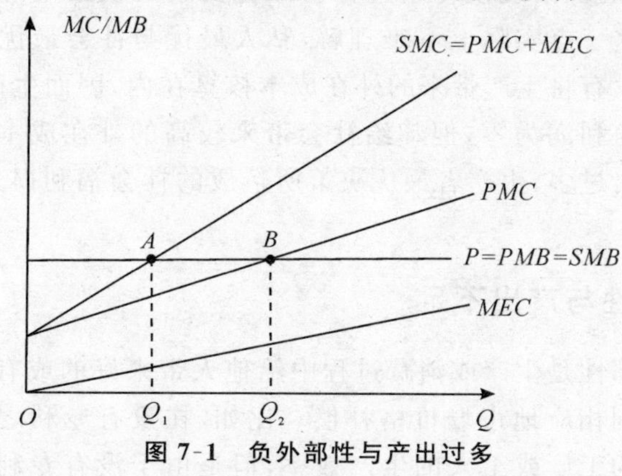

图 7-1　负外部性与产出过多

但是随着污染数量的增加所造成的负面影响日趋严重。这样，上游厂商每生产一个单位的产品，“实际成本”应该由两个部分构成：第一部分是边际私人成本，体现为随产出增加的与生产相关的可变成本 PMC，另一部分是生产带来的社会损害 MEC。所以，当不存在协商谈判时，私人厂商根据利润最大化确定最优供给为 B 点，满足的条件是：$PMB=PMC$，即生产最后一个单位所带来的边际成本与边际收益相等，最优供给规模为 Q_2。

但是从社会角度看，如图 7-2 所示，生产第 Q_2 个单位产品时，生产的社会成本为 CQ_2，而收益仅仅为 BQ_2，所以，从社会角度看这个单位生产的边际成本超过收益不合算，损失为 BC。

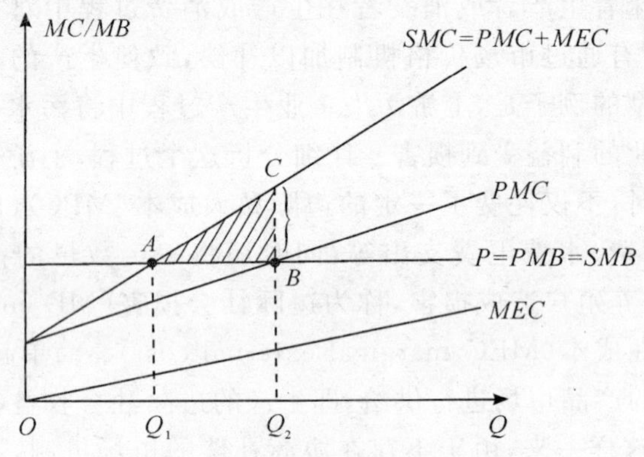

图 7-2　生产者最优和社会最优

实际上，不难发现，符合社会福利最大化的供给应该是 A 点，即实现最后一个单位的生产耗费的边际社会成本和边际社会收益相等，$SMC=SMB$，社会最优的供给量为 Q_1。所以在这个意义上，由于不存在协商交易，厂商根据私人最优进行生产的结果偏离了社会福利最大化的要求。具体来说，在负外部性情形下，私人自由决策的供给规模将超过社会最优要求的供给量，因而从社会角度看是产出过多。这一点实际上不难理解，私人最优与社会最优的不一致，关键在于生产厂商并没有将生产带来的外在成本核算在内，因而生产到最后一个单位从厂商角度看净利润为零，但却给社会带来较高的外在成本。同样的道理，负外部性导致产出过多，生产者最优决策所造成的社会福利损失为上图阴影三角形 ABC 的面积。

二、正外部性与产出不足

典型的正外部性是生产或消费过程中给他人带来好的或有益的影响，但是这种影响没有得到相应地市场价格补偿。比如，在没有专利之前，生产技术的改进提高了附近的工厂或工人的生产效率，但是由于没有专利费补贴，这种技术改进对邻近的生产存在正的溢出效应。再比如，疫苗接种时不仅本人感染传染病的概率下降，同时也不再可能将传染病传染给别人，因而对他人也有好处。值得注意的是，技术发明和疫苗接种成本都分别由个人承担，但是收益却是由个人和社会共同分享，因而不难预见正外部性将导致私人生产和消费的不足，偏离社会最优要求的供给量。

如图 7-3 所示，接种疫苗的私人收益 *PMB* 体现为右下倾斜的疫苗个人需求曲线，意味着疫苗接种数量增加，所带来的边际收益趋于递减。除了私人收益，每个疫苗接种实际上还带来一定的外在好处——边际外在收益 *MEB*，即疫苗不仅降低了接种者的疾病感染概率，同时也降低了他人的感染概率。不妨假定，边际外在收益 *MEB* 随着个人接种疫苗规模增加而增大，这符合疾病传播的基本规律——存在一定的网络效应，即接种疫苗人数越多他人感染疾病的可能性大幅度下降。当然，边际外在收益 *MEB* 在其他正外部性的情形中，也可能表现出不变甚至递减的增长率，但是，这对最终的分析结论不构成系统性的挑战。于是，这时候每单位疫苗接种的边际社会收益 *SMB* 应该等于边际私人收益加上边际外在收益，即 $SMB=PMB+MEB$。而疫苗接种成本由个人承担，因而边际私人成本 *PMC* 和边际社会成本 *SMC* 相等。

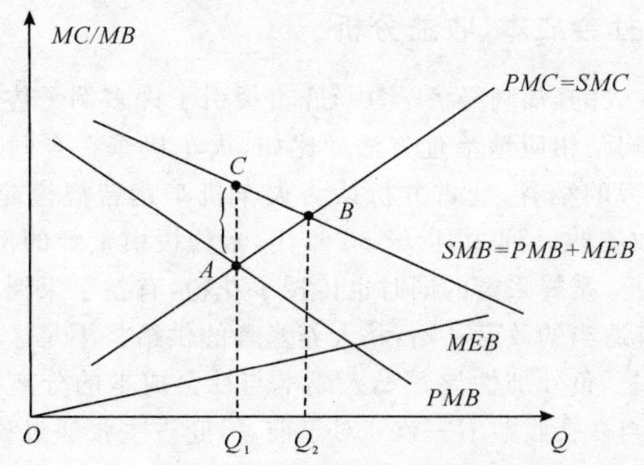

图 7-3　正外部性与产出不足

从图 7-3 可以看出，私人根据最后一个单位疫苗的边际私人成本等于边际私人收益决定疫苗接种的最优规模为 Q_1。但是从社会角度看，最优疫苗接种应该是最后一个单位的边际社会成本等于边际社会收益 $SMB=SMC$，即 *B* 点为社会最优，最优疫苗接种数量为 Q_2，显然 $Q_1<Q_2$。所以疫苗接种的正外部性将导致私人最优决策偏离社会最优，出现供给不足。事实上，这个结果并不难理解，疫苗接种成本个人承担，但是收益由私人和社会共同分担，于是私人接种疫苗的激励必定有所不足。粗略地看，这种激励不足造成的社会福利损失为三

角形 ABC 的面积。

第三节　外部性的治理理论

至少从英国经济学家西奇威克(Sidgwick)那里开始,外部经济问题所引起的经济资源配置扭曲就吸引了经济学界的注意。外部经济概念在马歇尔的著作中被进一步深化为外部经济和内部经济的区分,尔后到庇古 AC. 的《福利经济学》(1920),外部经济概念被转化成正、负外部性并由此广为流传,成为经典福利经济学和政府干预经济的逻辑起点。同时,庇古基于社会成本、社会收益的分析思路,以其直接、直观的政策建议"优势",在此后的经济学教育中代代相传、被广泛接受,成为外部性问题的经典分析框架。然而,庇古思路从 20 世纪 60 年代开始受到严峻挑战,最主要的缘起是科斯发表于 1960 年的《社会成本问题》一文。科斯的挑战,最终被芝加哥大学的经济学家斯蒂格勒(G. Stigler)概括为"科斯定理"闻名于世。现今,庇古思路和科斯定理已经成为外部性分析中并驾齐驱的两个分支,并且后者在理论上俨然已经成为新的主流。

一、庇古的社会成本、收益分析

在 1920 年发表的《福利经济学》中,庇古援引了许多例子佐证正、负外部性对资源配置的影响及相应地治理方法。比如,火车机车在乡间稻田中行驶,溅出的火星点燃两旁的稻谷,庇古分析认为火车机车运营规模超过社会最优水平,应该对其征收税收。到 20 世纪 50 年代,米德援引蜜蜂的例子对庇古思路做了进一步的发挥,蜜蜂采蜜的同时也传授了花粉,有益于果树种植者,因而存在正外部性,没有适当的政府补贴,私人养蜂者的供给将不足。概括起来,庇古思路的核心逻辑是,负外部性导致私人成本与社会成本的分离,而正外部性的结果是私人收益与社会收益不一致。对于前者,庇古主张通过税收调整降低私人供给,即著名的"庇古税",而对于后者,庇古认为应该通过补贴激励纠正私人供给不足。

(一)负外部性与庇古税

仍旧以上游纺织品生产商排放污水,对下游渔民捕鱼造成负面影响为例。上游纺织品生产商生产时,一方面耗费了私人成本,即每生产一个单位产品需要耗费企业的原材料、工人工资等可变成本,这个庇古称为边际私人成本(PMC);另一方面生产的负外部性意味着,每生产一个单位产品同时给下游渔民造成一定的损失或边际外在成本(MEC),所以,综合起来对整个社会而言生产该单位产品,边际社会成本(SMC)应该是边际私人成本加上边际外在成本,

即 $SMC = PMC + MEC$。厂商供给的最优条件是，最后一个单位的私人边际成本等于私人边际收益即 $PMC = PMB$，但是，这个单位的生产从整个社会角度看"得不偿失"，边际社会收益不足以弥补边际社会成本。因而，如下图 7-4 所示，厂商最优均衡 A 点的产出水平显著高于社会最优 B 点的供给规模。

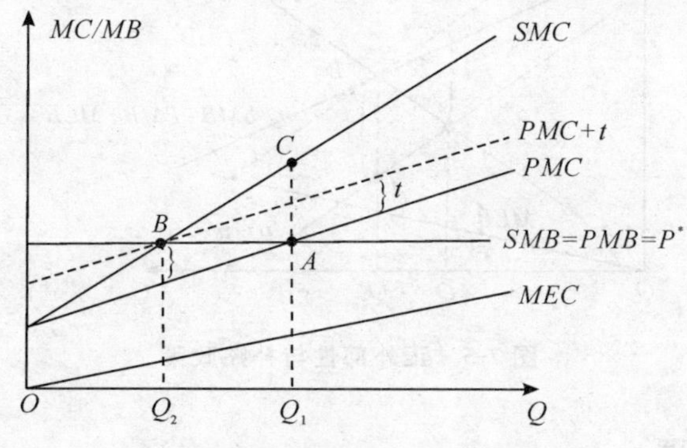

图 7-4　负外部性与庇古税

根据前面的分析，负外部性问题的关键在于私人成本与社会成本的分离，因而政府作为社会利益的集中代表，应该通过税收手段纠正这种"市场失灵"，即实现产出从 Q_1 降低到 Q_2。具体的，庇古认为应该征收 t 单位税收，使得私人边际成本曲线 PMC 刚好上升到和私人边际收益相交于 B 点，私人最优和社会最优的供给量重合。税收 t 一般也称为"庇古税"，其大小应该为社会最优的供给水平 Q_2 下的边际外在成本（MEC）的大小。实际上，"庇古税"的逻辑相当清晰，也符合一般的直觉推理：制造负外部性的企业必须承担相应地外部性治理成本；可以通过税收手段让企业将造成的负外部性影响内部化，即综合考虑生产对社会的影响，进而有望实现私人最优向社会最优的要求靠拢。

（二）正外部性与补贴政策

和负外部性正好相反，正外部性情形中，比如接种疫苗，私人从中获得的收益为私人收益（PMB），但是，由于存在正外部性，私人生产获益的同时对周围的人也带来一定的收益。因而，每单位疫苗接种时整个社会的边际收益（SMB），应该由边际私人收益（PMB）和边际外在收益（MEB）共同构成。由于接种疫苗的成本由私人承担，因而这时候私人接种疫苗的激励低于社会最优要求的规模。根据庇古的思路，这种情形下应该对私人进行补贴，使私人最优逐渐接近社会最优。如下图 7-5 所示，消费者最优应满足最后一个单位疫苗接种的边际成本等于边际收益，即消费量为 Q_1；而从社会福利最大化看，最佳产量应该是 Q_2，因而，政府应该对消费者进行补贴，补贴大小 t 为供给量为 Q_2 时边际社会收益（SMB）与边际私人收益（PMB）的差额。每单位生产补贴 t，将使边际私人收益曲线 PMB 垂直向上移动 t 单位，最终私人最优供给量与社会最优供

给量重合均为 Q_2。

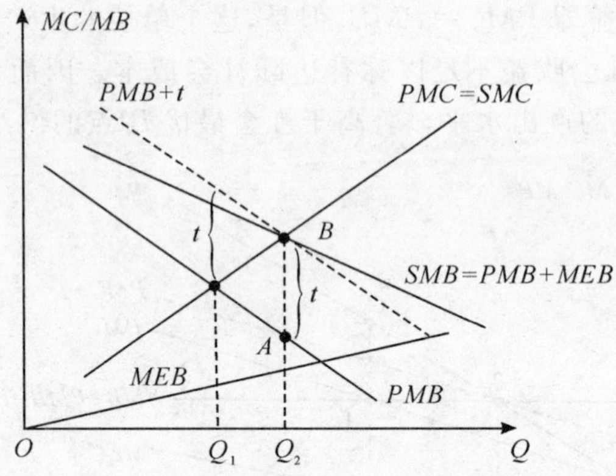

图 7-5 正外部性与补贴政策

二、科斯定理

专栏 7-1 罗纳德·H. 科斯

罗纳德·H. 科斯(Ronald H. Coase)(1910—),1910 年 12 月 29 日出生于英国伦敦近郊。1929 年进入伦敦经济学院学习商科,1930 年恰巧普兰特到伦敦经济学院执教,科斯开始跟随他学习经济学,并在普兰特的影响下,对经济学尤其是产业组织理论产生了兴趣。随后,科斯获得伦敦大学 1931—1932 年的卡塞尔爵士游学奖学金到美国游学一年。年轻的科斯将在美国的大部分时间,都用于到工厂做实际调查,相反只在芝加哥大学旁听了弗兰克·奈特一两次课。最后,基于这次美国的调查经历,科斯形成了有关企业性质的初步想法,并于 1932 年左右写成文章"企业性质",1937 年发表于英国的《经济学》杂志。这篇文章和 1960 年的"社会成本问题"一文,共同开创了交易费用与产权分析进路,被视为是新制度经济学与法经济学的里程碑式作品,也由于这两篇论文的突出贡献,科斯于 1991 年荣获诺贝尔经济学奖。代表作:《英国的广播:垄断的研究》、《厂商、市场与法律》、《经济学与经济学家论文集》。

如上所述,庇古基于社会成本收益与私人成本收益比较的分析,逻辑异常清晰简单,尤为重要的是,相应地政策启示亦直观异常:对负外部性征税,相反补贴正外部性。因而,这种理论在很长一段时间里面,为政府介入公共经济管理提供了标准注解。然而,这种情况在 20 世纪 60 年代开始受到批评和挑战,起因是罗纳德·科斯于 1959 年发表了题为《联邦通讯委员会》的文章。该文结尾部分批评了庇古的外部性思路，科斯指出庇古的分析逻辑上没有问题，但是没有抓住外部性问题的本质。当时的芝加哥大学经济系，社会成本收益分析范式已然深入人心，于是，该论文的评审人一致认定科斯误解了庇古，要求文章结尾部分删改后发表。然而科斯坚持己见，最终芝加哥大学《法与经济学杂志》(Journal of Law and Economics)编辑部与其达成的妥协是，原文一字不改发表，但是科斯必须亲自到芝加哥大学做出说明。

1960年的某个下午，科斯与芝加哥大学当时的诸多名家，包括哈伯格、弗里德曼、斯蒂格勒、刘易斯等，就科斯的观点和庇古思路进行了激烈的辩论，最后在弗里德曼的帮助下，科斯说服了所有在场的经济学家。事后，芝加哥的经济学家们约请科斯将其理论更为系统地表述出来，这就有了后来发表在1960年《法与经济学杂志》上的《社会成本问题》一文。这篇文章提出了后来被斯蒂格勒概括为"科斯定理"的外部性的产权进路。值得一提的是，此后该文也成为新制度经济学、法与经济学等经济学分支的开山之作。

科斯在《社会成本问题》开篇指出，外部性问题具有普遍的侵权特征，问题的关键不在于A损害B或者B损害A，相反应该是个相互选择问题，即允许A损害B还是B损害A。以上游纺织品生产商排放污水致使下游渔民受损为例，按照科斯的逻辑，从传统外部性思路出发，采取税收手段限制上游厂商的生产，实际上也对上游纺织品厂商造成了损害。所以，在科斯看来，外部性问题的本质上是相互的，应该问的问题是从资源最大化利用的角度看，我们应该允许A损害B或者B损害A。接着，科斯用著名的走失的牛群损害邻人的稻谷为例，阐述外部性问题的产权逻辑，即后来的"科斯定理"——交易成本为零，初始产权安排不改变资源的帕累托最优配置。

根据张五常的解释，科斯定理通俗地讲就是，产权不论属于养牛者还是种稻谷的农场主，只要交易成本足够低，最终隔离牛群和稻谷种植的栈栏位置应相同。换句话说，这也意味着交易成本较低的情况下，通过谈判实现的资源配置的私人最优与社会最优应当一致。进一步，换成上游纺织品生产商与下游渔民的例子，科斯定理意味着，不论生产商拥有往江里排放污水的权利，还是渔民有在不被损害的清洁河流捕鱼的权利，最终谈判的结果均能实现相同的资源配置的帕累托最优。以下分别对这两种产权配置情况下的资源配置进行讨论。

(一)上游纺织品生产商拥有排污权

如果上游纺织品生产商拥有排污权，那么不存在谈判的情形下，上游厂商将根据最后一个单位的边际成本(MC)等于边际收益(MR)确定最优供给量为Q_2。此时，最后一个单位的供给给厂商带来的利润增加为零，但是给下游渔民造成的损害高达BC。于是，如果谈判成本较低，就最后这个单位产品的生产，上游的纺织商和下游的捕鱼者可能进行谈判；对下游的捕鱼者而言，他们可以联合起来“贿赂”或“游说”上游厂商减少这个单位的产量，只要“贿赂”的支付小于等于 BC 的距离，那么下游渔民的福利都将得到改善；相反，对上游的纺织品生产商来说，最后一个单位产出创造的利润边际为零，只要下游渔民愿意支付的“贿赂”好处大于等于零，纺织品生产商的福利也将得到改善。因而，上游纺织品生产商和下游渔民之间可以通过谈判，实现两者福利的帕累托改进。具体而言，两者谈判的福利总改善为 BC，任何 0 与 BC 之间的支付，理论上纺织品生产商和渔民都可以接受，进而该单位产品将不再供给。

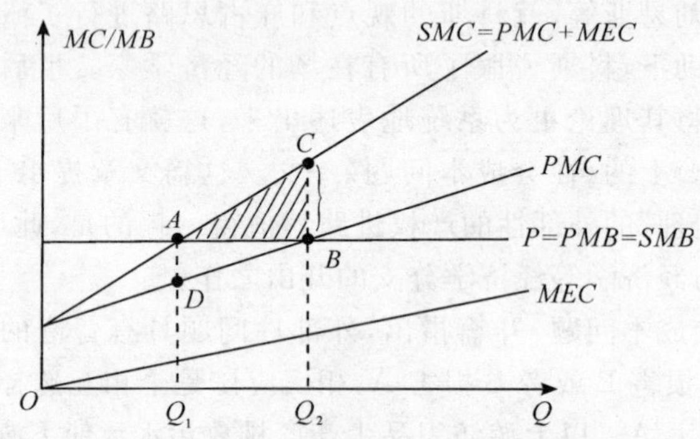

图 7-6　上游纺织品生产商拥有排污权

类似的，只要谈判成本较低，从 B 点到 A 点之间的任意一个产出同样都存在谈判的可能，上游厂商和下游渔民之间合作谈判的剩余，应该是私人边际收益曲线（PMB）和边际社会成本线（SMC）之间的距离，而减少供给给上游生产商带来的利润损失仅仅是私人收益线 PMB 和私人边际成本之间的距离，并且在 A 点以右的区域，前者均大于后者。也就是说，二者的谈判将可以实现从 B 点移动到 A 点，供给由原来的 Q_2 减少到社会最优水平 Q_1。不难看出，当沿着 BA 谈判到 A 点时，此时第 Q_1 个单位产出给纺织品商带来的利润边际，为 A 点到 PMC 之间的竖直距离 AD，于是不生产这个单位产品，纺织品生产商必须至少得到 AD 的补偿；而下游渔民为消除这个单位产出的影响，愿意支付的代价最多应该也是生产的边际外在成本即为 AD；另外，A 点往左的区域，即供给继续减少，纺织品生产商最小需要得到的补偿，将超过渔民最多愿意提供的“贿赂”，因而不再存在谈判互利的机会。

综上所述，谈判成本较小时，上游厂商拥有排放污水的权利，那么下游渔民可以通过联合“贿赂”上游厂商，实现供给从 B 点移动到 A 点，最终谈判的结果是私人最优与社会最优是一致的。这个谈判过程中，上游厂商最小愿意接受的总补偿应该为三角形 ABD 的面积，而为纺织品供给的减少，下游渔民最多愿意的贿赂支付为四边形 $ADBC$ 的面积，因而三角形 ABC 为二者可以合作谈判的剩余租金，其分割取决于二者的相对谈判能力的大小。

(二)下游渔民拥有产权

下游渔民拥有产权时,情况正好相反。如果不存在协商谈判,那么上游生产商将无法进行生产,因为下游渔民将选择 E 点,即上游生产商的边际外在成本必须为零。由图 7-7 可知,当生产规模接近零时,上游生产商排放的污水对下游渔民的影响很有限,即边际外在成本(MEC)很小。然而,此时上游纺织品利润受到的影响很大。具体的,如果谈判成本较低,上游纺织品生产商,将可能"贿赂"下游渔民让其排放污水,只要这个支付超过渔民从纺织品生产中遭受的损害。从图 7-7 亦不难看出,第一个单位产品的生产给纺织品生产商带来的利润边际为 EF 的距离,而这个单位的生产给下游渔民带来的边际外在成本几乎为零。因而,对上游纺织品生产商而言,只要"贿赂"下游渔民的支出,小于等于生产该单位产品所得的利润边际 EF,谈判都将带来福利改进;而对于下游的渔民而言,只要所得到的报酬超过该单位生产的边际外在成本,即边际社会成本(SMC)与边际私人成本(PMC)之间的差额,那么让厂商排放污水也将对渔民群体的福利状况有所改善。

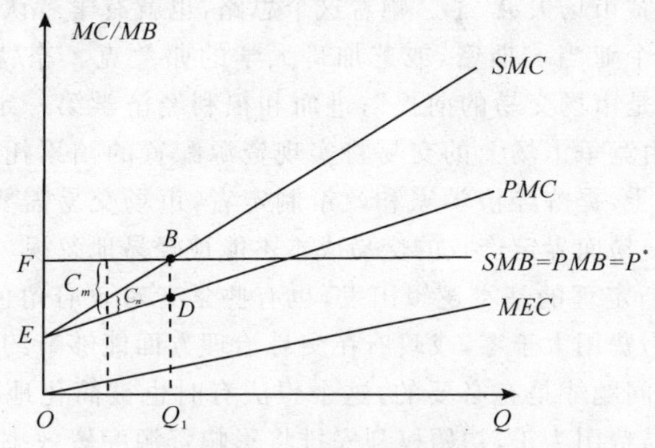

图 7-7　下游企业拥有产权

具体来说,图 7-7 表明任取 0 到 Q_1 之间的一个产出单位,如图 C_m 是生产这一单位产品给厂商带来的利润增加,而同时该单位产品给下游渔民带来的边际损害为 C_n,因而,如果谈判成本较低,任何介于 C_m 与 C_n 之间的上游纺织商对渔民的支付,都将使两者同时实现福利的帕累托改进,进而这单位的产品可以生产。同理,沿着 FB 谈判到 B 点时,第 Q_1 个单位的产品生产给纺织商带来的利润边际为 BD,于是,为生产该单位产品纺织商愿意支付给下游渔民的"贿赂"最多为 BD;相反,第 Q_1 个单位产品给下游渔民带来的边际损害亦为 BD,所以其要求得到的补偿应该至少为 BD。而 B 点在往右的区域,厂商生产得到的利润边际改进额度,即其最大愿意支付给下游渔民的"贿赂",将小于产出给渔民带来的边际损害,故此时两者之间不再存在谈判增加彼此福利的可能。因而，初始产权为渔民所有时，如果谈判成本较小，谈判的结果同样是私人生产最优和社会生产最优的重合。不难看出，这个谈判过程中，谈判的合作剩余应该为三角形 BEF 的面积，下游渔民最小愿意得到的补偿为三角形 BED 的面积。

(三)谈判成本及其他影响交易的因素

以上分析表明，产权不论属于上游纺织品生产商还是下游渔民，只要谈判成本足够小，私人之间的谈判结果均能实现私人最优与社会最优一致。换句话说，谈判成本或交易成本较低时，私人成本与社会成本以及私人收益与社会收益之间并不存在不一致或分离。所以，在这个意义上，科斯认为社会成本和社会收益的概念有问题不无道理，问题的关键不在于私人与社会的分离与否，而应该是界定产权的交易成本的大小。另外，和"庇古税"的思路不同，按照科斯定理的逻辑，外部性的首要问题在于产权界定，所以，"外部性"并不能证明"市场失灵"或"市场失败"(market failure)，或者政府必须在这种情形中站出来弥补市场不足；相反，外部性的真实内涵应该是，交易成本较高导致一部分资源被放置于巴泽尔意义上的公共领域(public domain)之中，这时候市场交易无从谈起，当然也无所谓"市场失灵"了。顺着这个思路，也就有学者认为，科斯定理无非重新阐述了一个亚当·斯密，或芝加哥大学的弗兰克·奈特早就提出的命题，即"权利安排是市场交易的前提"；进而和福利经济学第一定理所讲述的基本逻辑类似，自由竞争市场上的交易将实现资源配置的帕累托最优，科斯无非是往前再走了一步，提醒经济学家和政策制定者，市场交易需要有产权界定为前提，并且为了交易而界定产权的交易成本不能被轻易地忽视。

其次，从科斯定理的基本逻辑出发，也有些学者对政府角色做了这样的引申，即只有当交易费用大于零，或政府在交易治理方面能够节约一定的成本时，政府介入外部性问题才是有必要的，这个想法有时也被简化地表述为"科斯第二定理"，即"交易费用为正，初始权利安排将影响资源配置效率"。沿着这个思路下来的研究，通常也被视为交易治理或合约治理进路，主张从互补性而不是互替性角度理解政府与市场的二元关系。也就是说，政府和市场都可能只是交易治理的一种方式，根据威廉姆森的交易治理原则，政府可能在某些合约治理相对于市场存在优势，而其他一些交易治理可能适合以企业或市场的形式进行。再者，这个意义上，政府作为一个组织及其行为，实际上应该也可以被理解为节约交易成本的一种合约安排，而政府相关的公共职能，比如司法或公共产品供给，无非是在进行这类交易时可能有规模收益优势。

最后，值得注意的是，"科斯定理"假设交易费用为零，从一开始就受到不少经济学家的"诟病"。事实上，现实中绝大多数时候交易成本不菲，甚至许多情形中高昂的交易成本或复杂的交易成本分摊，可能使对双方都有利的交易无法进行。这样看来，一个很值得思考的话题就是，交易费用或以上提到的谈判成本受哪些因素的影响，进而这些影响是否对科斯定理构成挑战或冲击？可以想象，一旦交易稀缺即交易谈判成本较高，谈判合作的剩余小于谈判耗费的交易成本，则谈判将无法实现资源配置的帕累托改进；另外，如果谈判成本无法在受益群体成员之间进行适当的分摊、分配，则由于集体行动固有的“搭便车”难题，帕累托改进式公共政策同样很难启动。

结合前面的例子，渔民和纺织商通过谈判实现的合作剩余中的一块，必须有一部分用于支付谈判所需的成本。所以，如果二者合作剩余小于双方谈判的交易成本，那么私人谈判结果将无法达到社会最优水平。再者，如果下游渔民群体由许多匀质个体组成，或者上游纺织品生产商生产规模接近，那么不难证明“搭便车”行为将使得集体谈判尤其困难。最后，当谈判越接近末端时，即按照某个公共选择规则达到临界的人数规模，新增加一个成员的同意，对群体合约的达成的边际影响越来越重要，那么，为了攫取这部分延后签约的超额租金，一些谈判成员将总想着到最后一个签约，这样一来，对延后签约超额租金的追求，也将使得群体协议达成较为困难。类似的道理，在近年拆迁问题中的“钉子户”现象里有所体现。

综上所述，相比庇古思路强调政府对“市场失灵”的弥补，科斯定理实际上着眼于如下事实：任何合约交易都必须耗费成本，而市场是交易成本耗费相对节约的一种交易组织或治理方式，因而，外部性问题的解决应重在重新发现市场，政府在其中的职能应侧重于产权界定，降低谈判的交易费用、弥补谈判不足或降低谈判破裂带来的社会福利损失，而不是单纯的取代市场的资源配置功能。

第四节 外部性的治理与矫正

理论上，外部性治理有两个逻辑分支：第一是经典的社会成本——收益分析框架，强调政府在弥补市场不足中的积极控制职能；第二个是科斯定理，强调市场在资源配置中的效率地位，主张外部性相关的公共政策应侧重于产权界定、重新发现市场。实践中，由以上两种理论思路，分别创生、演变出不同的政策主张，在不同国家和地区的外部性治理中发挥了重要的理论指导。迄今为止，比较有代表性的外部性治理实践，大致可以归纳为以下两大类：直接政府控制、规制型政策和基于市场交易的治理政策。简单地说，这两类外部性治理方式的分歧主要体现在市场和政府角色的相对定位上：前者主张以政府管制为主，后者则强调市场在资源配置中不可动摇的核心作用。然而，必须指出的是，外部性和污染治理的公共政策实践中，并不存在理论逻辑推演预设的绝然两分的政府和市场。事实上，成功的外部性治理的政策设计，更多的是综合了不同交易治理方式的成本优势、监督执行差异以及技术创新激励的结果。

在详细展开外部性或污染的治理方案时，有必要澄清一个似是而非的观点，即企业或个人的行为不应该引发负外部性，外部性治理必须尽可能降低对社会不利的外部性的规模。事实上，从前面的分析我们知道，外部性的典型特征是私人成本与社会成本的分离，或者私人收益与社会收益的不一致，分散的个人决策将对资源配置有扭曲效应。但是，值得注意的是，外部性治理同样需要耗费稀缺的社会资源，比如生产供给减少所带来的利润损失以及公共部门的执法支出。因而，外部性治理的关键不在于尽可能降低外部性规模，而应该是从社会福利最大化出发，选择最合适的外部性水平。

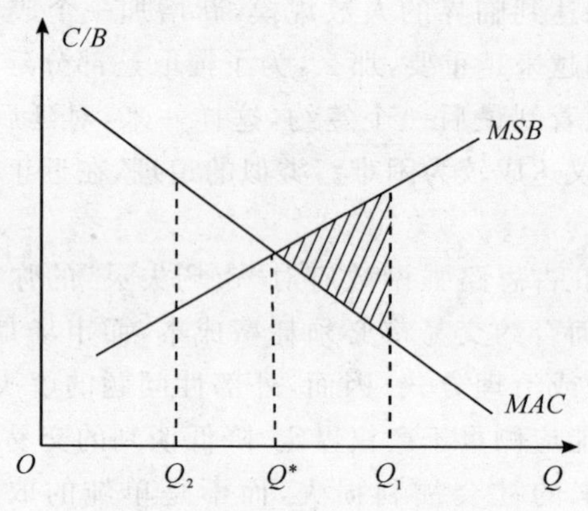

图 7-8　最优外部性治理水平

上图横轴代表污染的治理规模，MAC 是清除污染的边际成本，随着污染清除规模越来越大所需要的边际清除成本趋于递增，这符合一般的污染治理规律：开始时单位的污染治理可能只要求生产原材料或生产车间的清洁即可；随着污染清除规模增加，后续单位的污染治理需要引进先进的机器设备才能实现。MSB 代表清除污染的边际社会收益，当污染规模很低时清除一个单位污染给社会带来的边际收益很小，相反污染规模较大时，清除污染带来的社会收益趋于增加。权衡清除污染的边际成本与边际收益，最优的污染治理水平应该是 Q^*，即此前的污染治理都能满足边际社会收益超过边际清除成本，社会总福利水平改进；而 Q^* 之后的污染治理，从社会福利角度看并不合适，因为此时边际清除成本 MAC 超过了治理污染的边际社会收益 MSB，因而这种情形下的污染治理是过度了。从这个简单的例子，我们不难看出外部性治理的基本逻辑实际上是如何设计相应地成本收益激励，使得私人生产最优决策与社会福利最大化的污染水平相一致。

一、直接行政控制

直接行政控制或规制型(direct control or regulation)政策的基本特征是，政府通过行政法律手段，对生产负外部性的企业的生产过程或生产结果，进行强制性规定和调整。具体做法包括：基于生产绩效的管制(performance-based regulation)，比如规定排放标准和投入管制(input regulation)，即对生产过程中的投入品、生产程序和生产技术进行规定。常见的直接政府管制例子包括：公共场所禁止吸烟，规定有毒废弃物的处理标准，要求营运的出租车采用统一的尾气净化装置等。一般认为，直接管制的最大优势在于，外部性治理的结果较为确定，明显存在的不足则是治理成本往往偏高并没有达到最小化。

以污染治理为例，典型的直接政府管制是规定一个排放标准，任何超过这个排放规模的企业将被处以罚款或起诉。如果监督企业排放污染的成本较低，则将排放标准定为 Q^* 可以实现最优的污染治理水平。

但是，这种直接控制的做法，对所有企业制定“一刀切”的统一标准，典型弊端在于：一方面将导致“底线赛跑效应”，即所有企业没有受激励进一步改进污染治理的技术，相反都尽可能耗尽政府规定的排放标准。因而这种直接控制型的外部性治理，企业层面分散的技术创新激励较小；另一方面，如果企业生产函数或治理污染的成本存在差异，“一刀切”的做法还将使技术领先的企业污染治理不足，相反技术落后的企业污染治理过度。如下图 7-10 所示，两个企业的污染治理成本存在差异，第一个企业技术较为先进，边际污染治理成本较低，相反第二个企业技术落后，边际污染治理成本较高。如果排放标准为 14 个单位，即每个企业被允许排放 7 个单位的污染，则最后一个单位的污染治理，第二个企业需要耗费相当高的边际清除成本，相反第一个企业边际清除成本要小得多，因而，这一个单位污染治理从第二个企业转移到第一个企业，将降低污染治理的总成本。

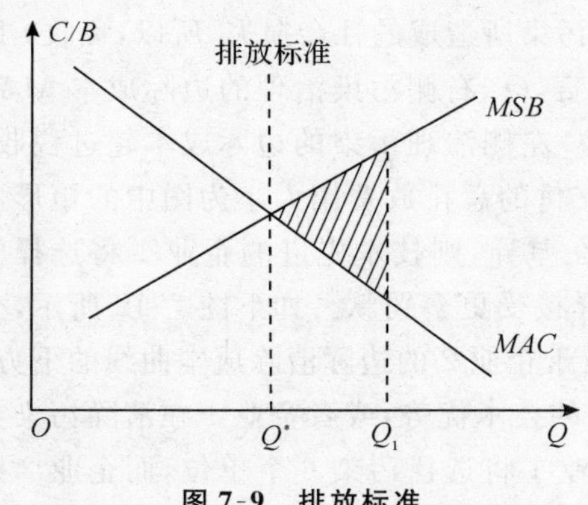

图 7-9　排放标准

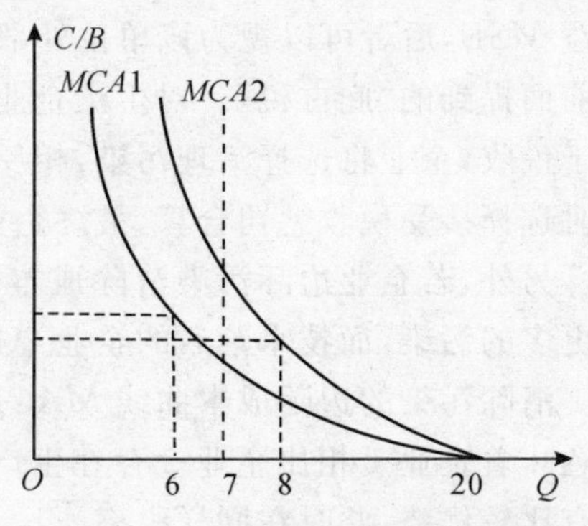

图 7-10　边际清除污染成本差异

二、基于市场交易的外部性治理

与直接的政府控制或行政管制不同，基于市场交易的外部性治理，强调价格机制对企业的激励效应，主张通过市场价格调节引导企业的生产决策与社会最优的污染治理水平实现一致。现实中，这种外部性治理思路的典型做法有两种：第一种是排放费用；第二种是许可证交易制度。

(一)排放费用

排放费用的基本逻辑是“庇古税”，即对企业每排放一个单位的污染征收一定的矫正性税收。这样，政府只需设定一个税收水平，每个企业将自动根据自身污染治理成本，与接受税收惩罚之间进行权衡，确定最优的污染治理水平。当然，在具体操作中，如何找到合适的税率以保证社会最优的污染治理水平，也是一个值得思考的问题。一般认为可以通过模拟市场的“试错法(try and error)”发现均衡最优税率。这种想法背后的基本逻辑较为简单，如果所有企业加总的污染治理水平或排放规模超过既定的排放标准，则需要提高税收水平；反之则相反。可以想象，相比排放标准，排放费用明显的优势是污染治理的总成本较低，因为税收可以视为是对污染治理的定价，技术较落后的企业选择少治理污染，多接受税收惩罚；而技术先进的企业则相反多治理污染，少接受税收惩罚。最终每个企业都将根据最后一个单位的污染清除成本与税收相等，确定最优的污染清除规模，实现治理污染的总成本最小化。另外，相比排放标准，排放费用税收调节方式的优势还在于，激励企业进行污染治理技术相关的研发以减少税收惩罚。进一步来说，如果监管者对企业生产函数特征掌握一定的信息，比如，清楚企业生产过程中产出水平与污染排放之间的关系，那么这种污染治理思路的监督成本相比较排放标准应该也有优势。

如图7-11所示，对于Q^*的社会最优排放水平，可以通过征收税收t加以实现。值得注意的是，税收t的大小正好等于污染治理水平Q^*时的边际社会收益MSB，后者可以视为该单位外部性污染所造成的社会损失，所以，税收t即为前面提到的“庇古税”。对生产企业而言，Q^*右侧污染治理的边际成本MAC小于税收，企业将选择治理污染，相反，Q^*左侧治理污染的边际成本超过税收，这时选择接受税收惩罚合算，最终企业支付的总排放费用大小为图中的矩形面积。另外，若企业边际污染清除成本存在差异，则技术先进的企业1将选择治理更多的污染，而技术落后的企业2选择接受更多罚款。如下图7-12所示，企业1清除污染的边际成本曲线$MAC1$位于企业2的边际清除成本曲线的下方，这意味着企业1相比企业2存在生产上的技术优势，或者企业1在清除污染方面有比较优势，此时在同样税率t下，企业1将选择污染6个单位，而企业2则选择污染8个单位。总之，最终两个企业治理污染都将满足最后一个单位的污染治理的边际成本等于边际税收。

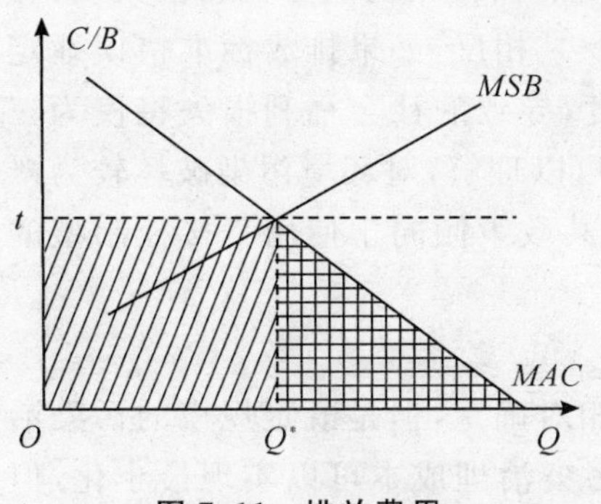

图 7-11　排放费用

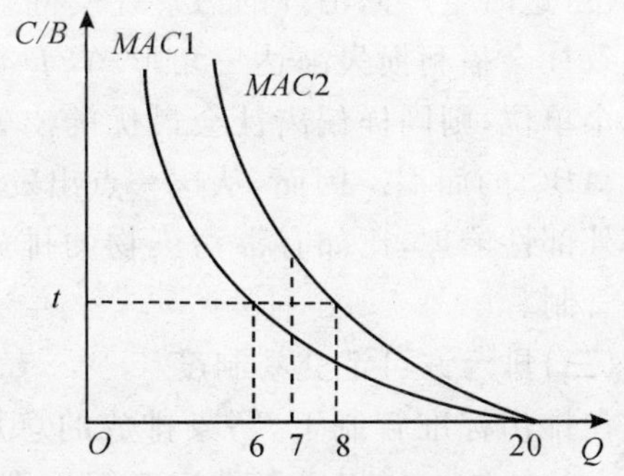

图 7-12　企业根据最后一单位的边际清除成本与税收相等确定最优污染水平

(二)排放标准与排放费用的比较

相比直接行政控制的排污标准，排污费用引入价格激励机制，企业分散的污染治理决策能够实现污染治理成本最小化，同时对企业层面的污染治理技术创新也有一定的激励。但是，排放费用同样存在不足，典型的缺点就是总污染排放总量不确定，并且这种不确定所导致的政策错误制定的成本可能很高。因为在排放费用规则下，环境治理部门设定一定的矫正税率，税率提高将使企业治理更多的污染，但是，对既定税率下企业排放的结果并无确定信息。于是，值得注意的是，如果企业污染治理水平对税收的弹性较敏感，同时污染的边际社会损失较大，则在排污费用政策下，排放结果的不确定所引发的出错成本将可能很大。如下图 7-13 所示，容易知道最佳污染排放标准为 7 个单位，简单规定排放标准为 7 个单位可以满足这一要求，另外，征收 7 个单位的税收同样可以

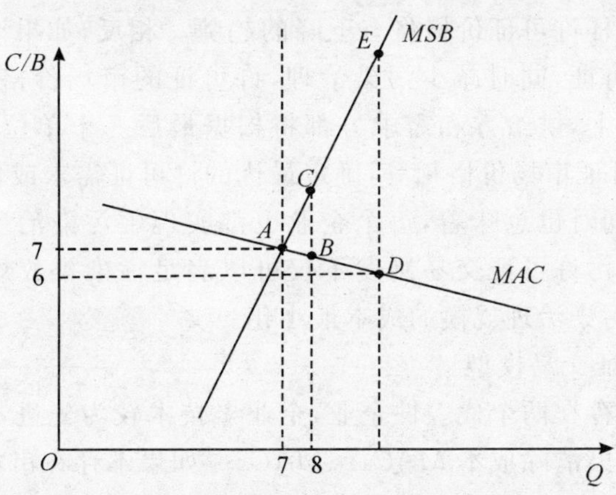

图 7-13　排污费用与排污标准的出错成本比较

实现相同的结果。但是，在实施排放费用的时候，如果征收的税收错误地定为6个单位，这时生产商治理的污染规模将急剧降低，而污染的边际社会损失较大，这导致社会福利损失高达三角形 AED 的面积。相反，如果排放标准错误地定为8个单位，则同样偏离社会最优的出错程度，导致的社会福利损失将仅为三角形 ABC 的面积。因而，从这一点出发我们可以理解，对环境污染破坏较为严重的外部性治理，比如有毒污染物的排放，公共政策倾向于使用直接控制型的政府管制。

(三)排污许可证交易制度

在排污标准管制下，污染排放的总规模相对确定，但是既定规模的污染治理成本往往较大。相反在排污费用规则下，污染治理成本可以实现最小化，但是最优税收水平及总排放规模的确定成为难题。于是，一个很自然的问题就是，是否存在某种制度设计能够综合排放标准和排放费用二者的优点？发端于20世纪70年代的排污许可证交易制度，正是这个方向上的一个可能的选择。值得指出的是，近年排污许可证交易制度，在各国的环境公共政策实践中应用日益广泛，被视为是迄今为止外部性治理最为成功的经济学贡献之一。

1. 排污许可证交易制度的基本特征

一个典型的排污许可证交易具有如下三个方面特征：第一，每个单位的污染排放必须获得相应地许可证；第二，每个企业在初始阶段可以免费获得一定数量的排污许可证，许可证的总量为设定的最优排放规模；第三，排污许可证可以按照一定的市场价格，在企业之间的许可证市场进行交易。于是，在排污许可证制度下，排放污染的规模可以确定，即按照所需的污染治理规模和环境容量，发放许可证总量。这时候每个生产商将权衡许可证价格与清除污染的边际成本，如果许可证价格较高，企业倾向于多治理污染少购买许可证或者在市场上出售许可证，这样许可证价格将有下降的趋势。相反，如果许可证价格较低，则企业将买入许可证，同时减少污染治理，许可证的市场价格将趋于上升。最终，在许可证市场上，供给方和需求方都将根据最后一个单位污染清除的边际成本 MAC 与许可证市场价格相等，确定最优的许可证需求或供给水平，这样许可证市场出清的同时也意味着，每个企业也都实现了污染治理的成本最小化。在这个意义上，排污许可证交易制度不仅可以满足污染排放规模的确定性，同时又能实现既定污染治理规模的成本最小化。

2. 基本许可证交易模型

典型的，假定存在两个代表性企业，企业1技术较为先进，企业2技术相对落后，于是边际污染清除成本 $MAC1<MAC2$。如果不存在市场监管，企业自由生产最多排放的污染规模为 $\bar{X}$。初始阶段监管部门给每个企业发放均等数量的许可证 $\hat{X}$，两个企业选择的污染治理水平分别为 a_1 和 a_2，市场上许可证价格

为 p。简单起见,假定许可证市场是一个完全竞争市场。因而,如果 $\bar{X}-a_1>\hat{X}$,则企业必须买入许可证;相反,如果 $\bar{X}-a_1<\hat{X}$,企业将卖出许可证。企业买入许可证的成本或者卖出许可证的收益可以表示为:

$$[(\bar{X}-a_1)-\hat{X}]\times p$$

不难想象,许可证价格高的时候,企业将尽可能多治理污染同时卖出许可证;相反,许可证价格较低时,少治理污染多买入许可证。但是,企业最多卖出的许可证规模不能超过 $\bar{X}$,即这时候许可证价格高到一定的程度,企业选择自己治理所有的污染水平,卖出所有的许可证。所以综上所述,企业对许可证的需求可以表示为许可证价格的函数,显然许可证价格与许可证需求之间是反向变动关系。如下图 7-14 所示,纵轴为许可证市场价格,横轴代表企业对许可证的额外需求:当许可证价格为零时,企业自己将不治理污染,从市场上买入的许可证规模为最大排放污染水平与初始许可证数量的差额,即$(\bar{X}-\hat{X})$;当许可证价格高到一定程度,企业将自己治理所有污染,在市场上出卖所有持有的许可证,即$-\hat{X}$。值得注意的是,许可证价格低时,企业是许可证的需求者,而许可证价格高时,负的许可证需求恰好可以表示此时企业是许可证的供给者。所以最终企业的许可证需求实际上由一个分段函数构成,低于卖出所有许可证价格的阶段是一个右下倾斜的需求曲线,高于临界价格后变成一垂直向上的直线,这个阶段企业许可证的需求对价格完全没有弹性。

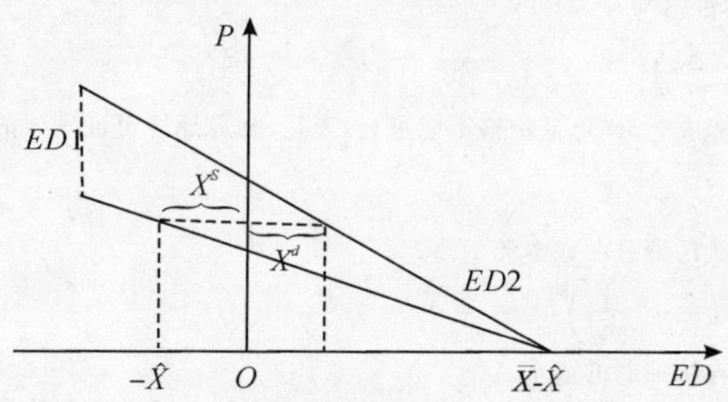

图 7-14 企业的许可证需求曲线与内点解均衡

于是,存在两种可能的均衡情况:第一,如上图 7-14 所示,当许可证市场价格低于企业 1 卖出所有许可证的临界价格水平时,即监管部门发放的许可证水平适中,内点解均衡意味着存在某个价格水平,企业 1 供给的许可证 X^s 刚好等于企业 2 愿意买入的许可证规模 X^d,这时候,我们可以解出相应地均衡许可证交易数量和许可证在市场上的均衡价格;第二,当许可证市场价格超过企业 1 全部卖出许可证的临界价格,即初始发放的许可证规模较小,如图 7-15 所示,此时将出现角点均衡,企业 1 卖出的所有许可证等于企业 2 愿意买入的许可证规模，许可证市场出清。①值得注意的是，不论内点解均衡还是角点解均衡，企业1和企业2均根据最后一个单位的污染治理成本MAC等于许可证价格，确定最优的污染治理水平与许可证需求，因而均满足利润最大化或成本最小化条件。综上所述，许可证市场的供给需求决定了许可证出清价格，每个企业据此决策将能够实现外部性治理的成本最小化；同时污染规模受许可证发放水平控制，因而也可以像排污标准一样在事先确定下来。

3. 简单评价

值得指出的是，尽管排污许可证交易制度克服了排放标准和排放费用的缺

① 简单起见，假定企业 i 的污染治理成本函数可以表达为：$c_i=\left(\frac{m_i}{2}\right)(a_i)^2$，且 $m_1<m_2$，许可证的市场价格为 p，则企业治理污染的总成本可以表示为：$C_i=\left(\frac{m_i}{2}\right)(a_i)^2+p(\bar{x}-a_i-\hat{x})$，其中 $a_i\leqslant\bar{x}$，所以，对成本函数求解一阶条件，可以解出成本最小化企业的最优污染治理水平，进而根据 $[(\bar{x}-a)-\hat{x}]$，可以表达出企业 i 对许可证的需求，额外需求可以表达为：

$$ED=(\bar{x}-a_i{}^*)-\hat{x}=\begin{cases}\bar{x}-\hat{x}-p/m_i, & \text{if} \quad p<\bar{x}m_i\\ -\hat{x}, & \text{otherwise}\end{cases}$$

其中，$p<\bar{x}m_i$ 为卖出所有许可证的价格临界条件。进而，内点解的情况下，许可证市场的均衡条件是：$ED1+ED2=0$，意味着所有许可证出清：

$$2(\bar{x}-\hat{x})-p\left(\frac{1}{m_1}+\frac{1}{m_2}\right)=0$$

从上式可以解出均衡价格为：

$$p=2(\bar{x}-\hat{x})\left(\frac{1}{m_1}+\frac{1}{m_2}\right)^{-1}$$

另外，为了保证内点解成立，许可证价格不能过高，于是，相应地许可证发放的临界条件可以表达为：

$$\hat{x}>\bar{x}\left(\frac{m_2-m_1}{2m_2}\right)$$

这时候，两个企业消除污染总的成本耗费为：

$$c_1+c_2=2(\bar{x}-\hat{x})^2\left(\frac{1}{m_1}+\frac{1}{m_2}\right)^{-1}$$

显然，这个成本小于直接控制的成本。

进一步考虑角点解的情况。如图7-15所示，角点解只可能存在企业1卖出所有许可证，企业2买入所有许可证的情形，因而此时许可证市场出清意味着，$ED1+ED2=0$，可得：

$$\bar{x}-2\hat{x}-p\left(\frac{1}{m_2}\right)=0$$

同样，可以解得均衡许可证价格为：

$$p=m_2(\bar{x}-2\hat{x})$$

许可证发放的临界条件为：

$$\hat{x}\leqslant\bar{x}\left(\frac{m_2-m_1}{2m_2}\right)$$

两个厂商总的污染清除成本可以表示为：

$$c_1+c_2=\left(\frac{m_1}{2}\right)\bar{x}^2+\left(\frac{m_2}{2}\right)(\bar{x}-2\hat{x})^2$$

同样，这个清除成本也是小于直接控制的总成本。更详细的证明思路，可以参考约翰·利奇：《公共经济学教程》，上海财经大学出版社2005年版。

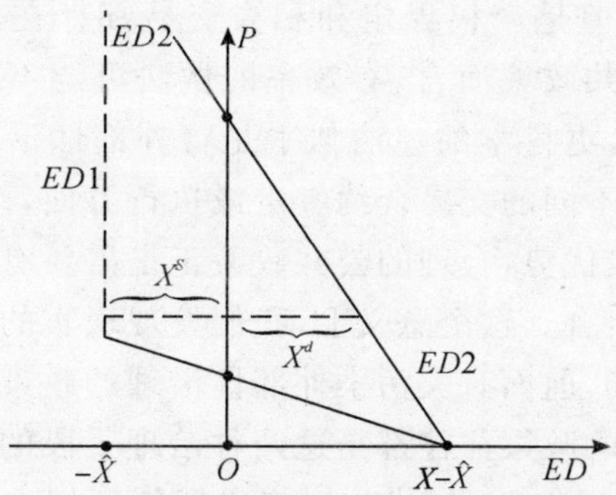

图 7-15　许可证发放规模较小与角点解均衡

点，但是这项制度在运作当中同样存在一些不足。经常提到的排污许可证的不足，包括以下两点：第一，初始许可证的分配问题，平均分配许可证还是根据生产技术条件分配，经常引发了有关公平与效率的争论；第二，许可证制度仅仅在污染的位置没有差别的地方效果才比较理想，相反，如果污染排放的差别部分是由于生产商地理位置的不同，那么平均的许可证发放制度，将可能演变成为变相的区域产业补贴政策。

第五节　外部性治理研究展望

在《社会成本问题》一文的结尾，科斯曾说到，以往经济分析的一个重大缺陷在于，倾向于用存在种种不足的现实世界，与假想的完美政府的世界进行比较；实际上，更为可取的思路应该是，将不完美的市场与同样存在种种缺陷的公共政策过程进行对比，我们要研究的是现实的世界而非假想的世界。科斯的批评虽然只是针对传统的庇古式外部性思路，但是就所有早期政治理论和公共经济学的早期研究而言，这种评价同样适用。传统理论往往隐含的假定政府可以忠实地代表社会福利最大化，显然，这样的假定是进一步将政府行为和公共政策过程搁置起来，进而所得出的政策建议的偏颇和危险性可想而知。就政府和公共生产效率而言，公共选择学派的创始人之一——塔洛克曾经指出，我们的分析并不是要证明无效率存在，相反，我们需要理解这些无效率产生的根源和相关的社会约束条件。

回到具体的外部性问题上，庇古思路的意义在于指出外部性作为一种典型的市场失灵现象，对社会福利最大化或资源配置的帕累托最优存在挑战。科斯定理则主张从市场交易本身理解外部性对资源配置的扭曲，产权界定是市场交易得以可能的基本前提；当交易成本较低时，私人之间的自愿交易可以实现资源配置的帕累托最优，但是产权界定和私人交易都存在不菲的交易成本。所以，就外部性治理的公共政策而言，有效率的做法可能不是简单的用政府治理替代“市场失灵”，相反，更科学的想法似乎是将外部性治理视为相关利益方的产权界定交易，这其中不同的交易合约签定或执行方面，政府、中间组织和市场都可能发挥一定的比较优势，合理的公共政策正是需要有所区别的对这些交易治理方式进行有效的组合。这个意义上，我们发现现实的污染治理中并不存在绝然二分的政府或市场，前面有关污染外部性治理的政策讨论也凸显了这一判断。事实上，更为成功的政策往往都是这两种治理手段的合理配置。正是沿着以上交易治理思路，20 世纪 90 年代初以来奥斯特罗姆夫妇所倡导的多中心治理，以及中间组织和社会资本在公共产品供给和外部性治理中的作用，在近 10 多年的研究中受到普遍的重视。

【关键词】

外部性(externalities)
正外部性(positive externalities)
负外部性(negative externalities)
产权(property rights)
交易成本(transaction cost)
庇古税(Pigou tax)
科斯定理(Coase theorem)
边际社会成本(MSC,marginal social cost)
边际社会收益(MSB,marginal social benefit)
边际私人成本(MPC,marginal private cost)
边际社会收益(MPB,marginal private benefit)
边际损害(MD,marginal damage)
边际外在成本(MEC,marginal external cost)
许可证交易(tradable permits)
排放标准(emission standard)
排放费用(emission fee)

【思考题】

1. 什么是外部性？外部性有哪些分类？
2. 外部性如何导致资源配置偏离帕累托最优？
3. 试结合图形比较外部性的庇古税思路和科斯定理。
4. 试分析比较排放标准、排放费用和许可证交易的优缺点。

第八章　公共支出政策分析

【概要】 公共支出的规模和结构反映了政府介入经济生活的深度和广度。按照不同的研究需要，公共支出可以分为购买性支出、转移性支出，经常性支出、资本性支出以及预算内、预算外和预算外之外的支出。公共支出规模的增长需求方面的解释包括瓦格纳法则、梯度增长理论和发展增长理论，供给方面的理论有鲍莫尔的非均衡增长模型和尼斯坎南的官僚垄断模型。

在解析以上公共支出理论与政策基础上，本章进一步选取教育支出、行政支出和国防支出对公共支出的结构做了讨论，并从预算监督和政府采购两个方面探讨了公共支出规模控制的常见做法。

第一节　公共支出的基本面分析

不论按照哪种统计衡量指标，一个不可忽视的事实就是，从第一次世界大战开始，尤其是经济学历史上著名的凯恩斯革命以来，所有国家和地区的公共支出都呈现出急剧上升扩张的势头。诚然，随着政府在现代经济中介入范围和规模的日益扩展，公共支出的扩张有其内在的合理性，但是，这些扩张的政府支出中不合理和浪费的例子同样比比皆是。在一定程度上，正是对后面一种情况的关注以及对公共部门绩效表现的担忧，激发了经济学家们对公共部门的行为进行重新审视和考察，于是从传统财政学中才开始慢慢分立出现代公共经济学。本节首先用一些特征性事实描述公共支出增长的总体趋势，进而讨论公共支出的定义和分类，为后续的分析做一个铺垫。

一、增长中的公共支出

衡量公共支出的规模与增长通常有绝对量和相对量两个指标。绝对量是指一国在一定时期内的公共支出的实际数额，它直接反映了某个财政年度内政府支配的社会资源总量。而相对量则是指一国在一定时期内公共支出占国内生产总值(*GDP*)的比率,它反映了一定时期内,在全社会创造的财富中,由政府直接支配或使用的比例,全面衡量了政府经济活动在整个国民经济活动中的重要性。近些年来的统计资料表明,无论从绝对量还是相对指标来看,公共支出总体上都呈现出不断增长的趋势。

从绝对规模来看,公共支出绝对量的不断增长是世界各国的普遍趋势。尽管公共支出在不同国家和不同时期里,其水平的变化幅度不尽相同,但从一个较长的历史时期来看,支出绝对额的不断扩张,则是体现为具有一定规律性的历史趋势。以美国联邦政府的支出为例,1918 年的公共支出为 36.6 亿美元,而到 1984 年,这个数字急剧上升到 8418.2 亿美元,在不到 70 年的时间里公共支出的绝对数量增加了 134 倍。表 8-1 列出了几个经济发达的国家,从 1955 年到 1980 年间公共支出增长额的变化情况,在这 25 年当中,公共支出增长相对较慢的英国上升了 10 倍,而日本的公共支出则是增长了近 40 倍。发展中国家的情况也大体与之类似,以我国为例,从 1981 年到 2002 年间,公共支出绝对额从 1739.5 亿增加到 25914.15 亿,总量约增长了 10 倍。①

表 8-1　发达国家公共支出增长情况

年份	英国		法国		联邦德国		日本	
	金额	比上期增长(%)	金额	比上期增长(%)	金额	比上期增长(%)	金额	比上期增长(%)
1955	145	—	119	—	57	—	37	—
1960	195	34.5	142	19.3	98	71.9	65	75.7
1965	289	48.2	216	52.1	158	61.2	112	72.3
1970	380	31.5	301	39.4	238	50.6	232	107.1
1975	884	132.6	645	114.3	668	180.7	599	158.2
1980	1568	77.4	1422	120.5	1256	88.0	1401	133.9

数据来源:邓子基(主编):《现代西方财政学》,中国财政出版社 1994 年版,第 150 页。

当然,绝对规模的变化,并不一定意味着公共支出的增长必定缺乏合理性。并且值得注意的是,公共支出绝对量的增长也并不一定能准确反映公共支出规模的扩张,因为一方面绝对指标往往是以现价反映公共支出数额,并没有考虑通货膨胀等因素对支出总量的影响,反映的只是名义上的公共支出的规模,与以前年度,尤其是通货膨胀变化比较大的年度的公共支出绝对额缺乏可比性。

① 值得注意的是,此处的公共支出不仅包括中央政府的支出,同时还包括地方政府的公共支出,即通常所说的国家财政支出。这里列举的国家财政支出是预算内支出和预算外支出的加总,根据郭庆旺、赵志耘的《公共经济学》,第 85 页,表 3.4 计算而得。

另一方面，公共支出增长的绝对量指标，同样没有考虑到经济增长因素，即随着经济增长和政府在经济生活中发挥的作用日益重要，相应地公共支出也将增加。公共支出的相对指标则对以上两个方面都做出了改进和修正，利用公共支出占国内生产总值的比例，相对公共支出增长指标剔除了通货膨胀等因素的影响，较好地反映出公共支出实际规模的增长趋势。

二、公共支出的定义和特征

(一)公共支出的定义

公共部门为满足公共需要，在为社会提供公共产品过程中，需要花费一定的成本。因此，就其实质而言，公共支出是指公共部门为满足公共需求而支付的各种费用的总和，同时也是公共部门从事经济活动而执行财政政策所支付的所有资金的总和。当然，这种意义上的公共支出仍旧是假定政府和公共部门仅仅是公共需求的忠实代理人。事实上，现实中政府的公共支出往往既有合理的应对公共需求增长的一面，同时很多时候也是政府自身供给膨胀的结果。所以广义上一般认为，公共支出是政府在现代经济中履行相关政府职能，所耗费的一切预算和非预算支出的总和。

(二)公共支出的特征

公共支出作为社会资源配置的有机组成部分，是政府公共部门履行其职能的体现，反映着公共部门提供公共产品与服务所造成的耗费，它通常具有以下特点：

1. 公共支出的资金来源是财政收入

一个国家的财政收入可以由税收、规费、债务及有偿公共服务取得。其中，税收本身所固有的强制性、无偿性和固定性，使之成为财政支出的一个稳定、可靠的资金来源。但随着政府干预经济和社会的范围与程度不断加大、加深，政府公共部门的相对规模也有上升的趋势，同时公共支出的增长比税收的增长快得多。与此相适应，在公共支出的资金来源中，非税成分的支出所占的比重也在上升，如政府租金、借款、利息和分红以及各种各样的使用者收费。

2. 公共支出的主体是公共部门

公共产品的特性决定了公共产品由公共部门来提供，因此公共部门就成了公共支出的主体。然而，公共产品的具体提供者并不一定是公共部门，公共产品的提供可以由受雇于政府的组织来承担。

3. 公共支出的目的是满足社会公共需要并具有非盈利性

公共支出是公共部门为满足社会公共需要而安排的支出，其行为动机是公共利益的实现，其本身就具有公共服务性质。因此，公共支出的最终目的就是满足社会公共需要，并不以盈利为目的。

三、公共支出的分类

现实中，公共支出具体表现为许多种类型，相应地支出项目也五花八门。根据不同的研究需要，已有学者对公共支出做了不同的划分归类。总体上，公共支出的划分可以有以下三大类：第一，根据在国民核算中的政府支出构成可以分为购买性支出和转移性支出；第二，根据支出的消耗形式又可以把公共支出分为经常性支出和资本性支出；第三，从预算角度也可以把公共支出分为预算内、预算外支出和预算外之外的支出。

(一)购买性支出和转移性支出

购买性支出（purchase expenditure）亦称消耗性支出（exhaustive expenditure），是指政府购买商品和劳务的支出，包括政府部门的各种消费性支出和投资性支出。这类支出的一个共同点是政府在消耗支出的同时，相应地将获得对等的商品和劳务作为交换。购买性支出直接构成了社会总需求的一部分，政府同私人部门一样，从事等价交换，例如支付给政府雇员的工资，政府采购办公用品的费用以及政府的投资支出等。另外从具体的支出名目来看，政府的购买性支出通常又包括：国防支出、行政管理支出、教育支出、科学支出、文化支出、环境保护投资、基础设施投资等等。

转移性支出（transfer expenditure）是指公共部门对私人部门的补助性支出，这部分支出通常主要包括财政补贴支出、养老金、债券利息、社会保险和社会救济等。转移性支出和购买性支出一个最大的区别在于，购买性支出表现为一定的商品和劳务的交易交换，而转移性支出并不存在商品劳务交换，纯粹是将公共资金用于补助私人部门。值得注意的是，这时候公共部门支出了这部分资金，但其本身并不消耗这些社会资源，而是将社会资源在社会成员之间进行收入再分配。因而，转移性支出并不进入社会总需求。而常见的转移性支出有失业保险支出、抚恤和社会福利支出、企业补助金等等。

显然，从国民核算和有效需求管理角度来看，将公共支出分解为购买性支出和转移性支出有一定的积极意义。首先，众所周知，在经济萧条时期，根据凯恩斯的总需求模型，购买性支出增加，将有利于拉动宏观总需求，进而短期内可以使宏观经济的均衡产出增加；相反，在经济繁荣阶段，减少购买性支出有利于平抑高涨的总需求，宏观经济有望缓慢稳定降温。其次，转移性支出增长虽然也对经济中的总需求有拉动作用，但是更重要的是，转移性支出可以起到经济内在稳定器的作用，即在经济增长和繁荣阶段，政府需要支出的转移支付下降，这样，经济中的总需求下降；相反，在经济衰退时期，转移性支出增加，进而通过乘数效应使得总需求增加，对宏观经济状况的改善有一定的促进作用。因而总体上，对购买性支出和转移性支出相对规模和结构变动的考察，可以对一国经济增长和经济稳定中政府的职能有一定的了解。

(二)经常性支出和资本性支出

经常性支出和资本性支出的区分主要考虑到公共支出的消费特征和资本特征,前者一般指维持公共部门日常运转的短期消费性支出,而后者则指代公共部门的投资。具体来说,经常性支出(regular expenditure)是指维护公共部门运转或保障人们基本生活所需的支出。在我国,经常性支出主要包括人员经费、公用经费和社会保障支出等。资本性支出(capital expenditure)是指公共部门为购买满足公共需求的必需资产而花费的支出总和,它是政府部门提供公共产品的基本手段,也是政府部门提供公共服务的前提和基础。资本性支出一般包括对能源、交通、原材料等项目的投资性支出。并且值得注意的是,和固定资产投资的规律相似,资本性支出的一部分在本期得到补偿,而大部分将分摊到未来的各个时刻。经常性支出和资本性支出的区分,一方面让我们对政府在经济中的直接公共生产职能,和采取公共服务的采购式供给规模有一个较好的把握;另一方面,这两者的区分也体现了政府介入或干预经济的手段和不同方式,一般而言,不论经济状况如何,经常性支出的规模在国内生产总值中的比例应较为稳定,相反,资本性支出在一定程度上是政府财政政策的重要构成部分,往往随着经济的周期性波动做出相应地调整。

(三)预算内支出、预算外支出和预算外之外的支出

按照预算编制和执行管理,公共支出又可以划分为预算内支出、预算外支出和预算外之外的支出。预算内资金是指纳入国家预算体系,有着明确流向的资金,在年度预算编制初期就已经预备支出的项目。预算外支出通常是指行政事业单位应当纳入而未纳入预算管理的支出。在我国,财政支出报表上列出的预算外支出项目包括:基本建设支出、专项支出、事业行政经费、乡镇统筹支出和其他支出。最后,预算外之外支出又称制度外支出,是指根本没有进入国家预算体制,也没有在事业单位账册上反映出来的资金流出所形成的支出。必须指出的是,随着预算年度具体经济状况的变化,一般来说,一个国家不同时期预算项目和预算口径都会表现出较大的差异,于是,早期的预算外支出过了一段时间后可能转变成为预算内支出。因而,直接根据财政支出报表对预算内或预算外支出单独进行比较,可能出现统计口径不统一、结论偏颇的情况。另外在我国,预算外支出和预算外之外的支出,往往表现出较大的灵活性和随意性,这都给公共支出的定量化分析造成了较大的困难。

第二节　公共支出增长的总量分析

自第一次世界大战以来，几乎所有的国家的公共支出都表现出急剧扩张的趋势，这种扩张不仅体现在绝对支出规模的增加，同时公共支出项目和增长速度都显示出快速增长势头。理论上，随着政府在经济生活中扮演职能的日益丰富，公共支出规模将相应提高，这是公共支出增长的需求方面因素；另一方面，公共生产背后自我膨胀的官僚行为，同样也可能出于自身利益最大化，主张增加公共支出，这典型地体现为公共支出增长的供给方面的原因。本节首先从规范角度讨论最优公共支出规模决定的基本逻辑，进而对公共支出增长的需求方面因素和供给方面因素分别做一定的阐述。

一、最优公共支出规模

(一)局部均衡分析

公共支出最优规模的局部均衡分析，基本想法是公共产品配置的边际效用理论，即公共支出规模的边际增长，一方面体现为公共产品消费的边际效用增加，另一方面也意味着为公共产品消费增加的融资将要牺牲一定的私人物品的边际效用。所以对一个社会的中间投票者而言，最优的公共支出实际上是，以上公共产品边际效用增加与作为代价的私人物品边际效用减少之间的权衡。经济学家通常用“社会机会成本”表示为公共产品融资而牺牲的私人物品消费的效用损失。

如图 8-1 所示，左边的纵轴代表消费公共产品的边际效用，不妨理解为公共支出增长的边际收益，右边的纵轴则代表公共支出增加给私人带来的边际成本，后者直接体现为私人消费品减少的边际效用。横轴表示全社会可供配置的资源总量。值得注意的是，越是靠近左边纵轴的原点 O，则意味着社会资源中公共支出的占比越小。相反，远离 O 点往 O' 点靠近，则表示公共支出的占比增加，而代价是私人支出的占比下降。满足边际效用递减规律，右下倾斜的 MGU 曲线为公共产品的边际效用曲线，即随着公共支出的增长所带来的公共产品增加的边际效用趋于递减。相反，MPU 曲线为私人物品的边际效用曲线，随着公共支出增长，私人消费在总资源中的占比下降，即所牺牲的私人物品越来越多，边际效用也越来越大。于是，从社会机会成本角度看，MGU 曲线可以看作是公共支出的边际收益曲线，即 MGB 曲线。相反，MPU 曲线则可以视为以私人消费为代价的公共支出的边际成本曲线，即 MGC 曲线。进而代表性中间投票人的效用最大化意味着，最后一个单位的公共支出的边际成本与边际收益必须相等,或者其实也可以这样认为,最后一个单位的社会资源在公共产品上获得的边际效用应该等于在私人物品上获得的边际效用,即在公共支出和私人支出上重新配置资源不可能使得效用进一步提高。所以,图中 *MGB* 曲线和 *MGC* 曲线的交点 *E* 即为最佳的资源配置分隔点,*OA* 是公共支出规模的最优水平。而更多的公共支出,比如分隔点取为 *C* 点,则最后一个单位的公共支出所带来的边际收益很低,相反所牺牲的私人物品代价却很高,这将造成社会福利损失。反之,如果公共支出规模过小,分隔点取为 *D* 点,则最后一个单位的资源在公共支出上可获得的边际收益大大超过所牺牲的私人物品代价,因而,存在资源配置的福利改进的可能。

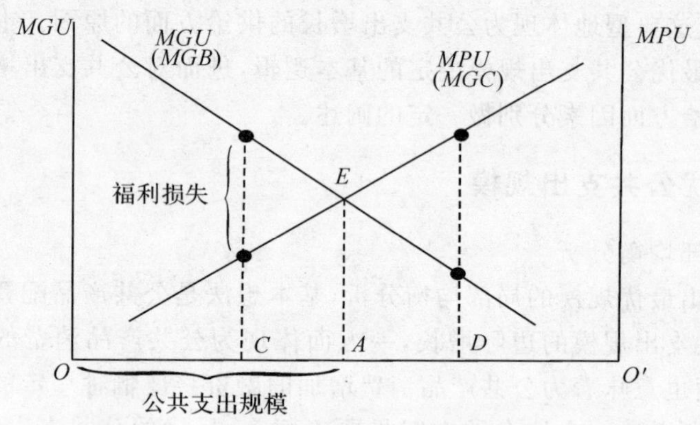

图 8-1 公共支出最优规模的局部均衡分析

(二)最大社会收益原则

与之前的局部分析不同,财政学家道尔顿从财政支出决定的角度提出最大社会收益原则(principle of maximum gain),讨论公共支出的最优规模问题。该理论认为,公共部门在从事任何活动时,应当选择社会收益最大限度地超过其成本的方案,并且尽量不从事收益低于成本的活动。具体来说,最大社会收益原则对公共支出规模决策提出了两个重要的要求:第一,任何符合公共利益的公共部门活动,必须通过最小检验(minimum test)。该检验要求,任何公共活动的议案在批准之间要进行论证,其预期收益至少要超过预期成本;第二,最终的选择方案必须满足最大检验(maximum test)的最优原则。为了获得最大的社会收益,公共决策者必须全面分析、研究和选择实现既定目标的各种方案,选择那种使社会收益超过社会成本的最大化方案。最大社会收益原则要求估计公共决策每一方案的成本和收益,选择社会净收益最大的方案。

如图 8-2 所示,横轴代表公共支出的支出规模,纵轴代表整个社会从公共支出中获得的总社会收益。于是,生产和经营某种公共物品的社会收益,与社会成本(公共支出)可以表示为社会总收益曲线 *TSB*。从曲线图形看,政府花费在公共物品上的第 1 个货币单位所带来的社会价值很大，公民的支付意愿相应很高。但是随着公共支出的增长，新增加 1 个货币单位所产生的社会价值越来越小。如图所示，第 1 个货币单位的公共支出的社会支付意愿（社会价值）是 oa，而第 300 到 301 个货币单位的支出所带来的社会价值的增加量仅仅为 bc，显然，第 1 个货币单位的社会价值最大。

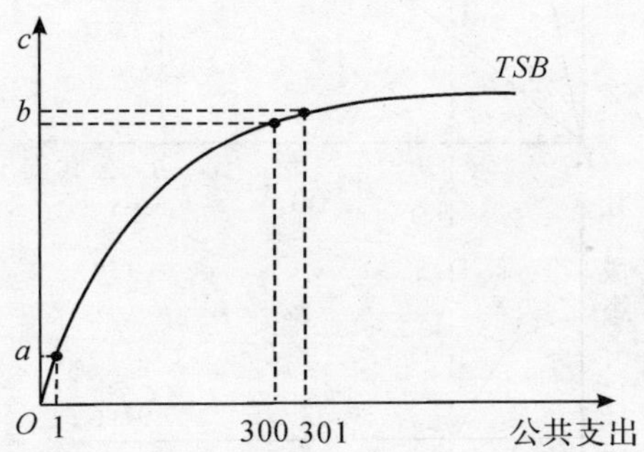

图 8-2　增加 1 货币单位的边际社会收益

进而，假定政府知道所有公共支出项目的需求信息，于是全部公共支出带来的社会总收益曲线，可以看成是各种公共支出的社会收益曲线的叠加。假定整个公共支出的社会总收益曲线 TSB，如图 8-3 所示。进一步，社会总成本曲线可以表示为图 8-3(a)中 45°线 TSC。因为，该图中横轴和纵轴衡量的都是成本，即每 1 货币单位的公共支出都是由等量的税收融资加以支付，1 货币单位税收造成的社会成本是 1。

在确定公共支出规模的最优过程中，按照社会收益最大化原则，只要通过最小检验的公共支出规模都是可取的，即只要公共支出的社会收益大于社会成本。如图 8-3 所示，当公共支出的规模处于 0 至 OB 范围之内，都满足社会收益大于社会成本这一条件。然而我们进一步通过最大检验分析，令公共支出的社会净收益最大化，即社会总收益曲线与社会总成本的距离最大，则此时的公共支出规模是公共支出的最优规模，如图 8-3(a)中的 OA。根据图 8-3(a)推导出来的 8-3(b)能更清晰地说明这一结论。在图 8-3(b)中社会边际收益曲线 MSB 和社会边际成本曲线 MSC 分别对应图 8-3(a)中的社会总收益曲线和社会总成本曲线的斜率。当社会边际收益等于社会边际成本时，社会净收益最大。

(三)公共支出最优规模的一般均衡分析

显然，以上两种对公共支出最优规模的分析并没有涉及一般均衡问题，即只讨论了私人支出和公共支出在资源配置中的权衡替代，并没有涉及社会福利函数中的效用替代问题。假定社会福利函数中私人支出和社会支出之间的替代关系，可以表达为无差异的社会福利曲线族，即 $W=S(P_r, P_1)$。进一步，社

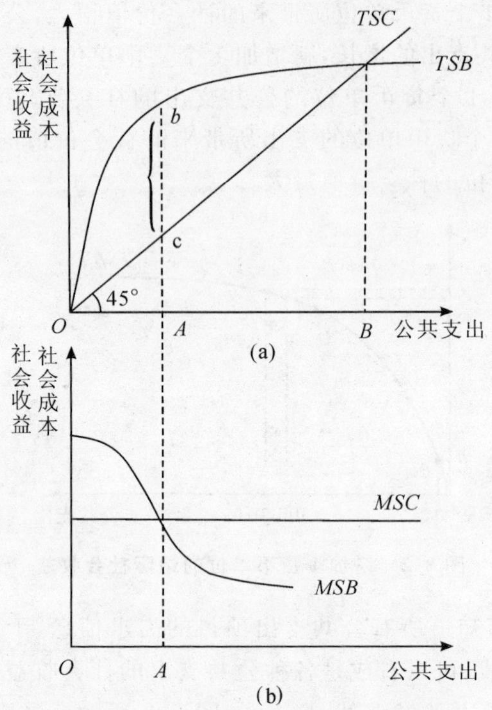

图 8-3 公共支出的一般均衡分析

会资源可以按照一定的生产技术转化为私人支出(P_r)和社会支出(P_1),于是,最有效率的社会生产可以用如下社会生产可能性边界表示。如图 8-4 所示,W_0、W_1、W_2 为性状良好的代表性社会福利无差异曲线,而 $SPPF$ 则是社会生产可能性边界。

于是,从社会福利最大化角度,在给定的资源约束边界 $SPPF$ 下,最优公共支出应当选择社会福利无差异曲线 W_1 与 $SPPF$ 相切,即最优公共支出为 P_1^*,满足公共支出和私人支出在社会福利中的边际替代率,正好等于社会生产可能性边界上的边际转换率。

二、公共支出增长的需求理论

从需求角度看,公共支出规模的增长一般体现为经济发展过程中政府职能的扩张,可能是宏观调控的需要增加,或者是公共产品的需求上升。公共支出规模增长的需求方面的解释,有代表性的包括:瓦格纳法则、皮考克和威斯曼的梯度渐进增长理论以及马斯格雷夫和罗斯托的增长发展阶段理论。其中,瓦格纳法则主要立足于政府职能总量扩大来理解公共支出增长的合理性,皮考克和威斯曼强调外界冲击对公共支出趋势的短期和长期的不同影响,而马斯格雷夫

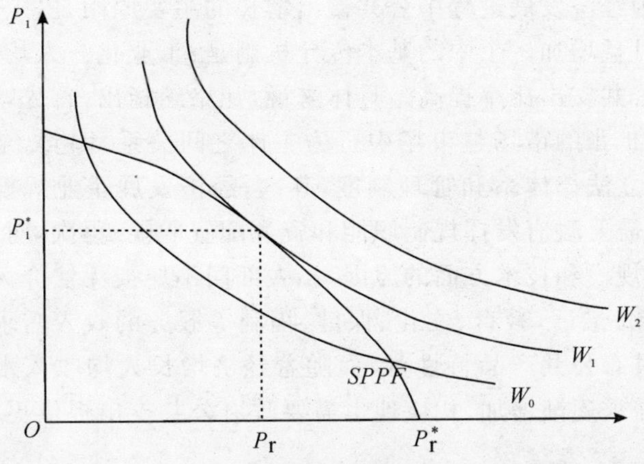

图 8-4　最优公共支出的一般均衡分析

和罗斯托的理论则从经济发展阶段中公共产品需求的结构变化的角度解释公共支出增长。

(一)政府活动扩张理论——瓦格纳法则(Wagner's law)

19 世纪 80 年代,德国经济学家瓦格纳考察了英国产业革命和当时的美、法、德、日等国的工业化状况之后,发现一国工业化经济的发展与本国公共支出之间存在着一种正相关的函数关系,即随着工业化进程的加快,一国的公共支出将不断增长。后人将此思想称之为“瓦格纳法则”。实际操作中,我们一般将瓦格纳法则更简洁地表示为,公共支出占国民生产总值(GNP)的比重与人均国民生产总值之间的函数关系。如图 8-5 所示,纵轴和横轴分别表示人均公共支出和人均 GNP,曲线 OG 表示公共支出与 GNP 之间的函数关系,a、b 是曲线上的任意两点,不难看出 $G_A/Y_B > G_B/Y_A$,即经济发展人均 GNP 增加,公共支出占 GNP 的比率逐渐上升。

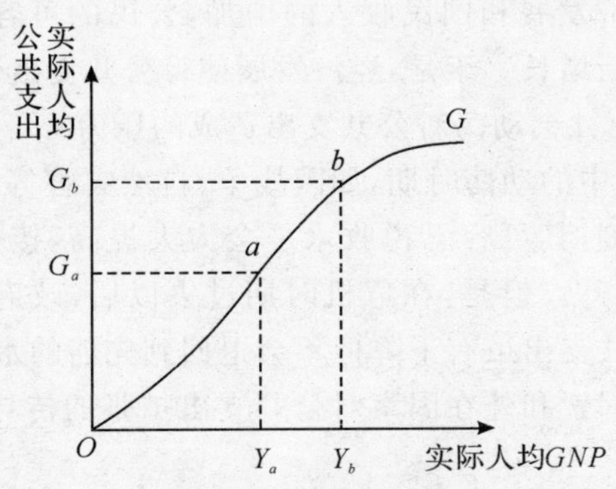

图 8-5　瓦格纳法则

瓦格纳认为经济发展进程中公共支出增长的主要原因是，工业化经济对政府活动的需求日益增加。个中的基本传导机制是：工业化→人均收入增加→政府活动扩大→公共支出比率提高。具体来说，瓦格纳指出，首先，随着工业化进程的加快，不断扩张的市场与市场中行为主体之间关系日趋复杂，各种摩擦不断增加，需要建立法律体系和管理制度；其次，经济发展企业规模扩大，不完全竞争日益加剧，需要政府发挥规制职能和资源配置职能；再次，对那些外部性较强的行业，由于规模和技术方面的原因，私人部门不愿或无法介入，也要求政府直接经营或管制；最后，教育、文化、保健、福利等服务的收入需求弹性较大，而这些产品往往具有公共产品特性，因而随着经济增长人均收入水平的提高，对这方面产品的需求逐渐增加，相应地也需要政府公共支出提供更多的资金以供生产所需。

(二)梯度渐进增长理论

英国经济学家皮考克和威斯曼在对瓦格纳法则的分析基础上，根据他们对1890—1955年间英国的公共支出的历史数据进行经验分析，提出了“梯度渐进增长理论”。该理论认为，在正常年份中公共支出呈现一种渐进的上升趋势，但当社会经历“剧变”(如战争、经济危机或自然灾害等)时公共支出会急剧上升；当“剧变”结束之后，公共支出的水平会下降，但不会低于原来的水平，此后公共支出将在一个更高的基点上维持原来的增长趋势线运行。

“剧变”因素对公共支出规模增长的具体影响机制，在皮考克和威斯曼看来，可以从内在因素和外在因素两方面加以理解，所以，通常梯度渐进增长理论又被称为内因外因论。

1. 内在因素——公民的可容忍税收水平的提高

追求政治权力扩大化的政府喜欢增加支出，但是公民不愿意多缴税；因此，公民所容忍的税收水平决定了公共收入水平，成为政府扩大支出的约束。但在正常条件下，随着经济发展和国民收入的增加，公民的可容忍税收水平得到提高，税收收入必然不断增长。于是，经济发展使得公共支出增加。

2. 外在因素——社会动荡对公共支出造成的压力

在社会发展过程中的动荡时期，如因战争、自然灾害等，政府会被迫提高税率，而公众在危机时刻，其可容忍税收水平会大大提高，接受提高了的税率，从而公共支出大幅度上升。但是，在危机时期过去以后，政府将设法维持公民的可容忍税收水平，公共支出虽有下降但不会退回到先前的水平。

另外，具体内在因素和外在因素对公共支出扩张的传导机制还表现为以下三个效应：

1. 置换效应(displacement effect)。值得注意的是，在皮考克和威斯曼模型里面，置换效应包括两个方面，其一是对之前公共支出水平的置换，即在危机时刻,新的较高水平的支出(税收)替代了原有的较低的支出(税收),而危机过后由于税收容忍程度提高,新的高支出水平可以得到维持;其二是公共支出对私人支出的替代,这具体指社会总资源配置过程中,私人部门的份额减少公共部门份额增加,亦即在危急时刻公共部门支出在一定程度上会取代私人支出。

2. 审视效应(inspection effect)。社会动荡暴露出许多社会问题,迫使政府和公众重新审视公共部门和私人部门各自的职责,认识到有些社会经济活动应该纳入政府的活动范围,公共部门需要提供一些新的公共产品。

3. 集中效应(concentration effect)。在"剧变"时期,政府显然需要集中较多的财力,以维护其活动范围的临时扩张,而危机过后,这些职能很难完全停止,进而导致公共支出出现梯度增长。

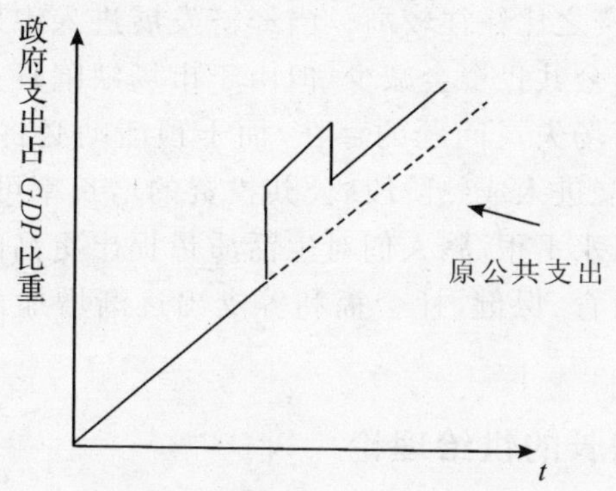

图 8-6　皮考克和威斯曼模型

(三)发展阶段增长理论

专栏 8-1　马斯格雷夫(Richard Musgrave)

马斯格雷夫(R. Musgrave,1910—2007),现代公共财政之父,同时也是现代公共经济学的创始人之一。1910 年生于德国,1933 年在德国大学获得学士学位后,马斯格雷夫赴美求学,并于 1937 年获得博士学位。马斯格雷夫深信政府可以在经济中发挥重要而积极的作用,并认为经济学家可以帮助政府做得更好。因而,他在公共财政方面的工作被誉为是"试图将良好政府的理论与实践的完美结合起来"。代表作包括:《财政学原理:公共经济研究》、《美国财政的理论与实践》、《公共财政与公共选择》等。

美国经济学家马斯格雷夫和罗斯托,在对经济发展史料及整个经济发展过程中公共支出增长形势进行深入研究的基础上，提出了公共支出的发展阶段增长理论。这个理论的核心是考虑经济发展的不同阶段政府供给的公共产品需求结构的变化，进而导致不同的公共支出需求结构调整。马斯格雷夫把整个公共支出划分为军用支出和民用支出，而民用支出按其经济性质又进一步划分为公共积累支出、公共消费支出和转移性支出；同时把经济发展划分为三个阶段，即初级阶段、中级阶段和成熟阶段。在经济发展的初期，公共积累支出应占较大的比重。交通、通信、水利设施等经济基础设施具有极大的外部经济性，私人部门不愿意投资，而这些经济基础设施的建设不仅影响整个国民经济的健康发展，而且也影响私人部门生产性投资的效益。因此，政府必须加大经济基础设施的投资力度，创造良好的生产经营和投资环境，以加速经济起飞。这个阶段公共投资占社会总投资之比往往较高。当经济发展进入中期阶段之后，社会基础设施供给趋向平衡，公共投资会减少，但由于市场缺陷日益暴露，政府对经济的干预会加强，弥补市场失灵问题的存在，而干预活动必将导致政府公共支出的增长。随着经济发展进入成熟阶段，公共投资的增长率可能有所回升。因为在这个时期，人均收入水平很高，人们对生活质量提出更高的要求，另外公共支出的结构发生变化，教育、保健、社会福利等支出逐渐增加，从而进一步推动公共支出的增长。

三、公共支出增长的供给理论

从供给方面看，公共支出规模的增长主要涉及公共生产的成本推动问题。简单起见，只考虑两种投入要素的情形，则公共产品的生产函数可以写成：

$$G_i = f(K_i, L_i)$$

其中，G_i 表示第 i 种公共产品的产出，K_i 表示生产第 i 种公共产品的资本投入，L_i 表示生产第 i 种公共产品的劳动投入。进而，影响公共生产的生产成本，大致有两个方面的因素：首先是投入品生产要素价格的上升，典型的表现为劳动力密集型的公共部门工资成本的上升；其次，莱宾斯坦意义上的公共生产的 X—非效率，以及尼斯坎南的官僚行为模型中指出的官僚机构生产的内在自我膨胀倾向。在要素成本上升方面，鲍莫尔的非均衡增长模型是经典代表；而公共生产的内在膨胀倾向则是官僚垄断模型讲述的基本逻辑。

（一）非均衡增长理论——鲍莫尔模型

从公共产品的生产函数看，公共部门的投入品价格将直接影响到公共产品的生产成本，进而公共部门投入品的价格上升将导致公共支出规模增加。美国经济学家鲍莫尔正是从公共部门投入品的价格变化角度，对公共支出的增长现象进行分析，形成了非均衡增长理论。

鲍莫尔根据技术进步的快慢把经济区分为两个部分：即技术进步部门和技

术非进步部门。非进步部门的含义并不是指劳动生产率为零增长，而是指该部门因缺少技术进步而导致劳动生产率的提高慢于进步部门。在进步部门，劳动只是生产最终产品的一种附属投入品，技术进步起着主导作用；相反，在非进步部门，劳动起着主导作用。因此一般来说，劳动密集型的公共服务部门，就是典型的技术非进步部门，其中人员经费的支出最为主要。值得注意的是，随着经济发展技术进步，技术进步部门生产率提高，进而劳动在该部门的边际产出相应增加，劳动者获得的均衡工资率也将增长。虽然，公共部门的生产率的提高要慢于进步部门，但公共部门的工资的提高往往要同进步部门呈同方向等速度的变动，这就使公共产品的生产函数中维持相同的产出水平需要更多的劳动力的投入，形成了公共支出规模增长的趋势。

(二)官僚垄断理论

根据前面章节的论述，我们知道在政治过程中，政党竞争和官僚垄断对公共支出规模的增长也有着重要的影响。在西方许多国家，公共支出的规模往往是各政党交易的结果。政党在争取选票的过程中，会向它的支持者、同盟许诺，从而在当选后扩大公共支出以满足利益集团的需要。与此同时，官僚作为理性经济人，也会通过追求预算规模最大化实现薪金、津贴、声誉、晋升等自身利益的最大化，从而导致公共支出规模的持续扩大。

如图 8-7 所示，纵、横轴分别表示价格和公共产品数量，上图表示社会总成本曲线 TSC 和社会总收益曲线 TSB，下图表示社会边际成本曲线 MSC 与社会边际收益曲线 MSB。符合社会福利最大化所要求的产量，应由社会边际成本曲线 MSC 与社会边际收益曲线 MSB 的交点 E 决定，即公共产品的数量为 Q^*，最后一个单位的公共产品生产，社会对它的价值评价与生产该产品或劳务耗费的边际成本相等。但是，追求预算最大化的官僚，认为只要社会总收益 TSB 超出社会总成本 TSC 的公共产品的数量，即 O 点至 G 点之间的产出量都是可取的。为了获得尽可能多的资源，他们会将公共产品的数量确定为 Q_b，由社会总收益曲线和社会总成本曲线的交点 D 决定。此时，官僚期望的产出水平明显大大超出社会福利最大化的产出水平，由此就形成了 EAB 面积的福利净损失。虽然，政治家追求的目标是"社会最适产出"，但官僚部门往往拥有公共物品供给的垄断权，并且在很多情况下，官员们掌握着特殊的信息，这使得政治家无法通过中间议案的办法决定公共支出的规模，结果使得公共支出规模的扩张不可避免。

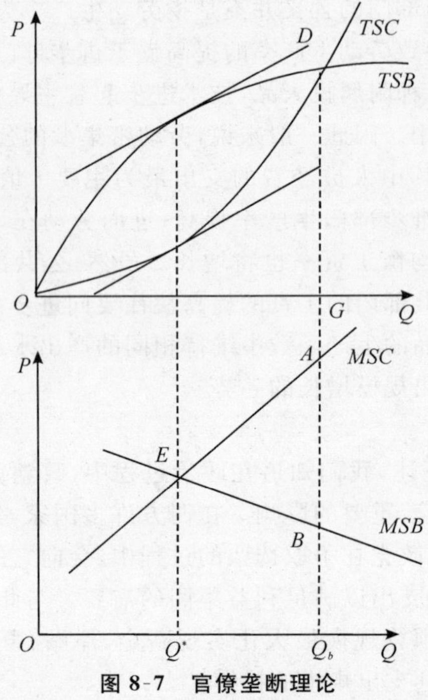

图 8-7 官僚垄断理论

第三节 公共支出的结构分析

前面几节对公共支出的讨论，主要关注的是公共支出规模的增长问题。事实上，公共支出的结构变化同样值得重视，原因至少有以下三个方面：第一，公共支出结构变迁的剖析，一定程度上可以揭示公共生产结构的动态变化，揭示地方政府的偏好特征；第二，公共支出对经济增长发展的影响并非一个简单的线性结构，事实上，不同公共支出项目对经济增长的影响渠道完全不同，因而，详细考察不同支出项目规模的变化，可以对公共支出与经济增长的关系做更深入的了解；第三，公共支出结构的考察，可以更好地解释和预测公共支出规模的变化。

从具体内容上看，购买性支出大致可以分为：行政管理支出、国防支出、教育支出、科学支出、文化支出、环境保护支出、基础设施投资等。以下拟选取前面三项，对公共支出的作用和影响做一个简单的介绍。

一、教育支出

(一)教育支出的含义

从古至今，教育在个人人力资本积累中的重要意义，一直广受学者们的重视。就具体经济发展和增长情况而言，人力资本积累导致生产率的改善，最终对长期经济增长也非常有利。但是众所周知，教育存在一定的公共品特征，溢出效应或正外部性非常显著，因而，政府公共政策中如何对稀缺的教育资源进行优化合理的配置，成为教育支出研究中亟待思考的话题。总体上，教育支出(education expenditure)是政府用于教育事业的各项支出的总和。一般来说，教育支出具有以下几个特点：(1)它满足的是人们的高级需要；(2)高收入弹性，教育支出与行政管理支出不同，随着人们收入的增加，人们对教育的需求也在上升，人们要求拥有更多更好的教育，教育支出从而增加；(3)提供的是准公共产品，由于教育的非排他性和非竞争性特点的不充分，具有明显的外部性，因此教育产品属于准公共产品。

(二)教育支出模式

根据之前对外部性问题的讨论，对具有外部性的产品的生产，政府部门需要对它进行一定的补贴，以保证私人生产有激励接近于社会福利最大化的要求。正是从这个基本思路出发，几乎所有国家和地区，在历史发展的不同阶段，均通过一定的方式对教育部门进行补贴和补助。现今，教育市场中政府的合适角色定位，成为各国教育改革和教育资源配置的核心问题。就经典的政府补贴教育的模式而言，大体存在以下三种：直接对私立学校的补助；直接对学生的补助；以及教育券制度。以下分别对三者在教育补贴中的相对重要性做一个简单的比较分析。

1. 私立学校的补助

对学校补助不是直接补助学生本人而是补助学校当局。在美国，这种方式主要运用于政府对私立教育的支持。公共部门企图通过补助，降低私立学校向学生收取的学费标准，从而使更多的学生能够得到接受教育的机会。如图 8-8 所示，纵、横轴分别表示对其他产品的消费和对教育的消费，AB 为预算约束线。在学费补助之前，预算线与无差异曲线 I 相切，个人对教育的消费为 OD；学费补助之后，学费标准降低，个人的预算线外移成为 AC，与另一条无差异曲线 I' 相切，个人对教育的消费为 OD'，增加了 DD'。

2. 低收入家庭的补助

对低收入家庭补助的方式实际上是由政府转移性支出的一部分。它通过福利性开支增加某些低收入家庭的收入水平，以相应提高低收入家庭在教育方面的消费。如图 8-9 所示，收入补助之后，预算线由 AB 外移到 CF，无差异曲线 I 变为 I'，个人用于教育消费和其他产品的消费同时增加，其中教育消费由 OD 增加到 OD'，增加了 DD'。可见，对低收入家庭补助方式具有明显的收入效应，补助对象可将这种补助款用于购买其他产品，因而这种方式难以保证家庭增加对教育的消费。

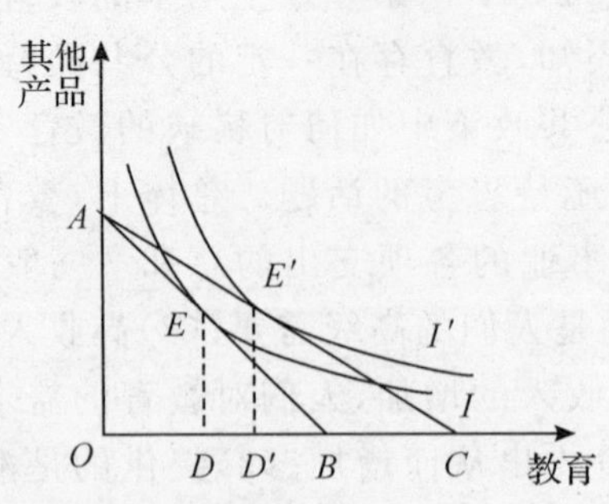

图 8-8 对私立学校补助后个人教育消费的变化

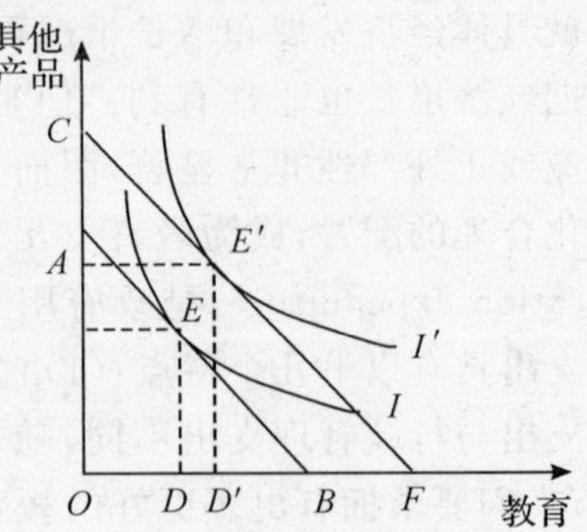

图 8-9 对低收入家庭补助后个人教育消费的变化

3. 对学生的补助

对学生本人补助有两种具体的做法：一是给学生发放免费入学卡；二是拨款兴办学校提供免费教育。这种方式的意图在于普及义务教育。如图 8-10 所示，对学生本人补助之后，预算线由 AB 外移到 ACF，其中 AC 部分即为补助数额，由于 AC 等于 BF，说明补助款全部用于教育消费。因为补助之后，无差异曲线 I 变为 I'，个人教育消费由 OD 增加到 OD'，而 DD' 又等于 BF。相比之下，给学生发放免费学生卡的做法更好，因为拨款兴办学校的做法容易产生一种风险，即学校当局可能在利己主义倾向的影响下，把教育经费用于提高自己和教师的待遇上。

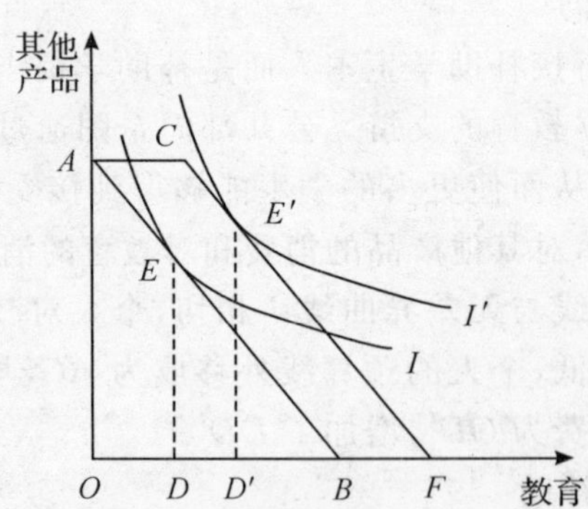

图 8-10 对学生本人补助后个人教育消费的变化

二、行政管理支出

(一)行政管理支出的含义

行政管理支出（administrative expenditure）是财政用于国家各级权力机关、行政管理机关、司法检察机关和外事机构行使其职能所需的费用支出。它是维持国家政权存在、保证各级国家管理机构正常运转的必须的费用，一般包括立法支出、行政支出、司法支出、检察支出、安全支出和外交支出等。行政管理支出的合理安排，对于政府机关及其他管理机关高效的运转具有重要意义。如果必要的行政管理支出不足，必将严重影响其提供公共服务的职能。同时，行政支出费用直接耗费社会资源，因此必须对行政管理支出进行有效的控制，防止支出的过度膨胀。

总的来说，行政管理支出具有以下几个显著特征：(1)属于公共管理性支出，生产的是公共决策和公共秩序，是一种公众所需的无形商品，是实现物质生产领域资源配置效率的前提；(2)属于消耗性支出，不直接从事物质资料的生产，也不产生直接的经济效益，是对资源的一种净消耗，因而在确保基本的公共秩序前提下应控制行政管理支出的规模；(3)刚性支出，行政管理支出提供的是社会正常运行的基本需要，属于必需品，在正常的情况下，行政管理支出的规模变动很小，因而可预测性也较强；(4)具有连续性，只要行政管理机关和国家政权存在，就需要不间断的行政管理支出予以保证和行使职能。

另外，行政管理支出的规模受到许多因素的影响，主要包括：(1)政府职能范围。从需求的角度出发，行政管理支出的规模直接受政府职能范围的影响。一定的职能范围，决定了所需的机构和人员，从而决定行政管理支出的大小。因此，控制行政管理支出规模，首先必须合理界定政府的职能范围，为合理的行政管理支出规模奠定基础。(2)经费使用标准。小政府也可能花大钱，控制行政管理支出不能单靠精简机构和人员，还必须控制经费使用标准。

(二)行政管理支出的效率分析

行政管理支出是社会存在和发展的必要支出，也是非生产性支出和社会纯消费性支出，因此在保证国家各级权力机构正常运转所需的费用支出的前提下，压缩或减少行政管理支出，提高行政管理支出的效率，是建设一个高效廉洁的政府首先应考虑的问题。

图 8-11 描述了行政效率和行政支出之间的相关性。当一个国家的行政支出为零时，行政效率为零。随着行政支出的增加，行政效率也随着增加，但增长的幅度越来越小，最后达到最高点。此处的行政支出是最佳点，过了这一点后，再增加行政支出反而会降低行政效率。行政管理支出与行政管理效率之所以有这样的关系，主要原因有以下三个方面：第一，行政支出与其他资本、劳动力等相似，也具有边际收益递减的问题；第二，由于行政支出增加的原因不外乎机构设置增加和人员增加，但增加机构和人员不一定会提供更多的公共服务，更何况越来越复杂的机构和人员也将导致内部摩擦增多，进而损耗一部分效率；第三，行政效率的关键在于公共服务的质量，而不仅仅是数量，但是质量取决于公务员的服务技能和态度，与人员的数量并不成正比，如果支出的增加只考虑

量的增长,则效率的提升将成为问题。

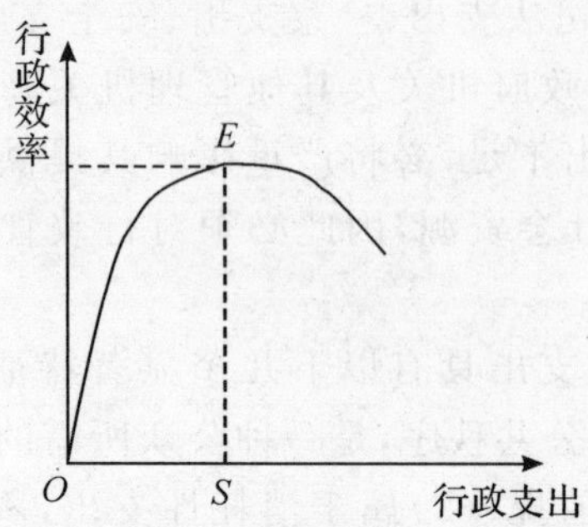

图 8-11　行政管理支出与效率

综上所述,行政支出有其自身发展变化规律,适度的行政管理支出必不可少;行政支出过多,将导致政府的低效率,这种低效率将扩散,成为全社会发展的沉重包袱。

三、国防支出

(一)国防支出的含义

国防支出是为满足全体社会成员安全需要的军费支出,其目的是为了防御外敌侵犯、保卫国家独立、保障领土完整、保障国家安全和主权不受侵犯,是属于公共财政的基本支出。国防支出主要包括国防费、国防科研事业费、军队建设费、民兵建设费和专项工程支出等。

一般而言,国防支出具有以下几个特点:第一,国防支出提供的是纯公共商品,具有高度的非排他性和非竞争性,因此必须由政府来提供;第二,需求的外生性和供给的内生性。国防是一种典型的博弈行为,一国国防需求的大小,主要取决于敌国侵略力量的大小,且需求弹性为零;而国防的供给又主要取决于本国的国力。因此,国防支出规模的变动幅度大。第三,资本密集型。国防服务属于资本密集型行业,在当今科技发展的时代,加强国防建设并不是军队服役人员越多越好,而是将人与先进国防设施结合起来,以达到最大的战斗力。

制约国防支出的因素主要包括以下几个方面:(1)经济发展水平。在正常情况下,一国经济发展水平的高度,是确定国防支出的物质基础。经济实力越强,用于国防方面的支出就可以越大,经济实力越弱,国防开支就会受到很大的限制。(2)国家管辖范围。一个国家的领土面积越大,人口越多,用于保卫国土、保护国民安全的防护性开支就会越大。(3)国际环境及国际形势。国家环境的变化对国家安全会产生潜在的影响,适应复杂的国际环境,确定必要的国防军事对策,对每一个主权国家都有极为重要的战略意义。在国际环境恶化、国际形势紧张时,一国国防支出可能大幅度增长,国际环境较为平静,国际形势趋于缓和,国防支出就可能因此而受到压缩。

(二)国防支出的经济发展效应

迄今为止,学术界有关国防支出与经济增长和发展之间的关系问题仍然争议不断。国防支出对经济增长和发展的最终影响是积极的还是消极的,至今尚无定论。但是,就定性分析而言,许多学者都认同国防支出对经济增长和发展的影响,可以归纳为以下几个效应的作用:

1. 总投资效应

从标准的资源配置理论来说,社会总资源最终不是用于投资,就是用于消费。如果属于消费性质的国防支出增加,社会总投资就会减少。根据现代经济增长理论,投资是经济增长的主要动力之一,而国防支出增加导致社会总投资较少,可能会降低经济增长率。

2. 总需求效应

国防支出的增加会直接拉动社会总需求,总需求的增加有利于利用现有的社会生产力和扩展新的社会生产力,促进相关产业和企业扩大生产规模,从而促进社会总供给的增加,与社会总需求的增加相匹配,推动经济增长。

3. 正外部效应

国防支出会产生许多有利于经济增长的外部性。这些正外部性包括:军事上的研究与开发活动会推动整个国家的技术水平;武器装备的生产技术可以用于民用产品的生产。这些技术外部性将推动整个国家的技术进步,推动国民经济现代化,提高生产率,促进经济增长。另一方面,国防支出保障了国家安全,改善了经济增长和发展的环境,有利于国民经济的发展。

第四节 公共支出水平的控制

公共支出规模的增长在各国都是一个不争的事实。第二节的分析表明,公共支出增长有合理的一面也有不合理的内在自我膨胀的一面。于是,从预算管理的角度,一个很值得思考的问题就是,如何对公共支出水平进行更合理的管理和控制。就具体公共支出控制的实践而言,许多国家在这方面已经做了相当有益的探索,以下主要就其中最重要的两项制度:财政监督制度和政府采购制度。

一、财政监督制度

所谓财政监督,就是财政机关在财政管理过程中对涉及财政收支事项及其他相关事项的单位和个人进行监控、检查、稽核和反映的总称。财政监督是财政部门在财政收支全过程中的事前、事中和事后追踪监控与检查。财政监督的主要任务是为财政管理服务，确保财政政策顺利实施和预算任务圆满完成，维护财政资金安全、完整，充分发挥财政资金使用效益。

(一)财政监督的主体与范围

1. 财政监督主体

财政监督的主体是财政机关，各级财政部门是财政监督的执法主体。财政监督是政府部门内部各职能机构的共同任务。各级财政机关内部的预算编制、预算管理、国库等业务机构行使监督职责。

2. 财政监督的范围

财政监督是对资金运行的监督，其内容十分广泛。通行的财政监督范围，主要包括以下几个方面内容：

第一，对财政收入征收机关的监督。对财政收入活动进行监督，其目的是确保各种税收收入及时、足额到位，以保证财政支出的需要。税收是财政收入的主渠道，对税收的依法征缴情况进行监督检查，是财政监督在收入环节的重点。

第二，对预算编制的监督。加强预算编制监督，重点要抓好三个环节：一是按照市场经济的客观要求，细化预算科目，增强预算透明度，切实改变现行预算科目过于笼统的局面，减少随意性和违规性；二是结合零基预算和政府采购制度的逐步推行，以及转移支付制度的逐步规范，研究制定科学合理的定额标准，据实测算和安排支出基数，增强科学性；三是在预算编制的每一个环节制定具体的操作规程或办法，再按法定程序报经审核或审议，加强规范性。预算一经立法机构批准通过，应具有法律效力，不得随意追加或更改。

第三，对预算支出的监督。预算执行监督的重点是预算支出。首先要建立统一的预算账，实施国库集中支付制度和政府采购制度，提高资金的到位率和时效性，提高资金的使用效益。其次是建立资金拨付的法定核对和签名制度。办理任何一笔资金拨付，从经办人员到主管领导都必须审核签名。再次是建立跟踪监督机制，随时掌握预算单位账户资金增减变动情况，对资金的去向及使用实行有效的监督检查。特别是重大项目或工程，要借鉴国外先进的管理经验，财政监督专职机构要会同有关部门贯穿到资金运用的每一个环节，切实履行好财政监督职责。最后要建立预算支出使用效果或效益评价制度，以利于调整政策，改进工作，提高财政的时效性和针对性。

第四，对收费、收入的监督。就我国现阶段而言，这方面最需要解决的是收费过多、过滥的问题，对现有的收费项目及收费标准，进行认真清理，取缔乱收费和“搭车”收费项目；加快费改税进程，扩大税基；对收费收入实行规范化的集中管理。

（二）财政监督的形式

财政监督，按其与财政活动进行的时间顺序来看，可以分为事前监督、事中监督和事后监督。事前监督是对尚未付诸实行的业务活动进行的审查和监督。在经济活动和财务活动发生之前，围绕计划和方案进行监督，力图防范、阻止非法的或没有效益的业务活动，防患于未然。事中监督是指在经济活动与财务活动进行中实行的监督。通过事中监督及时掌握财政收支进度和存在的问题，以便及时采取调节措施，促进计划的实现和组织新的平衡。事后监督是对以往的经济和财务活动实行的监督。对工作成绩作出正确的评价，总结成功的经验；对工作中存在的缺点和问题，提出改进财政计划、制度和调整财政政策的建议，使财政政策、制度日趋完善。事前监督、事中监督和事后监督，虽然各有侧重，但又是相互影响，相辅相成的，共同构成了财政监督的全过程。

二、政府采购制度

政府采购（government purchase）又称公共采购，是指各级政府及其所属单位为开展日常政务活动或为公众提供服务的需要，在财政监督下，以法定方式和程序，利用国家财政资金和政府贷款，从国内外市场上购买商品、劳务和工程的行为。以下主要就政府采购的基本特征，政府采购制度的原则、方式、基本模式，以及政府采购的典型程序做一个简单的阐述。

（一）政府采购的特点

相对于私人采购而言，政府采购具有以下特点：第一，采购行为的非营利性。政府采购的目的是为了满足社会公众需要，提高财政资金使用效益，从事和管理政府采购职能的人员没有盈利的动机，也不以盈利为目的，具有非商业性的特点。第二，采购资金的公共性，政府采购资金是公共资金，来源于无偿的税收收入、收费收入和有偿的公债收入（特别是官方贷款），总之是政府能掌握和运用的资金。第三，政府采购的政策性，财政支出管理是国家管理经济的一个重要手段，作为财政支出管理一个重要环节的政府采购，当然也需承担执行政府政策的任务。政府采购作为公共支出政策的主要内容，可通过改变采购规模的大小或是改变采购对象的结构来调节产业结构，从而促进某些行业的发展。第四，财政采购的规范性，政府采购要按照有关政府采购的法规，根据不同的采购规模、采购对象和采购时间要求，采用不同的采购方式和采购程序，使每项采购活动都要规范运作，体现公开、竞争的原则，接受社会监督。

（二）政府采购的基本原则

政府采购的基本目标是物有所值，即以最有利的价格条件购买到质量合乎要求的商品和服务。为了实现这一基本目标，政府的采购行为必须遵循四大原则，即竞争原则、公开原则、使用商业标准原则和透明原则。

竞争原则是指政府通过众多的承包商展开对承包合同的竞争，选定能以最有利的条件满足政府要求的承包商。这是竞争性投标程序在公共采购中运用的一般准则，也是政府确保公共采购物有所值和廉正的一般方法。因为竞争是防止权力滥用的有效手段，是政府采购市场化的集中体现。

公开原则是指政府采购活动不能秘密进行，而是要让有能力赢得合同的承包商都有机会参与竞争，这是竞争原则的补充原则。这项原则的目的是让有条件的企业知道这种商机，确保有足够数量的国内外企业参与政府采购合同的竞争，使政府有更大的选择余地，并尽可能使参与者公平和有效地竞争。

使用商业标准原则是指政府在做出采购决定时，应当依据企业履行合同的能力及其索价的高低、产品的质量等来选定承包商。这项原则除了要实现物有所值这个基本目标外，还要求排除不适当的影响，诸如个人利益的考虑等。尽管有时出于对民族产业的保护和其他社会政策的需要，不允许某些竞争性企业参与，但鉴于物有所值是基本目标，故在决策中运用商业标准是大多数政府采购制度的起始点。

透明原则是指政府采购制度应当有明确的法律规定并公布公共采购的所有法律和通则。透明原则要求政府采购的有关法律、政策、程序和采购活动都要公开，采购项目合同的条件、承包商资格审查和评价标准等都要事先公布。

(三)政府采购模式

政府采购模式可分为三种，即集中采购模式、分散采购模式和集中采购与分散采购相结合模式。集中采购模式是指由一个专门的机构负责本级政府的所有采购事项，分散采购模式是指绝大部分项目由需求单位根据有关法规自行采购。国际经验表明，在推行政府采购制度的初始阶段，宜采用集中采购与分散采购相结合的模式。

(四)政府采购方式

根据采购项目的不同，政府采购方式主要有公开招标方式、邀请招标方式、协商采购方式、询价采购方式以及直接采购方式等。

公开招标方式是指政府采购实体(招标人)发出招标公告，邀请所有感兴趣的供应商(投标人)参加投标，按规定程序评标并选定供应商(中标人)并与之签订政府采购合同的一种采购方式。

邀请招标方式，也称选择性招标方式，是指招标人不刊登招标公告，直接邀请一定数量的潜在投标人参加投标并按规定程序确定中标人的一种采购方式。

协商采购方式，也称竞争性谈判采购方式，是指招标人直接邀请三家以上供应商就生产工艺、质量、性能、价格等进行谈判确定供应商的一种采购方式。

询价采购方式是指招标人对三家以上供应商提供的报价进行比较确定供应商的一种采购方式。

直接采购方式，也称单一来源采购方式，是指采购实体向某一供应商直接购买的一种无竞争采购方式。

(五)典型的政府采购程序

国际经验表明，各项采购无论采取何种方式，也不论涉及多大的金额，都要按规定的步骤进行。一个项目的完整的采购程序包括以下几个阶段：

1. 制定采购计划

采购计划由各采购实体提出，报预算管理部门审核。审核时要考虑预算的限额，还要考虑采购需求的合理性，包括整体布局、产品的原产地等。只有经过财政部门批准的采购计划才能得到执行。

2. 预测采购风险

采购风险是指采购过程中可能出现的一些意外情况，如采购支出大量增加、采购实体与供应商之间达成违规协议等。这些都是采购风险，会影响采购与其目标的实现，因而要在事前做好防范措施。

3. 选择采购方式

政府采购要根据具体情况选择合适的采购方式，其总的原则是要有助于推动公开的有效竞争以及实现物有所值的目标。

4. 审查供应商资格

合格的供应商应具有相应地专业技术资格、能力及设备，具有签订采购合同的法定权力，无相关的财务及法律纠纷。只有保证供应商资格，才能避免不合适的供应商做无效支出。

5. 执行采购方式

在确定具体的采购方式后，必须严格按照该种采购方式的程序和要求进行操作，采购实体不得在招标过程中篡改采购程序或要求，也不得擅自改变采购方式。如需改变，必须报有关部门批准，同时告诉供应商。

6. 签订采购合同

无论采用何种采购方式，最终都要签订采购合同。供应商在签订采购合同时，需按标准缴纳一定数额的履约保证金，以保证合同商能够按合同的规定履行其义务。

7. 履行采购合同

供应商必须按合同中的相关规定，向采购实体提供货物、劳务或工程，采购实体也必须按合同规定接受合同规定的货物、劳务和工程。

8. 验收采购合同

在采购合同执行的过程中或合同执行完毕后，采购实体对合同执行的阶段性结果或最终结果进行检验和评估，一般要有专业人士组成的验收小组来进行。验收结束后，验收小组要做详细的验收记录，并分别在验收证明书和结算验收证明书上签字。

9. 办理资金结算

财政部门按验收证明书、结算验收证明书及采购合同执行的有关规定与合同商进行资金结算。如果合同执行情况基本上符合要求，在财务部门办理结算后，采购实体应将事先收取的履约保证金归还合同商。

10. 进行效益评估

效益评估是指采购实体及其有关管理、监督部门对已采购的项目的运行情况及效益进行评估，以便检验采购项目的运作效果是否达到了预期的目的。

第五节 公共支出的经济效应分析

政府和公共部门在现代经济中的作用与范围，一直是现代公共经济学关注的核心。凯恩斯革命以后，几乎不再有人会坚持尽可能压减政府的活动范围。但是，随着政府活动范围的日益扩展，对公共支出效率的忧虑也日渐累积。于是20世纪60年代以来，有关公共政策过程的讨论，以及主张从理性选择视角研究政治领域中的官僚、政治家及选民的行为，开始成为现代公共经济学研究的核心内容。众所周知，公共支出是政府活动范围的一个重要表征，因而，公共支出总量和结构变迁对经济增长影响值得人深入思考。前面几节论述了公共支出增长的原因、公共支出的具体构成以及公共支出规模的控制，本节将对公共支出的经济效应做一个简单的分析。

根据萨缪尔森的经典分类，公共支出可以分为购买性支出和转移性支出。如下图8-12所示，购买性支出又可以分为生产支出和消费支出，而转移性支出则由补贴和转移支付构成。显然，不同的公共支出种类对经济福利有不同影响，并且不同支出项目影响经济长期产出的传导机制也各有差异。

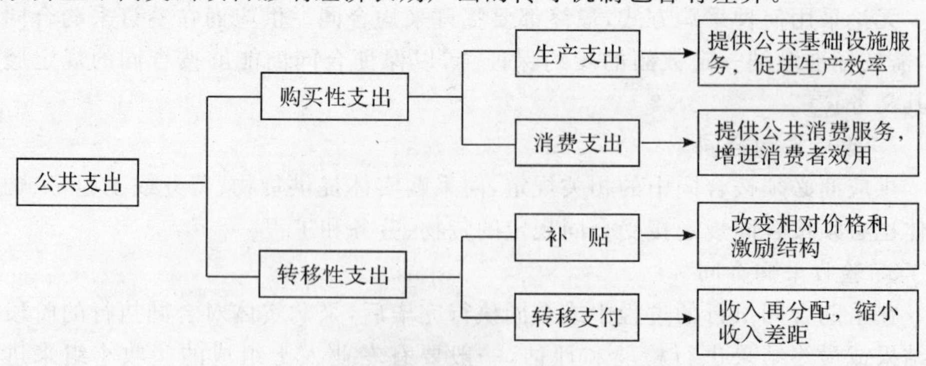

图8-12 公共支出构成

首先，从凯恩斯的有效需求管理理论出发，公共支出中购买性支出和转移性支出都将对总需求有拉动作用，进而将对短期经济产出增加有利。具体而言，购买性支出的增加，将通过乘数作用放大成为总需求的增加，在一个闲置经济中，总需求增加对短期产出有拉动作用，此时公共支出乘数与投资乘数相等；转移性支出通过增加低收入群体的收入水平，同样也将对总需求有促进作用，无非此时转移支付的乘数效应要小于购买性支出的乘数效应。如图 8-13。

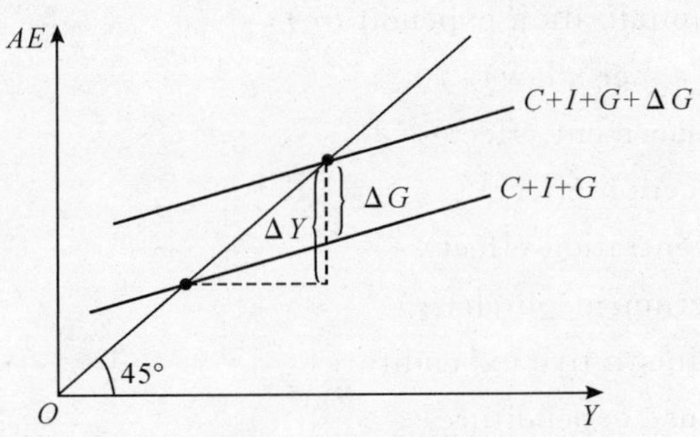

图 8-13　购买性支出与短期经济产出增加

其次，除了短期经济产出的增加，实际上学者们更加关心的是公共支出对长期经济增长的影响。已有的有关公共支出对经济增长影响的讨论，主要集中在以下几个方面的传导机制：第一，公共支出中的生产性支出对公共基础设施的投资，将能够促进私人投资的产出效率，最终对长期经济增长有利，这一点在马斯格雷夫和罗斯托的公共支出发展增长模型中也有所体现；第二，生产性支出中的教育补贴和教育产品供给，以及对基础研究的投入，将通过增加私人生产的知识存量、人力资本的累积，进而改善长期产出效率；第三，公共支出中的转移支出的基本出发点正是改善收入差距。尽管目前有关收入差距与经济增长的具体传导机制仍旧存有争议，但是收入差距状况的好转，对经济的长期增长有利却基本上是不争的事实；第四，公共支出中的补贴也对经济增长有一定的贡献，这尤其体现在产业结构的优化升级和可持续发展上。

综上所述，作为政府职能结构的重要表征，公共支出在现代经济中扮演了极为关键的角色。各国经济发展的历史实践无不表明，从基础设施建设方面的支出到行政管理支出，从教育支出到转移支出，公共支出在经济资源的优化配置以及公平效率的权衡中，都发挥了至关重要的作用。因此在一定意义上，这也成为现代公共支出增长需求方面的拉动因素。但是，从供给角度看，公共支出部门内在固有的自我膨胀倾向，以及垄断生产所造成的潜在生产效率扭曲，却都从生产成本角度推动了公共支出的扩张。因而，如何进一步尽可能发挥公共支出的积极作用，同时又限制低效率的公共支出规模扩张，是未来公共经济理论与实践亟待深入思考的重要议题。

【关键词】

公共支出(public expenditure)
消耗性支出(exhaustive expenditure)
转移性支出(transfer expenditure)
经常性支出(regular expenditure)
资本性支出(capitalization expenditure)
瓦格纳法则(Wagner's law)
置换效应(displacement effect)
审视效应(inspection effect)
集中效应(concentration effect)
政府采购(government purchase)
行政支出(administrative expenditure)
国防支出(defense expenditure)
教育支出(education expenditure)

【思考题】

1. 什么是公共支出？公共支出有哪些常见的分类？
2. 简述公共支出增长的需求理论。
3. 简述公共支出增长的供给理论。
4. 试比较瓦格纳法则和马斯格雷夫与罗斯托的发展增长理论。
5. 试分析和比较教育支出补助的三种不同模式。
6. 简述政府采购的基本程序及其意义。
7. 简述公共支出对长期经济增长的影响机制。

第九章　成本收益分析

【概要】 对公共支出项目来说，除了进行定性的分析，也需要进行定量的分析。既然是投资项目，就必定要从资源配置的效率角度进行评估，这一点与私人资本的投资并无二致。另一方面，公共支出项目往往发生在市场失灵的场合，因此与私人投资的评价又有所不同，其涉及的是社会的成本和收益，并且，这种成本和收益并非都是以货币的方式呈现，因此，对公共项目的评估就较为复杂。

成本—收益分析(cost-benefit analysis)正是试图使决策具有更大的客观性的一种技术。它是从全社会角度衡量政府项目或方案的成本和收益、做出支出项目决策的一种系统方法。这种方法首先确定一个项目或方案的所有潜在成本和收益，并把它们转换成货币单位，依据决策规则(标准)进行比较，最后从全社会的角度确定该项目或方案是否可行，成本收益分析的一个重要特征就是包含并估计非货币成本和收益，而这些成本和收益在私人的商业决策中不予考虑，但在政府决策中就需要考虑。

第一节　成本收益分析基本框架

公共支出项目就其作为一个投资项目而言，应该追求资源配置的效率。我们可以通过对公共支出项目的机会成本的考察来对其资源配置的效率作出总体判断。这是理论上对公共支出项目的总体判断。然而具体的计算应该如何进行？哪些应该记入成本和收益，公共支出项目与私人投资项目相比有什么不同的地方？还需要做出具体的说明。

一、机会成本与资源配置

当一个项目由政府进行投资时，也必须考虑其效率。我们可以用社会机会成本(social opportunity cost)来评价项目的效率。所谓公共支出项目的社会机会成本，是指因这笔资金由私人部门转移到公共部门而导致的私人部门的收益损失。

假定公共支出和私人支出的边际收益曲线如图 9-1 所示。当公共支出带来的边际收益正好等于私人支出带来的边际收益时，也就是当公共支出为 OA 而私人支出为 OB 时，公共支出的边际收益与其社会机会成本正好相等，资源配置处于最佳状态，此时的公共支出就是有效率的。如果公共支出超过 OA，则在总的资源约束不变的情况下，私人支出就会减少，从而公共支出的边际收益减少而私人支出的边际收益上升，公共支出边际收益小于私人支出的边际收益，这意味着公共支出的社会机会成本高于其收益，资源配置是无效率的，应该减少公共支出规模；如果公共支出小于 OA，则公共支出的边际收益大于私人支出的边际收益，也就是大于社会边际成本，因此应该扩大公共支出规模。我们也可以用以下的公式来表示社会资源效率配置的条件：

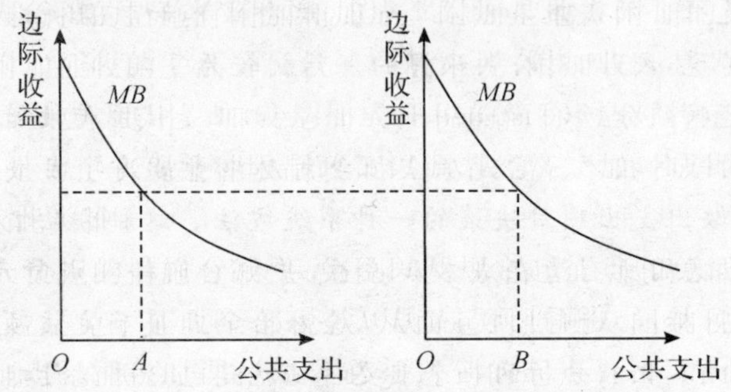

图 9-1　公共支出与私人支出的均衡

$$\frac{\text{公共项目的边际收益}}{\text{公共项目的边际支出}}=\frac{\text{私人项目的边际收益}}{\text{私人项目的边际支出}} \tag{9-1}$$

也就是说，每一货币单位用在公共项目与私人项目上带来的边际收益都相等。

专栏 9-1　约翰·梅纳德·凯恩斯

约翰·梅纳德·凯恩斯(1883—1946)，英国经济学家。凯恩斯可谓现代西方经济学领域最有影响力的人物之一。他 1936 年发表的主要作品——《就业、利息和货币通论》引起了经济学的革命。这部作品使人们对经济学和政权在社会生活中作用的看法产生了深远的影响。凯恩斯发展了关于生产和就业水平的一般理论，其具有革命性的理论主要是：

(1)关于存在非自愿失业条件下的均衡：在有效需求处于一定水平上的时候，失业是可能的。与古典经济学派相反，他认为单纯的价格机制无法解决失业问题。

(2)引入不稳定和预期性,建立了流动性偏好倾向基础上的货币理论:投资边际效应概念的引入推翻了萨伊定律和存款与投资之间的因果关系。

他的这些思想为政府干涉经济以摆脱经济萧条和防止经济过热提供了理论依据,创立了宏观经济学的基本思想。凯恩斯一生对经济学作出了极大的贡献,被誉为资本主义的"救星"、"战后繁荣之父"。

二、公共部门项目评价的特殊性

上述总体原则假定我们对公共项目和私人项目的成本收益本身是完全清楚的,但实际上对公共项目来说,成本和收益本身是相当难以计算的。首先,公共支出项目一般发生在市场失灵的地方,因此很难有类似的企业与之竞争,从而使其产品或服务具有"市场",其收益难以衡量;其次,公共支出项目具有很强的外部性,也就是项目以外的收益或成本,比如公园的环境收益,水利工程的生态损失等等。

因为公共项目支出往往与市场失灵相联系,因此公共项目就不能用私人成本和私人收益来比较,而应该用社会成本和社会收益来进行衡量。公共部门干预通常要达到两个目标:附加值的获取和替代效果的最小化。所谓附加值,是指公共部门的参与应当以新企业的出现、更大的产出以及更多就业机会的形式表现出来。替代性指的是公共部门的参与可能会导致现有经济行为只是对已发生的同类行为的代替。当替代性达到100%时,等于把原来私人部门进行的活动正好全部挤出,而这样的公共支出是没有意义的。

三、成本收益分析的基本步骤

现实中的公共项目决策一般分为以下几个步骤:

第一步,计算希望实施的各个公共项目的成本和收益。公共工程项目可能有多个方案,在真正实施前应该对每一个可能实施的方案进行成本和收益的衡量。而成本和收益衡量的是社会成本和社会收益。因此,成本部分除了其间的资金投入外,还需要计算外部成本,比如环境成本、生态成本、健康成本等。社会收益除了计算项目本身的直接获益,比如桥梁建成后通行时间的节约和燃料的节约等,还要计算外部获益,比如空气污染的减少等。

第二步,计算收益成本的比率。在计算出每一个项目的成本和收益的基础上,进一步计算出收益成本的比例。通常有两种算法:一是B/C(收益成本比率)。这一比值的最低限是1,凡是低于1的项目在经济上必定是不可行的。二是$(B-C)/C$(净收益成本比率)。这一比值的最低限是0,小于0的项目在经济上是不可取的。

第三步，确定公共项目的选择次序。按照 B/C 或 $(B-C)/C$ 的数值的大小，对各个项目进行排序，也有按照净收益的大小进行排序，或者两种方法相结合综合考虑，确定排序。

第四步，结合预算约束确定公共项目。按照上面的排序和公共支出预算规模，选出可以进行的项目进行投资。

第二节　成本收益分析的标准

一、净现值

无论是私人项目还是公共项目，其收益和成本都是在较长的时间内发生的，这样就有了一个问题，今年的1元钱与明年的1元钱，甚至20年后的1元钱是否是等值的？如果问个人，1元钱愿意今天获得还是10年后获得，不出意外的话，答案是前者。因为人们偏好现在消费而不是将来消费。若要使人们放弃现在的消费转为将来的消费，就需要支付一定的代价，也就是利息。虽然每一个人的主观利率是不同的，但银行利率提供了一种"市场价格"，或者"社会评价"。如果将100元存入银行，第二年可以取回110元，那么就意味着，"社会"认为，今天的1元钱与明天今天的1.1元钱是无差异的。

评估项目未来年份的收入与支出时，可以将收入和支出乘以一个贴现因子(discount factor)。贴现因子是一个小于1的数，它使得未来的现金价值等于现在的现金价值。离现在的时间越远，贴现因子越小。一年的贴现因子为 $1/(1+r)$，其中 r 为利率，或贴现率；两年的贴现因子就是 $1/(1+r)^2$，…n 年后的贴现因子就是 $1/(1+r)^n$。把未来的价值折合成现在的价值叫做贴现值(present discounted value，缩写为PDV或PV)。假如有未来收入 R_n，则 $PDV=R_n/(1+r)^n$。如果 R_n 为净收益，则其贴现值就是贴现因子。如果一个项目在未来的若干年内发生成本和收益，利率为 r，R_n 为 n 年的净收益们可以计算出净现值(net present discounted value，NPV)：

$$NPV=\frac{R_n}{(1+r)^n} \tag{9-2}$$

设想某项目有5年的存续期，每一年的收益和成本如表9-1所示，利率为10%，则我们可以用上述公式计算出净现值：

$$\begin{aligned} NPV &= -26000+\frac{9000}{1+0.1}+\frac{9000}{(1+0.1)^2}+\frac{9000}{(1+0.1)^3}+\frac{9000}{(1+0.1)^4} \\ &= 2528.79 \end{aligned} \tag{9-3}$$

表 9-1 设想的某项目存续期内的成本收益和净现值

年份	收入	成本	净收益	净现值
1		26 000	−26 000	−26 000
2	10 000	1 000	9 000	8 181.82
3	10 000	1 000	9 000	7 438.02
4	10 000	1 000	9 000	6 761.83
5	10 000	1 000	9 000	6 147.12
总额	40 000	30 000	20 000	2 528.79

当采用净现值标准作为评估项目的依据时，$NPV=0$ 是分界线。当 $NPV>0$ 时，项目是经济可行的，当 $NPV<0$ 时，项目是不可行的，当 $NPV=0$ 时，项目处于零利润状态，是最低可接受的状态。如果有若干项目的 $NPV>0$，则选择序一般按照 NPV 的高低排列。但是，NPV 是一个绝对数，并不能反映出盈利的程度，因此在这个标准之外，还有成本收益率标准。

二、成本收益率

成本收益率（benefit cost rate，简称 BCR）是指收益的现值和成本的现值之比。

$$BCR=\frac{PVB}{PVC} \tag{9-4}$$

当 $NPV>0$ 时，$BCR>1$；当 $NPV<0$ 时，$BCR<1$。所以，这两个指标时间的关联是显而易见的，如果说净现值指标忽略了盈利程度，那么成本收益率指标则忽略了项目的规模。所以实际的选择一般是根据预算规模，综合两个指标得出的。

三、社会贴现率

为了评估预期使用寿命很长的项目，贴现率的选择就非常重要。选择低利率，可能项目是应该实施的；选择高利率，项目就可能是不受欢迎的。如果市场是完全的，市场利率就代表了不同时期使用资源的机会成本以及对收入的相对评价。但是资本市场往往是不完全的。那么评估是采用政府能够借得到钱的利率，还是个人可以借得到钱的利率？

当分析私人企业的投资时，企业采用的利率就是贴现率。那么当政府进行投资时，应该采用什么作为贴现率呢？政府所用的贴现率有时被称为社会贴现率（social discount rate）。这个利率的高低取决于它与私人利率之间的关系。

假设人们生活在所有个体都是同质的经济体中，并且所有的市场都是完善的，而我们所考察的项目是"边际的"，即增加或减少一个项目不会对经济中的其他部门的成本和价格结构形成影响。假设经济中的所有个体都采用实际利率 r 对未来进行贴现。那么，社会的贴现率是否也是 r 呢？

我们可以首先想象一下一个项目对未来的资源和产出状况的影响。任何现在的投资都会对将来形成影响，尤其是投资规模庞大，地位非常特殊的公共工程（设想一下三峡工程），对整个社会未来的产出结构、资源类型都会有较大的影响，实施与否，对以后的私人投资和公共投资都会产生影响。这样在项目的实施需要较长的时间周期时，利率与当时使用的个人贴现率也会不同。只有在忽略了这些影响时，才能够把个人贴现率当作社会贴现率。

另一方面，个人贴现率不能被作为社会贴现率还有一个原因，就是储蓄的公共产品性质。任何一个人的私人储蓄，除了给他自己带来跨期的消费以外，其导致的投资还会带来其他人消费的增长，也就是具有正的外部性。在这一意义上，个人的储蓄具有公共产品的性质，现在的储蓄是未来的公共产品。而如果考虑未来的人就是今天的人的后代，那么，今天的人同样能够从他们自己在未来的消费以及他的后代的消费的获益中获益（母亲永远会从孩子的幸福中得到幸福）。这表明，社会贴现率应该低于私人贴现率。

以上分析意味着如果按照市场利率贴现，就会过高地评价现在的消费而过低地评价将来的消费，从而按照市场利率进行储蓄就会使储蓄低于最优水平。也就是说，当代人可能会占用过多的经济资源，使资源在代际间发生从将来向现在的转移。而社会贴现率考虑了现在的储蓄对未来的种种有益的影响，从而鼓励投资。

虽然我们可以设想社会贴现率低于个人贴现率，但是，其具体的数值却难有规律可循，很多时候它都取决于政府官员的价值判断。

怎样的社会贴现率才是适当的？这已经成为政治上争论的问题。一些重视环境的人强烈认为存在低贴现率，据此，人们应当重视若干年后可能发生的污染如核废料。而西方一些国家政府的实际操作体现了一种机会成本观，即按照各部门的平均收益率估计贴现率。

第三节　社会成本收益的评估

一、影子价格

如果存在完善的市场，市场的价格直接反映了成本和收益，但是在公共项目发生的地方，往往是市场失灵的地方。这些地方或者根本没有市场，从而没有价格，或者市场不完善，从而价格扭曲。在这些场合，我们不可能直接通过市场价格得到边际社会成本和边际社会收益的真实信息。于是经济学家试图计算出“真实的”边际社会成本和收益。这就是“社会价格”或“影子价格”（shadow price），它表示真正的社会成本和收益，反映市场价格所不能反映的真实性。

影子价格的计算思路依然是机会成本观。没有市场失灵的情况下，一种产品或服务的价格等于它所放弃的用于其他用途的收益。例如均衡就业条件下，工资代表了工人放弃闲暇的收益，工资的机会成本就是所放弃的闲暇而得到的福利。但是在一个存在大量失业的经济体中，工资会超过机会成本，因为人们此时的休闲并非是自愿选择的，而是找不到工作而不得不处于的状态，此时人们对闲暇的评价就比较低。工资在这样的市场失灵的场合并不反映机会成本。在这种场合，劳动的影子价格就是放弃的休闲的低价值，而不是市场工资。其原因在于，当雇用失业的工人时，其他部门并没有产出的损失。

同样，资本市场的利率是资本的市场价格，在市场是完善的情况下，资本的影子价格与市场价格是一致的，但是在不完善的资本市场上，资本的影子价格是使用资本的一个用途而放弃另一个用途的成本，在存在配给时，影子利率可能大大超过市场利率。

在一些对环境产生破坏的产业（如造纸），影子价格也超过市场价格，生产者无法评估增加生产带来的污染的边际社会成本。

影子价格的理念虽然简单明了，但是实际的计算却十分困难。以下是对影子价格计算过程中一些困难部分的解决方法。

二、自然资源估价

由于私人企业根据其私人边际成本和边际收益的比较决定产出，环境问题在经济发展过程中日益突出。解决这个问题的困难不仅仅在于环境是一个“公共产品”，存在搭便车行为，而且即便采取政府干预，也依然有一个重要的问题，就是计算。即如何计算环境的损失？如何正确评估一个项目的环境价值？

我国著名的三峡工程，创造了众多的“世界之最”——世界上移民最多的建设工程、世界上最大的水利枢纽工程、世界上最大的电站、世界上历时最长的水利工程、三峡工程泄洪闸是世界上泄洪能力最大的泄洪闸、三峡水库是世界上防洪效益最为显著的水利工程、三峡升船机是世界上规模最大、难度最高的升船机、三峡工程的船闸是世界上级数最多、总水头最高的内河船闸以及三峡工程是世界水利工程施工期流量最大的工程、三峡工程是水利施工强度最大的工程、三峡工程是世界上工程量最大的水利工程、三峡工程是世界上建筑规模最大的水利工程、三峡工程是世界上航运效益最为显著的水利工程等。这一系列的“世界之最”不仅表明了三峡工程的巨大的收益，同时也表明了其巨大而复杂的社会成本。

首先，数量庞大的混凝土生产过程，会产生数量庞大的废水；其次，工程原有的大部分植被不可能保留，还会形成新的边坡和水土流失，三峡库区已成为长江流域水土流失最为严重的地区之一；第三，原有的动物随着植被的消失可能消失；第四，对地质会有一定的影响，比如可能影响地震的发生；第五，大量的移民导致的一系列的社会问题出现，等等。

但另一方面，三峡工程本身对环境也有正面影响。三峡工程的兴建，将形成库容为 393 亿立方米的河道型水库，可调节防洪库容达 221.5 亿立方米，能有效地拦截宜昌以上来的洪水，使全国七大江河中防洪标准最低的荆江河段，防洪标准由目前的十年一遇提高到百年一遇。三峡工程的兴建，还可以使江汉平原和洞庭湖地区 2300 万亩耕地和 1500 万人口得到有效保护。三峡工程 26 台机组每年发电 847 亿千瓦时，这些巨大的清洁的可再生能源，可以替代 10 座 180 万千瓦级的火电厂，相当于平均每年减少燃烧原煤 5000 万吨，每年可减少排放 1000 万吨可形成温室效应的二氧化碳，减少 200 多万吨可造成酸雨的二氧化硫，减少 1 万多吨一氧化碳，减少 37 万吨氮氧化物，还可以减少大量的废水、废渣、浮尘等。

以上所列，只是一些可以想到的大的方面，实际的估算困难巨大，以至于这个工程项目成为“前期准备最充分”的项目。三峡工程的兴建备受国内外的关注，最终在众多专家论证的基础上，经过我国最高权力机关全国人民代表大会审议和投票表决通过。这也是我国首次经过最高权力机构审议和投票表决的水利工程。

在上述环境因素中，污染、移民等成本相对有类似处理的需要支付的“社会标准”作参考，比如污水的竞争性治理费用可以作为污染的成本，比如移民的安置费可以根据当地的生活标准进行折算。但是对生态的影响最难评估。如何评价植被以及相应生态位上的动物的消失情况？1989 年，埃克森(Exxon)公司瓦尔迪兹号油轮石油泄漏，数以万计的水獭、鲑鱼和鸟类濒临死亡。如果一个人的行为造成了其他人的损失，一般需要进行补偿，但是这一石油泄漏不仅对一些渔民造成了损失，还对公共的资源造成了破坏。人们普遍认为埃克森公司也应该对此进行补偿。当时的法院运用了一项相对新的应变评估(contingent valuation)技术，对补偿进行了评估，要求埃克森公司在自身所受的直接损害之外，另外支付 10 亿美元的损害补偿。

应变评估的做法是对个人进行调查，个人会被问及如何评价环境损害和保护某些动物等问题。最主要的问题是，为了这些动物的存在，即便你本人根本不会去看他们，你愿意支付多少？这种不是从个人直接消费或享用，而仅仅为了物种的存在而进行评价称为“存在价值”(existence value)。每个人的回答是不一致的,有的比较高,也有的根本不愿意支付。但即便个人愿意支付的数目很小,全国加起来也会是一个较大的数字。埃克森石油泄漏赔偿根据的就是这个方法,所以最终的数额达到了10亿美元。

三、生命估价

政府的许多项目或规则会影响到人的健康或生命安全,如道路建设、疾病预防、交通安全规则等。每一个人都把生命看得是无上的重要,政府也希望能够这样对待生命。因此,对生命价格的讨论本身就会引发极大的争议。如果说要给生命定价,那就很难让人在感情上接受。然而现实有时候是极其残酷的,人们不得不作出一些选择。你可以设想在一条道路上,一个合格的驾驶员,严格遵守规则,驾驶一辆有着极好安全保障措施的车,并且边上都没有车,此时发生车祸的概率为0。而在另一场合,拥挤的道路,莽撞的司机,开着一辆没有安全气囊的车,而且在赶时间,此时发生车祸的概率为P,而发生死亡事故的概率为Q。Q可能是很小的一个数,但是它存在。这意味着,如果要完全避免交通的死亡,除了不开车,就是花费极其高昂的成本,以至于几乎无人能够开车。那么我们如何选择？现实的选择已经做出,我们没有选择高成本绝对安全的那种情景。那么,一旦发生死亡,我们应该如何面对？如何“为生命定价”？我们如何权衡生命和其他方面的价值？如何在生命和其他方面的价值(比如速度或产出)之间做出选择？另一方面,政府的一些规定可能会使一些人的寿命延长而另一些人的寿命缩短,比如有关医疗的一些规定。我们同样面临对生命的估价问题。

有两种估计生命价值的方法,第一种是推断法(constructive method),就是估计一个人如果继续活着,直到他正常死亡,可以赚多少钱。一般可以参照平均寿命和个人的工作的平均工资进行计算。这种方法遭到比较多的批评,因为它把生命的价值与生活直接等同,比如退休之后,没有了收入,生命价值就等于0,这显然是不能被人接受的。这在观念上混淆了手段和目的,获取收入是生命的手段,在这里却被当成了目的,从而被当成生命的价值。第二种评估生命价值的方法是间接法,通过观察人们的意愿来估计生命的价值。人们观察到,不同的工种其死亡的风险是不同的,相对而言,学校的清洁工作比煤矿工人的工作要安全得多,在煤炭、石棉等行业工作的死亡率高于打字员等。从事这些高危险职业的人通常要求对这些风险进行补偿。但他们依然愿意选择高危险工作表明,他们为了得到更高的收入,愿意面对更高的死亡概率。在较为完善的市场体系中,我们可以观察个人在高风险工种和安全的工种之间作出的判断选择,观察个人需要多少额外收入来补偿死亡概率的增加来计算生命的价值。不过这一方法也同样引起了许多争议。有些人认为它低估了生命的价值,因为作出选择的个人实际上并没有充分估计到他们面临的真实的风险,而且,从心理学上讲,人们倾向于忽略他们实际面临的风险,否则他们可能根本就无法正常生活和工作(比如进行大楼外墙清洗工作的"蜘蛛人",总会努力暗示自己没有危险)。这种方法也称为"偏好表露法"。

虽然这两种方法都存在很大的争议,但却找不到更好的替代方法,所以在实际中还是会采用这两种方法。

四、时间价值估计

一些公共设施的建设节约了个人的时间,比如改进的交通运输系统。那么如何评价节约的时间的价值呢?典型的做法是,参考使用运输系统的人的工资率。在完美市场假定下,工资是人们的时间的机会成本,也就是说,人们可以在工作,从而获得在工作以及休闲——放弃收入之间进行选择,当人们确定了最佳工作时间时,也就确定了闲暇时间的机会成本,即工资率。因此,工资率可以当作时间的价值的衡量尺度。当新的交通运输系统节约了人们的时间,其价值就可以用人们的工资率来计算。比如当新的交通运输系统节约了某人 20 分钟的行驶时间,而这个人的小时工资是 30 元,那么新的交通运输系统给这个人带来的时间价值就是 10 元。我们加总所有人获得的时间价值,就可以得到该设施产生的时间价值的总和。

但是,由于劳动力市场的不完美等原因。用工资率计算时间价值也存在问题。在一些场合,会夸大时间的价值,而在另一些场合,又会低估时间价值。前者比如一些人愿意按照当前的工资工作,但却得不到机会,这些人对时间的评价就比较低。如果用工资率计算,得出的时间价值就会比这些人自己认为的要高。还有一些工作,如矿工,其工资除了是劳动的报酬外,还包含了风险的补偿,如果用工资率计算,也会高估时间价值。而对另一些人来讲,工资只是他的报酬的一部分,其他的获益不是用货币来表示的。比如教师,工资收入是其获益的一部分,其他的获益还有诸如和学生的交流、学术探讨的乐趣本身等等。这时,工资率作为评价这部分人的时间价值的标准,就会低估时间价值。

五、分配因素

许多公共项目的收益都不是在全体人口中平均分配的,比如地方性的公共设施,针对穷人的补贴,特殊语言教学等。但是,政府又有责任关注项目的分配公平性。

在成本收益分析中考虑分配因素,其理由与贴现率采用社会贴现率相类似。政府要关心项目对不同的人的影响,要关心项目对不同地区、不同群体或个体之间的影响。如果政府是最优地分配了收入于所有的人,那么一元钱的社会边际价值应该是一样的,于是只要把所有人得到的价值加总就可以了。

但是,普遍的观点是,穷人的1元钱的社会边际价值大于富人的1元钱的社会边际价值。有两种方法可以达到使得分配更加符合对不同群体的实际情况的关心。第一种是利用社会福利函数,承认1元钱对穷人的价值高于对富人的价值,并使用边际效用弹性的概念来表示其程度。可以运用单位弹性(即1),给中产阶级赋予1的权重,而将拥有中等收入一半的人的影响权重定为2,中等收入2倍的人权重为1/2,然后加权计算。同样成本的不同项目,采用权重收益最高的项目。第二种方法是观察收入或财富的总体分配的影响,一般是采用影响特别大的项目,如福利制度或税收制度的改革。

【关键词】

机会成本(opportunity costs)

社会机会成本(social opportunity cost)

贴现,贴现因子(discounting, discounting factor)

贴现值(present discounted value, PDV or PV)

净现值(net present discounted value,NPV)

成本收益率(benefit cost rate,简称 BCR)

社会贴现率(social discount rate)

影子价格(shadow prices)

应变估价(contingent valuation)

存在价值(existence values)

推断法(constructive method)

【思考题】

1. 公共工程的机会成本主要体现在哪些方面?
2. 净现值方法和成本收益方法有什么相同和不同?
3. 如何理解影子价格?
4. 如何计算社会贴现率?

第十章　税收概论

【概要】　税收是政府最主要的财政收入形式，它保障了政府职能的有效履行，并能校正经济效率，调节收入分配，保障社会经济持续稳定增长。税收原则是制定税收政策、设计税制的指导思想，也是评价税制的准则。现代经济学家认为税收最主要的原则是效率原则和公平原则。效率原则包括税收的中性原则和税务行政效率两方面。公平原则则包括了横向公平和纵向公平，主要体现在受益能力和支付能力方面。

同时税收也是各国政府取得财政收入的最基本形式。与其他财政收入形式相比，税收具有强制性、无偿性和固定性。税收的三大形式特征是其区别于其他财政收入形式的基本标志。在财政收入理论中，税收理论占有重要地位。

第一节　税收要素

税收要素首先是指构成税收制度的基本因素。税收制度是国家规定的税收法令、条例和税收办法的总称。在税制中明确了向谁征税、对什么征税、征多少税，以及如何征收等基本问题。其次，税收要素也是税收理论分析、政策制定、制度设计的基本工具。

一、纳税人

纳税人（tax payer）即纳税义务人，又称课税主体，是税法规定的直接负有纳税义务的单位与个人。纳税人主要说明向谁征税或由谁纳税的问题。纳税人可分为自然人和法人。

（一）自然人纳税人

在法律上，自然人是指基于出生而依法在民事上享有权利、承担义务的人，包括本国公民和居住在所在国的外国公民。在税收上，自然人也可进一步分为自然人个人和自然人企业。自然人个人就是指个人是一般意义上的自然人。

自然人作为纳税人必须具备属于本国公民,或在所在国居住或从事经济活动的外国公民的条件。自然人企业是指不具备法人资格的企业。例如,独资企业和合伙企业虽属于企业,但不具备法人资格,以个人名义直接行使企业权利,并由个人承担义务,企业不独立纳税,而是由财产所有者作为自然人纳税。

(二)法人纳税人

法人是指依法成立并能以自己名义独立参与民事活动,享有民事权利和承担民事义务的社会组织。它具有以下基本特征:必须是经国家认可的组织,能够独立取得和处理财产,能够独立地承担民事上的财产义务,以及能以自己的名义参加民事活动和诉讼。法人包括从事生产经营、取得利润的营利性企业,以及非营利性的公益组织。

与纳税人相关的一个概念是负税人。负税人(tax bearer)是指最终承受税款的单位与个人。如果说纳税人是法律上的课税主体,那么负税人就是经济上的课税主体。由于实际经济生活中往往存在税收转嫁现象,纳税人与负税人经常会不一致。

二、税基

税基(tax base)是征税的客观基础,表明对什么课税。但税基是一个宽泛的概念,要用它来划分税种类型、明确课税对象、确定税收依据,就需要从以下三个层面来理解。

(一)理论上的税基

理论上的税基是指潜在的可能的税基,可以归纳为三大类:以收入为课税基础的税,如各种所得税;以消费支出为课税基础的税,如各种商品税;以财产为课税基础的税,如各种财产税。但是理论上的税基并不一定都能成为税法中的课税对象。

(二)法律上的税基

法律上的税基是指由税法明确规定的具体税种的课税基础,又称课税对象。课税对象规定了征税的范围,是确定税种的主要标志。将理论上的潜在税基变为现实中的税基,是综合考虑税收对财政收入、资源配置、收入分配的影响,以及征税的成本和可实施性等问题后,由税法来明确的。

为了使法律上的税基具体、明确,在税制中往往通过税目(item of tax)来具体说明。税目是课税对象在课征范围上的具体界定和分类细目。税目的作用主要有两方面:一是明确征税的具体范围,凡列入税目者征,未列入者不征;二是解决课税对象的归类,以便政府对同一课税对象的不同情况实行区别对待,制定不同的税率。

(三)计税上的税基

计税上的税基是计算税额的课税基础,又称为计税依据。在税率既定的情况下,计税依据的大小直接决定了政府的税额和纳税人的税收负担。在现实经济中,计税依据的范围和数量往往与课税对象不完全一致,前者通常比后者少。例如,个人所得税中的工资薪金所得的课税对象是工资薪金,但是计税依据是扣除免征额后的应税所得额。

与税基相联系而又有区别的一个范畴是税源。税基是征税的客观基础,而税源则是税收收入的最终来源。有的税种的税基与税源是一致的,例如所得税的税基与税源皆为纳税人的所得;而有的税种的税基与税源是不一致的,例如消费税的税基是商品的销售收入,税源则可能是生产者的利润,或消费者的收入或两者兼而有之。

三、税率

税率(tax rate)是税法规定的每一单位课税对象与应纳税额之间的比例。税率的高低,直接决定着纳税人应纳税额的多少,关系到政府收入的数量和纳税人的负担。因此,税率被看成是税收制度的中心环节。

(一) 税率形式

税率按形式特征可分为三种:累进税率、比例税率和定额税率。这三种税率在制定税法、计算税额等实际工作中被广泛使用。

1. 累进税率

累进税率(progressive tax rate)是将税基数额的大小按一定标准划分为若干级距,并且规定从低到高分别逐渐递增的税率。其特点是税基规模越大,纳税比例越高。实行累进税率,可以有效地调节纳税人的收入,故一般适用于所得税的征收。累进税率分为全额累进和超额累进。全部应税额都适用的最高税率计税叫全额累进税率;仅就各级的超过部分适用其对应的高一级税率叫超额累进税率。

以我国现行的个人所得税为例,说明超额累进税率与全额累进税率的计算方法。根据我国个人所得税法的规定,全月应纳税所得额(工资、薪金所得)不超过500元的,税率为5%;超过500元至2000元的部分税率为10%;超过2000元至5000元的部分税率为15%……假定某纳税人的月应纳税所得额为4000元,按全额累进税率征税,则应纳税额为4000×15%=600(元)。如果按超额累进税率计征,则应纳税额为:

$$500\times5\%+(2000-500)\times10\%+(4000-2000)\times15\%$$
$$=25+150+300=475(\text{元})$$

全额累进税率与超额累进税率具有不同的特点,主要表现在:

(1)在最高边际税率相同的前提下,全额累进税的累进程度高于超额累进税,税负也较重。

(2)在应纳税所得额级距的临界点附近,全额累进税会出现税负增加额超过应税所得额增加额的不合理现象,而超额累进税则不存在此问题。

(3)在计算上,全额累进计算简便,超额累进计算复杂。但这仅是技术上的问题,可取“速算扣除额”的办法予以解决。其计算公式为:

速算扣除额=全额累进税额-超额累进税额

根据应纳税所得额级距和相应税率,运用上述公式,可以预先计算出各级距中的速算扣除额,然后用应纳税所得额乘以适用税率,再减去速算扣除额,即为超额累进税额。其计算公式为:

超额累进税额=应纳税所得额×适用税率-速算扣除额

由此可见,超额累进税率比全额累进税率具有较大的优越性。因此,在实际运用中一般都采用超额累进税率。

2. 比例税率

比例税率(proportional tax rate)是按课税标准规定一个课税比率,不论课税标准大小如何,比率不变。其优点是计算征收简便,有利于促进平等条件下的竞争。一般适用于流转额的课税。比例税率可进一步分为统一比例税率与差别比例税率。

统一比例税率是指同一税种只设置一个比例税率,所有纳税人按同一税率计算纳税。

差别比例税率是指同一税种设置两个或两个以上的比例税率,不同的纳税人根据不同情况分别按不同税率计算纳税。差别税率可以按产品(如消费税)、行业(如营业税)、地区(如土地使用税)等设计。

3. 定额税率

定额税率(fixed-sum tax rate)指对每一单位的税基按固定税额征税的一种税率制度,一般适用于从量征税的情况。例如,每吨盐征多少税,每辆车征多少税。中国过去的盐税、烧油特别税、车船使用牌照税等都采用这种税率。

(二)税率分析方法

上述三种税率形式是税制中的基本因素,在税收管理的实际工作中被广泛使用。但是从税收理论研究和实证分析要求出发,还需要掌握累进税率与累退税率、边际税率与平均税率、名义税率和实际税率的概念。

1. 累进税率与累退税率

累进税率与累退税率(regressive tax rate)是分析税收收入再分配效果的主要工具。累进税率的特点是纳税人的收入越高,所承担的税负占其收入的比率越高。因此,它具有较强的收入再分配效果。而累退税率则相反,纳税人的收入越低，所承担的税负占其收入的比率就越高。因此，它对收入再分配具有反向调节作用。在现行税制中并不存在累退税率，但是其作为一种分析税收收入再分配效果的方法已被广泛使用。因为一些比例税率，由于穷人与富人在必需品消费方面需求变动的程度小于收入变动的程度，故两者所承担的税额差异不是太大；但相对于穷人与富人的收入而言，却呈现出累退性。再如，采用定额税率的人头税、盐税也是具有累退性质的税种。

2. 边际税率与平均税率

边际税率(marginal tax rate)与平均税率(average tax rate)是分析税率变动对纳税人(负税人)经济决策影响的重要工具。边际税率是指最后一个课税对象所适用的税率。平均税率指全部税额与课税对象之间的比率。边际税率与平均税率之间具有密切的内在联系。在累进税制的情况下，平均税率随边际税率提高而上升，但平均税率低于边际税率。在比例税率的情况下，边际税率与平均税率相等；但是如果存在对部分课税对象免税的情况，则平均税率与边际税率存在差异。在对税率变动的经济影响分析中，边际税率着重分析税率变动的替代效应，平均税率主要用于分析税率变动的收入效应。

由于替代效应和收入效应对纳税人的经济行为的影响往往存在相反的效应，例如，政府试图通过降低工资薪金所得税来刺激劳动供给，从替代效应出发，由于休闲的机会成本上升，人们就可能多工作少休闲，但是从收入效应出发，由于减税后收入增加，有人就可能少工作。因此，当政府试图通过变动税率来调节纳税人的经济行为时，往往尽可能保持平均税率不变(通过降低起征点、减少税收优惠等措施扩大税基)，变动边际税率。

3. 名义税率与实际税率

名义税率(nominal tax rate)与实际税率(effective tax rate)是分析税收负担的重要工具。名义税率是税法所规定的税率。实际税率是指纳税人实际缴纳的税额占课税对象的比例，它反映了纳税人的实际负担率。在某些情况下，名义税率和实际税率存在差异。差异形成的原因主要有：税收减免规定、税收征管上的漏洞、通货膨胀因素(累进税制下)。前两个因素导致名义税率高于实际税率，第三个因素在实行累进税率的情况下，会因“档次爬升”(名义收入因通货膨胀而增长，从而适用较高税率)而产生实际负担率高于名义税率的状况。

四、课税环节

课税环节(impact points of taxation)是税法中规定的纳税人履行纳税义务的环节，它规定了征纳行为在什么阶段发生，以及是单一环节课征还是多环节课征。课征环节的选择主要依据：保证税款及时入库，正确发挥税收调节作用，以及尽可能减少征纳成本。一般来讲所得税的课征可以在所得税形成之时，也可在所得税分配之时；流转税的课征可以分别在产制环节、批发环节以及零售环节，也可以集中在某一环节课征。

单一环节的税收是指仅在某一环节进行课征的税。例如我国现行的消费税，仅在产制环节征一道税。多环节的税收是指在商品流转或收入形成和分配过程中对两个或两个以上的环节进行课征的税收。例如我国现行的增值税。多环节的税收较易造成重复课税，因此如何避免重复课税是税制设计的重要课题。

五、附加、加成和减免

纳税人税负的轻重，主要通过税率的高低来调节，除此之外，附加、加成和减免也是对纳税人税收负担的调整措施。

加重纳税人负担的措施有附加和加成。附加是地方附加的简称，是地方政府在正税以外附加征收的一部分税款。一般来说，附加收入是为解决地方机动财力的需要，留给地方使用。加成是加成征税的简称，是对特定纳税人的一种加税措施，主要是为了实现某种限制政策以调节经济。加一成即加征正税税额的 10%，其余依此类推。

减轻纳税人负担的措施有减税、免税以及规定起征点和免征额。减税是减征部分税款，免税是免于征收全部税款，从而起到照顾专门纳税人以及调节经济的作用。起征点是征税时课税对象必须达到的起点标准，在此数量之下，纳税人无义务纳税，超过这一数量，按课税对象全额计税。免征额是课税对象中免于征税的数额，即只就其超过免征额的部分征税。

第二节　税收分类与税制结构

一、税收分类

现代国家的税收都是由多种税组成的所谓复合税制。为了研究各类税的特点，建立合理的税制结构和加强征收管理，就需要将复杂的税种按一定的标志进行归类。

（一）按税负能否转嫁为标志进行分类

以税负能否转嫁为标志进行分类，可以把税收分为直接税和间接税两类。凡由纳税人自己承担税负，不易发生转嫁关系的税称为直接税，一般认为所得税和财产税为直接税。凡纳税人有可能将税负转嫁于他人，发生转嫁关系的税称为间接税，一般认为流转税为间接税。划分直接税和间接税的意义主要在于分析税收负担的运动和税负归宿。

(二)按课税对象的性质进行分类

按课税对象的性质一般将税收分为流转税、所得税、财产税三大类。

流转税是以商品流转额和非商品流转额(如服务业的营业额)为课税对象的税收统称。若以商品和非商品的交易额为课税对象则称之为周转税,若以商品和非商品在每个流转环节的增值额为课税对象,则称之为增值税。根据课税对象范围的大小,可将商品流转税分为一般商品税和特定商品税。一般商品税(general commodity taxes)是对所有商品课征的流转税。特定商品税(specific commodity taxes)是对某一类商品进行课征的流转税。如果将所有的商品分为资本品和消费品,则对所有消费品课征的商品流转税被称为消费品税,对某些特定消费品进行特别课征的商品流转税被称为特殊消费品税。商品流转税应采取一般商品税,还是消费品税,还是特殊商品税,涉及商品流转税税基的大小问题,这也是税制设计中需要考虑的重要问题。

所得税是以收益所得额为课税对象的税收统称。根据纳税人的不同,所得税可分为:对个人收益所得征收的个人所得税,对企业收益所得征收的企业所得税。个人所得税根据征收方式不同,又可分为综合所得税(general income tax)和分类所得税(classified income tax)。综合所得税以各类所得之和为计税依据,分类所得税是按照各种不同性质的所得分别计征的所得税。在西方国家,社会保障税、资本利得税也归入所得税类。

财产税是以各类动产和不动产的数量或价值为课税对象的税收统称。由于财产既可被持有,也可被转让,因此可进一步分为对财产持有的课征和对财产转让的课征。对财产持有的课征,即以一定时期中的纳税人所拥有或支配的财产数量或价值为课税对象,包括一般财产税与特殊财产税。前者对所有财产进行课征,后者仅对某一特定类别的财产进行课征。对财产转让的课征,即当财产所有权发生变更时,以被转让财产的数量或价值进行的课征,如赠与税、遗产税等。

由于各国的具体情况不同,在税种选择、税制设计方面也不尽相同。按课税对象的性质对我国现有税种分类,一般分为所得税、流转税、资源税、行为税和财产税五大类。其中,资源税是以资源的绝对收益和级差收益为课税对象的税收统称,行为税是以特定行为为课税对象的税收统称。

按课税对象性质分类的主要意义在于分析各类税种的性质和经济作用,为合理设计税制提供前提条件。

(三)按税收的管理权限分类

税收的管理权限包括立法权、征管权、所有权。由于各国的政策和财政管理体制的不同,各国在实行分税制、划分中央税与地方税的具体做法也有所不同。在实行彻底分税制的国家,将税收分为中央税和地方税。中央税是指由中央立法机构立法、征管权限和税收收入归中央所有的税。地方税是指由地方立法机构立法、征管权限和税收收入归地方政府所有的税。

在实行不彻底分税制的国家,将税收分为中央税、地方税和中央地方共享税三类,立法权全部归属中央,地方政府无立法权。中央税和地方税的征管权和税收收入分别属于中央与地方。中央与地方共享税的征管权一般属中央,税收收入由中央与地方按一定比例分成。

(四)按税收的计量标准分类

按税收的计量标准分类,可以将税收划分为从价税和从量税。从价税是以课税对象的价格为计税依据的税类,从量税是以课税对象的自然单位为计税依据的税类。从价税的应纳税额随课税对象价格的变化而变化,能够贯彻合理负担的税收政策,因而是现代税收的基本计税方法。从量税的应纳税额随课税对象的实物数量的变化而变化,虽然计税简便,但税收负担不能随价格高低而增减,不尽合理,因而仅有少数税种采用这一计税方法,如车船使用税、资源税、屠宰税。

(五)按税收与价格的关系分类

按税收与价格的关系分类,可将税收分为价内税和价外税。价内税是指税金包含在商品或劳务价格中的税,故其计税价格被称为含税价格。价外税是指税金附加在商品或劳务价格之外的税,故其计税价格被称为不含税价格。西方国家的消费税大都采用价外税的方式。我国的流转税以价内税为主,但现行的增值税采用价外税方式。

此外,还有其他一些税收分类,例如实物税和货币税、经常税和临时税、对人税和对物税等。

二、税制结构与税制结构模式

税制结构是指在实行多种税同时并存的复合税制的国家中各类税收在整个税制中的相对地位。在现代国家,由于税收履行着筹集收入、资源配置、收入分配和宏观调控等多种职能,因此自然形成了多种税同时并存,各税各司其职又相互补充的复合税制体系。但是由于各国的具体情况不同,在主体税种的选择上存在较大差异,因此,就形成了各具特点的税制结构模式。税制结构模式是指由主体税特征所决定的税制结构类型。

所谓主体税种,是指在一国税收中所占比重最大,在政府调节经济中发挥着首要作用的税种,它决定一国税制的基本特征。选择主体税种时应考虑的因素有:国家经济发展水平、社会政治经济制度(是以生产资料公有制还是私有制为主,是实行计划经济还是市场经济)、税收政策目标(是以效率目标为主,还是以公平目标为主)，以及一国的经济管理水平(企业的会计水平、政府的征管水平)。根据主体税种的不同，各国的税制结构大体可归纳为三种类型：以流转税为主体税的税制结构模式、以所得税为主体税的税制结构模式、以流转税和所得税为双主体的税制结构模式。

一般来讲，发达国家大都选择所得税为主体税种，其原因主要是：(1)发达国家经济发展水平高，企业与个人的收益额均较高，故拥有丰富的税源。(2)由于发达国家基本上是以生产资料私有制为主的市场经济国家，因此国民收入中相当大的比重归个人所有；同时在市场经济中价格由市场机制形成，一般不需要流转税对价格进行调节，而更多的是需要通过所得税对收入分配进行调节。(3)累进制的所得税具有较大弹性，作为财政稳定器的组成部分，可促进宏观经济稳定。(4)由于所得税不改变商品的相对价格，对消费者的选择和资源配置的干扰相对要小。(5)发达国家的企业会计水平、政府的税收征管水平均较高，故较能适应征管相对复杂的所得税。

发展中国家大都以流转税为主体税种，主要是因为：(1)发展中国家经济发展水平低下，企业与个人的收益额均较小，若以所得税为主体税种则难以保证国家财政收入；而流转税则不论企业、个人收入水平如何，只要发生一笔流转额就要征税，故对保证国家财政收入具有重要意义。(2)流转税征收简便，较适合企业会计水平和政府征管水平均较低的发展中国家。(3)流转税由于不涉及对储蓄收益征税的问题，与等量所得税相比更有助于提高国民储蓄，因此，对于急需资金加快经济增长的发展中国家较合适。

但是，由于流转税在收入分配方面具有累退性，并且对消费者的选择和资源配置的干扰较大，因此，在逐步具备条件的情况下，发展中国家也注重提高所得税在复合税制中的比重。

我国是一个处于经济体制转轨中的发展中国家。在过去长期实行计划经济体制时期和经济转轨初期，我国都选择了以流转税为主体税的税制结构模式。随着市场经济体制的不断完善、经济发展水平的提高、非公经济的发展以及个人收入差距的扩大，目前我国正逐步提高所得税在复合税制中的地位，从而使我国税制结构模式从以流转税为主体转向流转税和所得税双主体的税制结构模式。

第三节　税收的原则

税收既是政府筹集财政收入的最基本手段，又是政府实现资源配置效率、收入分配公平以及经济稳定增长职能的重要手段，因此，在税收政策制定、税制设计中必须符合某些基本要求，以便上述目标的实现。这些基本要求即税收原则。由此可见，税收原则既是制定税收政策、设计税收制度的指导思想，也是评价税收政策好坏、鉴别税制优劣的准则。

由于税收原则与一定历史条件下的财政职能范围密切相关，因此，不同历史时期的税收原则各具特点，但税收作为筹集财政收入的基本手段，各历史时期的税收原则也具有相同性。从资本主义经济发展过程看，具有代表性的税收原则主要有亚当·斯密的税收原则理论，瓦格纳的税收原则理论、现代税收原则理论。

自由资本主义时期古典经济学创始人亚当·斯密在其著名的《国民财富的性质和原因的研究》一书中提出了税收四原则，即平等、确实（强调税收固定性）、便利、最小征收费。显然，斯密的税收四原则除了将平等原则作为首要原则加以强调外，其他基本上属于单纯的税务行政原则，体现了自由资本主义时期反对国家干预经济、倡导廉价政府的思潮。

在自由资本主义向垄断资本主义过渡时期，德国经济学家瓦格纳作为社会政策学派的代表提出了四类税收原则：财政收入原则，即税收应能取得充分收入，且有弹性；国民经济原则，即选择适当的税源和保护税本；社会正义原则，即税收应普遍、平等；税务行政原则，即税收要确实，征收费用最少，且便利纳税人。瓦格纳的税收原则理论除了重复斯密的税收四原则外，还强调了社会正义以及税收与经济的关系，体现了自由资本主义向垄断资本主义过渡时期所产生的主张运用政府权力解决社会问题的改良主义思潮。

现代经济学家提出的税收原则可概括为：效率原则、公平原则和经济稳定与增长原则。现代税收原则是在资本主义社会进入垄断时期后市场失灵日益严重的情况下产生的，充分体现了国家运用税收手段干预经济的思潮和政策主张。本节主要讨论税收的公平原则和效率原则。

专栏 10-1　阿道夫·瓦格纳

阿道夫·瓦格纳（1835—1917），德国经济学家，是德国社会政策学派的代表人物，其代表作《财政学》提出了社会政策的财政理论。19世纪中叶，德国正处于资本主义急剧演变的过程中，与此同时，资本家与工人以及支配专制主义政治机构的保守的容克地主，形成三足鼎立的复杂的社会结构。在这种特殊的政治经济历史条件下，瓦格纳打着社会政策以及讲坛社会主义旗帜，反对自由主义经济政策，承认国家对经济活动具有积极的干预作用，同时还谋求改变收入分配的不公平现象，以解决社会问题。在这种思想指导下，他以税收作为重要的政策工具,构建了税收原则。

一、税收的公平原则

对于税收公平原则的理解可以从两个角度出发:一是从税收作为收入再分配的手段考虑,二是从税收作为政府公共提供的筹资手段考虑。公平原则包括横向公平和纵向公平。所谓横向公平,就是指对同样的情况要征同样的税,也就是说,如果两个人在被征税前拥有同样的福利,那么在被征税后也应拥有同样的福利。在税制中运用横向公平标准时,必须分清两个人是否处于同样的福利水平,纵向公平则是就那些拥有不同福利水平的纳税人而言的。

税收作为收入再分配的手段主要是纠正市场在收入分配方面存在的缺陷。如前所述,由市场按贡献、按要素进行的收入分配肯定不符合结果公平的要求。此外,如果市场机制存在较严重的缺陷,由市场决定的分配也可能不符合规则公平(包括起点公平)的要求。因此,税收的公平原则既应包括创造平等竞争环境,从而使市场按贡献原则进行的收入分配符合规则公平和起点公平,更应强调缩小收入差距,对高收入者多征税,对低收入者少征税或不征税,或实行负税收,实现结果公平。

从税收作为公共提供的筹资手段出发,主要是考虑公共提供的成本应如何在社会成员中分摊才是公平的,应根据什么原则来确定各社会成员的纳税义务,是根据受益原则,还是根据能力原则?

(一)受益原则

受益原则所遵循的公平原则也是规则公平。该原则认为应根据市场经济所确立的等价交换的规则来确立个人应承担的税负,即各人所承担的税负应与他从政府公共提供中的受益相一致。根据受益原则,横向公平即为受益相同者承担相同的税负,纵向公平即为受益多者承担较多的税负。

根据受益原则,税收好像是个人从政府公共提供中受益的价格。它要求每个人都能像对待私人物品那样根据自己的偏好来评价政府提供的服务,并按边际效用付款购买。显然,受益原则在收入分配方面是中性的。这里的问题是,公共产品在消费中所特有的非竞争性和非排他性决定了公共产品的消费者一般不仅不会主动显露其对政府公共服务的偏好,而且为了少缴税还会竭力隐瞒自己的偏好。因此,对于政府提供的产品或服务绝大部分是无法通过受益原则来筹措资金的;只有那些具有排他性的准公共品因其受益对象与受益程度均可确认,才可能适用受益原则为其筹措资金。此外,贯彻受益原则还要求专款专用。在实践中,以受益原则为政府公共提供筹措资金的方式若采用税收形式,就被称为特定受益税。

(二)支付能力原则

有一种形象的说法可以说明它的含义:谁都无法从萝卜中吸出血来。这意味着税收只应对有纳税能力的人征课,并且税额的大小应依各自不同的纳税能力而变化。能力原则所遵循的公平准则是结果公平。根据能力原则,横向公平即能力相同者应承担同等税负;纵向公平即能力不同者承担不同的税负,能力强的人多缴税。问题是用什么标准来衡量个人的纳税能力。对此人们主要从客观与主观两方面来确立标准。

1. 客观说

客观说认为应以能客观地观察并衡量的某种指标来作为衡量纳税能力的依据。这类指标主要有收入、消费和财产。

(1)以收入作为衡量纳税能力的指标。此观点为大多数人所接受,但是对于收入的内涵以及具体的计量标准仍存在不同意见。一是以货币收入还是以经济收入为衡量纳税能力的标准?所谓经济收入,不仅指货币收入还包括不能形成货币形式的收入,如个人的自我服务行为、企业生产自用品的行为。二是以单个人的收入为标准,还是以家庭平均收入为衡量纳税能力的标准?由于每个人所需赡养的人口不同,因此,即使是同等收入的人的纳税能力也不同。三是在计算应纳税所得额时,某些因人而异的为维持工作能力的支出项目(如医疗费用支出等)是否应予以扣除?由于每个人的具体情况(如身体状况)不同,获得同等收入所需花费的成本开支也就不同,因此同等收入纳税能力也不一定相同。此外,也有观点认为收入并不一定是能力的反映,因为具有相同工作能力的人可能因个人偏好(如工作与休闲的偏好)不同而收入水平不同。

(2)以消费作为衡量纳税能力的依据。此观点认为消费比收入作为衡量纳税能力的指标更合理。因为在规范的市场经济中,收入多者意味着其对社会贡献大,高收入是其勤奋工作、努力储蓄、积极投资的结果,因此要求多收入者多纳税不利于鼓励工作、储蓄与投资。而消费则标志着个人向社会的索取,索取越多者说明其支付能力越强,越应该多缴税,这样做在客观上能起到抑制消费、鼓励储蓄与投资的作用。以消费作为衡量支付能力的指标在税制设计中表现为以流转税为主体税,并且主要以消费者行为和消费品为课税对象。这里的问题是消费额的多少虽然与收入的多少有一定的联系,但是个人必需品的消费额与其收入之间却往往不是正相关的,如前所述,对必需品的征税具有累退性。因此,以消费作为衡量纳税能力的指标虽然有助于鼓励储蓄与投资,但是却不利于缩小贫富差距。

(3)以财产作为衡量纳税能力的指标。一般来讲,个人财产是个人储蓄、投资的结果,以个人财产的多少作为衡量纳税能力的依据虽然符合量能负担的原则,但是却不利于鼓励储蓄与投资,从而不利于国民经济的长远发展。因此,现代国家很少将财产税作为主要税种，而是将其作为所得税、商品税的补充来取得财政收入，同时发挥其缩小收入差距的作用。

2. 主观说

主观说认为各人的支付能力不仅取决于客观上的可以衡量的某些指标，如收入、消费、财产，还取决于各人主观上的效用评价或者说满意程度，也称之为各人的福利。因为能取得同等收入的人，往往因各人的具体情况不同，如家庭是否美满、工作是否令人满意等，而拥有不同的福利水平。同时福利的差别也会因各人对收入的效用评价不同而不同。图 10-1 说明了拥有同等数量收入的人因对收入的效用评价不同而处于不同的福利状况。

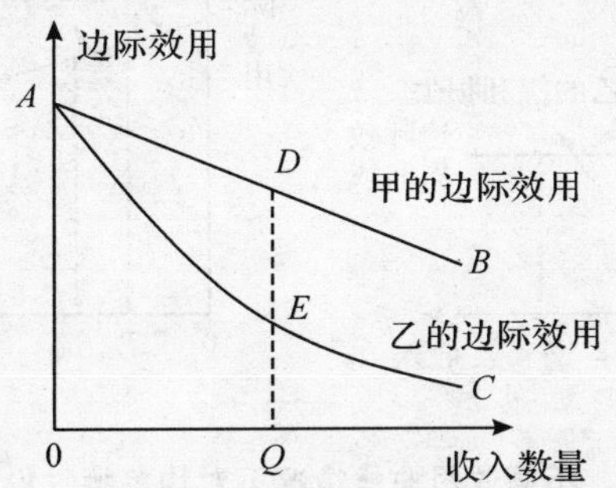

图 10-1 各人对收人的不同评价所产生的效用差别

在图 10-1 中，ADB 为甲的收入边际效用曲线，AEC 为乙的收入边际效用曲线，若甲、乙两人获得同等收入 QQ，则该笔收入给甲带来的总效用（福利）为面积 $ADQO$，给乙带来的总效用为面积 $AEQO$，两人的效用之差为面积 ADE。

由于效用评价是主观的，并且因人而异，因此主观说在税制设计中缺乏可操作性。主观说在税收政策制定中的意义是：假设社会上所有个人对收入具有相同的偏好，即边际收入效用曲线相同，那么不同境遇的人的税负应如何区别？对此问题客观来说没有回答。例如，甲、乙两人分别有 1000 元和 2000 元的收入、消费或财产，客观说只是说明乙应比甲多承担税负，但没有说明应多承担多少。主观说就对此问题提供了以下几种答案。

(1)均等牺牲说

即每个人因税收而造成的福利损失应该相等。此概念用方程组表示为：

$$\begin{cases} U_{甲}(Y_{甲})-U_{甲}(Y_{甲}-T_{甲})=U_{乙}(Y_{乙})-U_{乙}(Y_{乙}-T_{乙}) & (10\text{-}1) \\ T=T_{甲}+T_{乙} & (10\text{-}2) \end{cases}$$

方程 1 中 $U_{甲}$、$Y_{甲}$、$T_{甲}$ 分别表示个人甲的效用函数、收入、所应承担的税收；$U_{乙}$、$Y_{乙}$、$T_{乙}$ 分别表示个人乙的效用函数、收入、所应承担的税收。方程 1 的左边表示甲因税收而造成的福利损失，右边表示乙因税收而造成的福利损失。T 表示税收总额。将具体效用函数与相关数据代入上述方程组可计算出甲、乙各应承担的税收。

假定各人的收入边际效用是常数,即边际效用曲线呈水平状,则均等牺牲说意味着对不同收入水平的人征收等额税收。如果认定个人收入的边际效用递减,即边际效用曲线是负斜率,那么若对高收入者与低收入者征收等额税收必然造成高收入者的福利损失小于低收入者的福利损失。要使两者的福利损失相同就必须向高收入者多征税,向低收入者少征税,两者之间税负的差别应能使他们因税收而造成的福利损失相等。两种不同的边际效用曲线的情况可由图 10-2 分别说明。

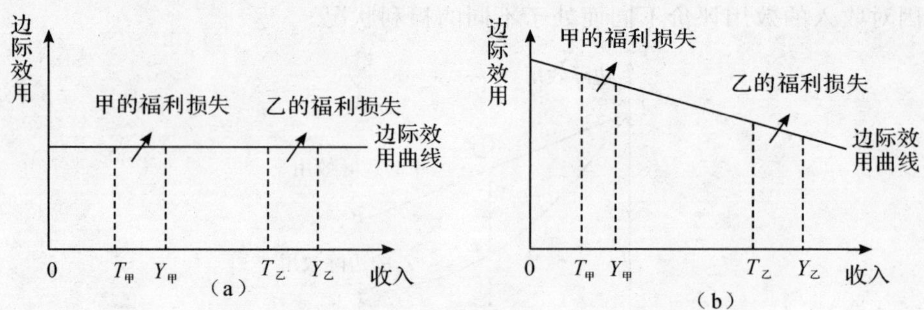

图 10-2 不同效用曲线情况下对均等牺牲说的理解

(2)比例牺牲说

即每个人因税收而造成的福利损失应与其税前福利成同一比例。此概念用方程组表示为:

$$\begin{cases} \dfrac{U_甲(Y_甲)-U_甲(Y_甲-T_甲)}{U_甲(Y_甲)}=\dfrac{U_乙(Y_乙)-U_乙(Y_乙-T_乙)}{U_乙(Y_乙)} & (10\text{-}3) \\ T=T_甲+T_乙 & (10\text{-}4) \end{cases}$$

如果认定个人的收入边际效用曲线呈水平状,则比例牺牲意味着不同收入水平的个人按同一比例税率进行课征。如果认定个人的收入效用递减,那么使高收入者与低收入者的福利损失比例相同,就需要对高收入者采用高税率,而对低收入者采用低税率,即采用累进税率。

(3)最小牺牲说

即每个人因税收而造成的福利损失应该最小。由于在边际效用曲线递减的情况下,高收入者的效用损失总是低于低收入者的效用损失(在对两者征收同等税额的情况下),因此税负只有尽可能由高收入者负担,一直到每个人税后收入相等,才能实现最小牺牲说。在各人收入边际效用曲线相同的情况下,税后收入相等,即边际效用相等。最小牺牲说用方程组表示为:

$$\begin{cases} MU_甲(Y_甲-T_甲)=MU_乙(Y_乙-T_乙) & (10\text{-}5) \\ T=T_甲+T_乙 & (10\text{-}6) \end{cases}$$

最小牺牲说的实际结果是收入的绝对平均。从收入分配的角度看,它体现了结果公平,并可使税后个人收入的效用之和最大化;但从生产角度看,它会有损于效率。

二、税收的效率原则

在政府征税引起资源从私人部门向公共部门转移的过程中,不同税种会对市场经济形成不同程度的扭曲作用。这种扭曲会导致社会福利的损失。税收的效率原则就是在实现既定资源从私人部门向公共部门的转移过程中,将效率损失降到最小程度。税收的效率标准以每筹集一美元的税收所产生的净福利损失来衡量。税收的效率涉及两个主要的方面:一是税收对资源配置效率的影响;二是税收征课的效率或称税务行政的效率。本书主要关心前者,分析资源有效配置标准下税收应遵循的原则。

(一)税收中性原则

原始意义上的或者说纯粹的税收中性原则就是不影响人们行为的原则,不考虑市场失灵的情况,也就是说,在市场能够有效运行的情况下,这一结论是不错的。

从经济学上说,在市场有效运行的前提下,“不影响人们的行为”可以意味着税收不应该破坏现实中资源有效配置的一系列帕累托效率条件。具体来说,个人可能同时面临以下几种选择:(1)在两种商品如X和Z之间进行选择;(2)在闲暇L和y之间进行选择;(3)在未来消费C_f与现在消费C_p之间选择。中性的税收指的是它不应该改变个人进行上述选择时已实现的以下帕累托效率条件:(1)X对Z的,或者说多消费商品X而愿少消费商品Z的边际替代率,等于为多生产X必须少生产Z的边际转换率,并且还等于两种商品的价格P_x和P_z的比率;(2)L对y的,或者说为多选择闲暇L而不愿多工作宁愿损失收入y的边际替代率等于客观上闲暇与收入之间的边际转换率,并且还等于工资率w;(3)C_f对C_p的,或者说为多一些未来消费C_f而愿放弃现在消费C_p的边际替代率,等于生产中未来物品与现在物品的边际转换率,并且还等于$\left\{\frac{1}{(1+i)}\right\}$[①],其中$i$是推迟消费的报酬或者说是利息率。总之,“不影响人们行为”,或者说中性的税收应该保证在税后仍能在下面三式中成立。

$$MRS_{xz}=MRT_{xz}=\frac{P_x}{P_z} \tag{10-7}$$

---

① 求得此式可用如下思路:因为C_f,故$C_p=\left\{\frac{1}{(1+i)}\right\}C_f$,对$C_f$求导,可得为多得到边际的未来消费所必须付出的代价等于$\left\{\frac{1}{(1+i)}\right\}$。

$$MRS_{ly}=MRT_{ly}=w \quad (10\text{-}8)$$

$$MRS_{C_fC_p}=MRT_{C_fC_p}=\frac{1}{1+i} \quad (10\text{-}9)$$

由于现实中人们的选择总是多样的，涉及对各种商品的选择，在商品与闲暇之间的选择，以及在当期消费与未来消费之间的选择，可以说，绝大多数税收都会在至少一个方面破坏税收中性，从这个意义上说，纯粹的税收中性原则是难以推行的。因此，我们可以更多的从效率损失最小化的角度来理解这一原则。

(二)税收对效率条件的破坏

税收对经济的影响可以分为收入效应与替代效应。收入效应不会破坏效率条件，只有替代效应才会破坏效率条件。

1. 税收的收入效应

简单地说，税收的收入效应指的是税收的征课只是使纳税人的收入减少，支付能力和满足程度下降，但并不改变人们的行为方式，所发生的仅仅是资源从私人部门向政府部门的简单转移。所谓行为方式没有改变，严谨地说，应该指税后个人在两种物品之间消费的边际替代率保持不变，也就是说，个人在税后愿为1单位某商品所放弃的另一种商品的数量与纳税前相一致。

假定一个消费者，收入既定为Y，在两种商品X和Z之间选择，两种商品价格分别为P_x和P_z，可得税前预算约束为$P_xx+P_zz=y$，即如图10-3中的预算线AB，总可找到一条无差异曲线，设为Ⅱ，与该预算线AB相切，切点为E_1，决定税前个人消费X和Z的最优组合，则满足消费者效用最大化的均衡条件可以表示为：$MRS_{xz}=\frac{P_x}{P_z}$。考虑征一般消费税，对两商品均按税率t征从价税，预算约束变为：

$$(1+t)P_xx+(1+t)P_zz=Y$$

即：

$$P_xx+P_zz=Y/(1+t)$$

可见，税后该人实际收入由Y下降到$Y/(1+t)$，预算线平行内移，如图10-3所示，消费者新的预算约束线变为$A'B'$。同样，总可找到一条无差异曲线与之相切，设为$I'I'$，决定个人税后消费X和Z的最优组合。由微观经济学可知，这时，税后无差异曲线的斜率等于税后预算线的斜率，这意味着税后个人的边际替代率没有改变，$(MRS_{xz})'=\frac{P_x}{P_z}$。

设经济为完全竞争，则生产两种商品X和Z的边际转换率也等于两种商品的价格比率，亦即$MRT_{xz}=\frac{P_x}{P_z}$，可推知，

$$MRS_{xz}=MRT_{xz}=\frac{P_x}{P_z}$$

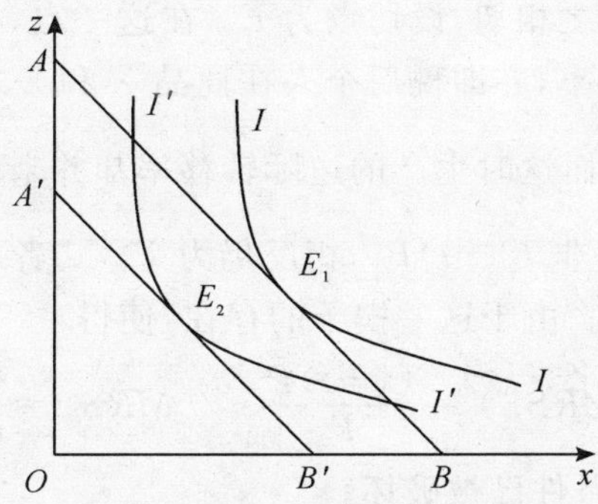

图 10-3　税收的收入效应

$$(MRS_{xz})' = MRT_{xz} = \frac{P_x}{P_z}$$

综上可知，个人行为税前符合帕累托效率条件，税后仍符合帕累托效率条件；亦即，这里税收未破坏两商品之间选择的效率条件。税收的收入效应下所发生的只是个人的一部分收入转移到了国库，导致个人的支付能力下降，不能再消费原来那么多的商品；同时满足程度下降，反映为其税后的消费组合位于更低的无差异曲线上；但是，收入效应并未改变人们的行为方式，亦即没有对资源配置产生歪曲。但如果存在替代效应，情况就大不相同了。

2. 税收的替代效应

与收入效应不同，税收的替代效应指的是税收的征课使纳税人的行为方式发生改变，而以另一种方式取而代之。这时所发生的就不只是资源由私人部门向政府的简单转移，而是在转移这一过程中还会发生对个人行为的扭曲，产生效率损失。

经常被引用来说明这一点的是英国 18 世纪中期实行窗户税的例子，在这种税收下，人们纷纷设法把窗户堵死，以免缴这笔税收，而这样一来，结局并不是资源简单转移的零和情形，而是会出现没有任何一方可以获利的负数和的结局，即对纳税人而言还会发生消费者剩余者的净损失，这一损失又被称作超额负担(excess burden)，或净损失。

沿用上面商品税的例子来说明替代效率与效率损失。假定征课选择性消费税。设对商品 X 征税而对商品 Z 不征税，则个人的预算约束变为：

$$(1+t)P_x x + P_z z = Y$$

可见，税后预算线的斜率已发生变化，不再等于$\frac{P_x}{P_z}$，而是等于$\frac{(1+t)P_x}{P_z}$。图 10-4 中的税后预算线为 AC，不再平行于原预算线，而是发生旋转性移动，由于对商品 Z 不课税，所以原来的 A 点仍在税后预算线上(此时 $X=0$)。总可找到

一条无差异曲线 $I''I''$ 与之相切，设切点为 E_3，在这一点，无差异曲线 $I''I''$ 斜率等于税后预算线 AC 的斜率，亦即税后个人在商品 X 和 Z 之间消费的边际替代率 $(MRS_{xz})''=\frac{(1+t)P_x}{P_z}$，而这时生产的边际转移率却并未改变，因为，这时商品 X 的生产者得到的价格并非 $(1+t)P_x$，相反仍为 P_x，二者之间经常被认为插进了一个税收楔子(wedge)。由于这一楔子的存在，使得：

$$(MRS_{xz})''=\frac{(1+t)P_x}{P_z}\neq MRS_{xz}=\frac{P_x}{P_z}$$

亦即，帕累托效率条件已被破坏。

综上所述，税收的替代效应下所发生的并不仅仅是个人收入转移到政府部门，它还改变了个人的行为方式，对资源配置产生了歪曲，这是替代效应的基本特点。

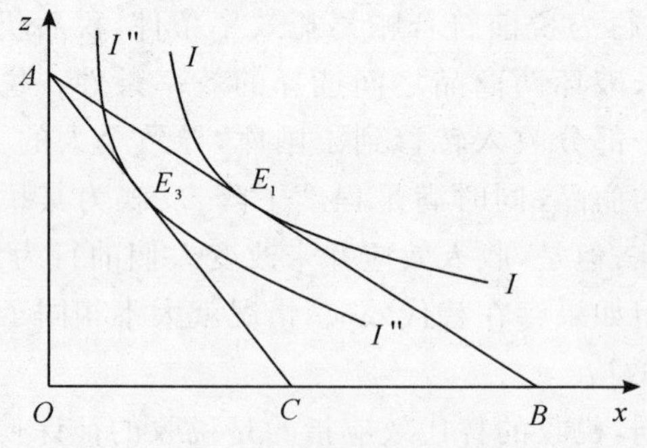

图 10-4　税收的替代效应

3. 同时存在收入效应和替代效应

以上已清楚地说明了一种税收何时会破坏帕累托效率条件，何时不会。虽然只讨论了商品税的情况，但其原理也适用于分析个人在闲暇与工作之间，在未来消费与现在消费之间进行选择时税收的影响。当我们在一般均衡的意义上分析税收的收入效应和替代效应时，就会发现，通常情况下，一种税收的影响不仅限于单一的收入效应或替代效应，相反，往往是两种效应兼而有之。以所得税为例，除会对个人选择闲暇和工作产生影响外，也会影响个人对于未来消费和现在消费的选择，比如说，利息所得如果也被课税，则有鼓励现在消费的特点，将会歪曲原本有效率的在未来消费与现在消费之间的选择。刚才提到的一般消费税，虽然在商品选择上不会带来歪曲，但它也会影响个人的其他选择，并带来效率损失。

设 X 和 Z 两种商品都与闲暇 L 有关，则从消费者效用最大化条件出发，闲暇与工作之间的替代应该满足效率原则，亦即满足 $MRS_{ly}=MRT_{ly}$。现在对两种商品征课一般消费税，如果两种商品与闲暇是相互替代的，比如复印机或其他使工作更加舒适和有效的办公用品，那么税收将使工作中使用的这些物品减少，从而使个人增加闲暇的代价较小；如果两种商品与闲暇是相互补充的，比如对娱乐用品或娱乐场所征高额税，那么税收将使个人选择更多地工作的代价较小；无论是哪种情况，只要被征税的商品与闲暇并不是无关的，商品税的影响就会进一步扩大到当前商品与其他商品之间的选择，这里的例子中，一般消费税将会破坏 $MRS_{ly}=MRT_{ly}$ 这一效率条件，导致对人们在闲暇与工作之间进行选择的歪曲。

类似的，所得税虽然对于个人在商品之间的选择不会产生歪曲，但它也会影响闲暇。可把放弃闲暇看作是一种生产投入，它会按照一定的比率转换为一定数量的商品 X 和 Z，这一比率就是边际转换率。同时，闲暇也是一种与商品 X，Z 一样的正常品，个人在闲暇与两种商品之间分别也都有边际替代率。设税前在 X，Z，L 三者之间实现了高效率的配置，亦即以下三条件得到满足[①]：

$$MRS_{xz}=MRT_{xz}=\frac{P_x}{P_z} \tag{10-10}$$

$$MRS_{lx}=MRT_{lx}=\frac{w}{P_x} \tag{10-11}$$

$$MRS_{lz}=MRT_{lz}=\frac{w}{P_z} \tag{10-12}$$

也就是说，任何两种商品之间的边际替代率等于它们之间的边际转换率，并且还等于两种商品的价格比率。引入所得税后，只能保证上式 10-10 仍然成立，而后面两效率条件则被税收楔子所破坏。设所得税率为 t，它对于 P_x 和 P_z 不会产生影响，但会在厂商支付的工资与个人得到的工资之间出现税收楔子，结果使得税后边际替代率发生变化，而边际转换率却并无变化，从而使 10-10 式后两式不再成立，即：

$$\{(1-t)w/P_x\}=MRS_{lx}\neq MRT_{lx}=\frac{w}{P_x}$$

$$\{(1-t)w/P_z\}=MRS_{lz}\neq MRT_{lz}=\frac{w}{P_z}$$

简单地对以上分析加以小结，可见下表：

表 10-1　税收对效率条件破坏的一般均衡分析

一般消费税	选择性消费税	所得税	归总税
$MRS_{xz}=MRT_{xz}$	$MRS_{xz}\neq MRT_{xz}$	$MRS_{xz}=MRT_{xz}$	$MRS_{xz}=MRT_{xz}$
$MRS_{lx}\neq MRT_{lx}$	$MRS_{lx}\neq MRT_{lx}$	$MRS_{lx}\neq MRT_{lx}$	$MRS_{lx}=MRT_{lx}$

① 罗森：《财政学》，中国财政经济出版社 1992 年版，第 393－394 页。

续表

一般消费税	选择性消费税	所得税	归总税
$MRS_{lz} \neq MRT_{lz}$	$MRS_{lz} = MRT_{lz}$	$MRS_{lz} \neq MRT_{lz}$	$MRS_{lz} = MRT_{lz}$
$MRS_{ly} \neq MRT_{ly}$	$MRS_{ly} \neq MRT_{ly}$	$MRS_{ly} \neq MRT_{ly}$	$MRS_{ly} = MRT_{ly}$
$MRScfcp = MRTcfcp$	$MRScfcp \neq MRTcfcp$	$MRScfcp \neq MRTcfcp$	$MRScfcp = MRTcfcp$

税收中性作为一个原则，其积极意义应当给予肯定，而且在实践中应尽可能遵循这一原则。但是如果市场在私人物品的配置方面存在缺陷，就需要通过区别对待的税收政策对市场缺陷进行校正。例如，通过对污染制造者征税将其外部成本内在化，而对生产和提供具有外部效益产品的生产者给予税收优惠或补贴，使其外部效益内在化；通过税收上的区别对待降低劣质品的消费，鼓励优质品的消费……因此，“税收效率原则，其内容除了消极地保持税收的中性化外，还应当根据不同情况，通过税收对市场经济活动进行积极的干预，诱导资源合理配置，调节供给与需求，促进市场经济机制发挥其最大效率”[①]。“在具体运用时，不可将它绝对化。即使在那些市场经济发达的国家，税收中性原则也只是作为一个理想的原则，在实践中，没有一个国家能够完全遵循这一原则。”[②]

专栏 10-2　国际视野

在联合王国归总税遭到了谴责

归总税不仅引起了特拉法尔加广场发生骚乱，并对玛格丽特·撒切尔首相政权的衰落起到了推波助澜的作用。为什么？仅仅因为归总税是提高政府税收收入并能同时达到高效的典范吗？

在 20 世纪 80 年代，撒切尔政府用一种归总税的形式，称为“社区费”，取代了原先的地方财产税。这种税收将用来支持地方政府服务和基础设施建设，如学校和街道。费用由所有纳税人均等地承担，不论他们的收入高低和财产多寡。具体的纳税水平将由每个地方的自治会决定，由每个成年纳税人定额征税。在不同辖区之间，这个税额浮动较大，但是，由于它对于每个成年纳税人来说是个固定量，对每个辖区的低收入纳税者来说，他们收入的税率高于高收入者。

这种税在英国非常不受欢迎。尽管实行这种税没有必要通过投票解决，但它还是很快地被冠以“人头税”。有 1500 万英国人，包括一些议会成员，都拒绝

① 王诚尧：《国家税收教程》（上册），中国财政经济出版社 1995 年版，第 43 页。

② 袁振宇等：《税收经济学》，中国人民大学出版社 1995 年版，第 45 页。

缴税。地方政府估计他们只能收到50%稍强的税款。这个最有效率的归总税被大多数纳税人认为是如此的不公平，以至于他们拒绝缴税而甘愿冒违反法律和坐牢之险。

到1991年，约翰·梅杰政府宣称废弃这项税收，并实际开展了一揽子新的地方税来取代这个令人憎恨的“人头税”，包括增加销售税和强化中央政府对教育筹资的责任。

英国版的归总税和他们的问题说明了在税收政策中兼顾公平和效率的两难。尽管归总税不会扭曲价格，影响市场配置资源的效率，但它会导致相对于收入的税收负担累退效应。累退的归总税，如前文的归总社区费，已被证明在政治上是行不通的。一个大不列颠的政治家估计，四分之三的英国公众反对这项税收。对这项税收的政治反对最后导致了它退出历史舞台。[①]

① David N. Hyman, Public Finance: A Contemporary Application of Theory to Policy, eighth edition, p432.

【关键词】

税收要素(elements of tax)

纳税人(tax payer)

负税人(tax bearer)

税基(tax base)

税目(items of tax)

税率(tax rate)

累进税率(progressive tax rate)

全额累进税率(total progressive tax rate)

超额累进税率(over progressive tax rate)

比例税率(proportional tax rate)

定额税率(fixed-sum tax rate)

边际税率(marginal tax rate)

平均税率(average tax rate)

名义税率(nominal tax rate)

实际税率(effective tax rate)

课税环节(impact points of taxation)

起征点(minimum threshold)

免征额(tax exempt volume)

一般商品税(general commodity taxes)

特定商品税(specific commodity taxed)

直接税(direct taxation)

间接税(indirect taxation)

流转税(turnover tax)

增值税(value added tax)

从量税(specific tax)

从价税(ad valorem tax)

税制结构(tax system)

效率原则(efficiency principle of taxation)

公平原则(equity principle of taxation)

中性原则(neutral principle of taxation)

横向公平(horizontal equity)

纵向公平(vertical equity)

受益原则(benefit-receive principle of taxation)

支付能力原则（ability-to-pay principle）
均等牺牲（equal absolute sacrifice）
比例牺牲（equal proportional sacrifice）

【思考题】

1. 一国主体税种的选择应根据哪些标准，你认为我国目前应如何选择主体税种？

2. 为了实现资源配置的效率目标，税收应贯彻哪些原则？

3. 如何理解税收的中性原则与其对经济的校正作用，现实经济中如何贯彻？

4. 根据能力原则，你认为个人所得税应如何设计？

5. 假定在两人社会中，甲、乙的收入边际效用曲线相同，$MU=-0.01Y+100$，甲的收入为 1500 元，乙的收入为 2000 元，如果政府要向甲、乙两人征收 1000 元的税收，分别按均等牺牲、比例牺牲和最小牺牲的原则计算甲、乙各自应承担的税额。

第十一章　税收转嫁与归宿

【概要】 税收的转嫁与归宿(tax shifting and incidence)问题实质上是收入分配问题,也是税收公平问题。因为一个人的真实收入是指其全部收入减去各种税负以后的收入,而税负的多少并不完全取决于其在法律上所承担的税负——他向政府所缴纳的税,是取决于他最终负担了多少税,即经济税负。在税负可转嫁的情况下,一个人有可能将其所缴纳的税,部分或全部转嫁给他人,同时也可能不得不承担别人转嫁给他的税负。因为在市场经济中,税收可能使产出品和投入品的价格发生变化,从而改变个人收入使用和收入来源的价值量。

因此,要贯彻税收公平原则就必须弄清楚各种税收在具体环境条件下谁是真正的税收承担者,这样才可能真正设计出有助于公平的税制。

第一节　税收转嫁与归宿概述

在多数时候,税收负担并不会停留在它最初发生作用的地方,可以把税收及于经济运行的最初的作用称为“税收冲击(tax impact)”。最主要的影响会发生转嫁,即法定纳税人会设法将自己法定的税负转移到别人身上,由别人承担。我们可以把实际承担税负的人称为经济纳税人,它可能是法定纳税人产品的购买者,也可能是法定纳税人的要素供给者。

一、税收转嫁与归宿的概念

税收转嫁的最基本方式是前转和后转。一般将法定纳税人通过提高自己产品价格将税负转嫁给其产品购买者的行为称为前转(forward shifting);将法定纳税人通过压低所使用的生产要素价格将税负转嫁给生产要素供给者的行为称为后转(backward shifting);如果法定纳税人同时进行前转和后转则又称为散转(disfused shifting)或混转(mixed shifting);还有一种特殊的税收转嫁方式,叫作税收资本化。税收资本化(capitalization of taxation)是指在具有长期收益的资产交易中，如在土地、房屋的交易中，买主将购入资产在以后年度所必须支付的税款按一定的折现率折成现值，在购入资产的价格中预先一次性扣除，从而降低资产的交易价格。资产交易后，名义上由买主按期纳税，而实际上税款已通过税收资本化，由卖主承担了。因此，税收资本化是一种特殊的后转嫁。可以用一简图说明这里提到的有关概念，如下图：

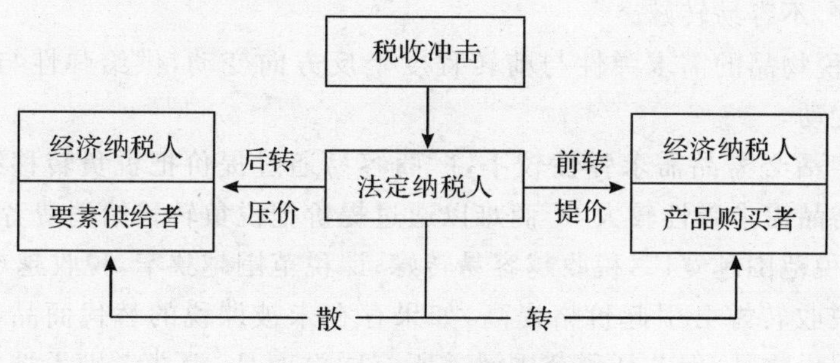

图 11-1 税收转嫁示意图

税收转嫁的结果，或者说税收负担最终的落脚点可以称之为税收归宿（tax incidence），也就是前面所说的经济纳税人，有时也称之为“承担税负的人”（tax bearer），以区别于“纳税人”（tax payer）。税收归宿研究是公共经济学中最重要和最困难的课题之一。税收的一个最主要原则就是公平原则，但是公平与否，不取决于对谁征税，而取决于谁是实际的纳税者，即取决于税收归宿。例如，如果确信公平就应该要求资本所有者负担更高的税负，但征税是以资本所有者将税负转嫁给消费者或工人的方式进行的，那么税收的目的就不会得以实现。是经济学，而不是国会，常常决定着谁是税负的实际负担者。尽管在设计税制时，国会经常可以影响结果，比如对公司征收但设计不同的两种税，可能会产生明显不同的结果。

税收的实际归宿可能与预期的归宿明显不一致。例如，对企业征收两种税，即公司所得税和由雇主负担的社会保障税。任何一种税的结果是：工资可能下降，或者价格可能上升。如果工资不下降，那么我们说税收实现了后转；如果工资的下降额等于全部税款，那么我们说税收实现了充分转嫁；如果工资的下降额低于税额，那么我们说税收实现了部分转嫁。而如果价格上升，那么我们说税收实现了前转。大部分经济学家认为，由雇主负担的社会保障税，绝大部分实现了后转，因而法定由雇主负担的社会保障税，其效果实质上与工人负担社会保障税的效果一样。因此，虽然政府对雇员只征收一半的社会保障税，但雇员以工资降低的形式承担了全部（或几乎全部）的税收负担。

二、税收转嫁与归宿的一般规律

税收是否能够转嫁及转嫁程度如何，常因供求关系、课税范围、税种性质等条件的不同而异，但也存在一般性的规律。表现为以下几点：

(1)与商品价格关系密切的对物税容易转嫁，与经济交易无直接关系的对人税不易转嫁。

因为价格升降是税收转嫁的前提条件，营业税、消费税等税种与商品价格关系密切，比较容易转嫁；企业所得税、个人所得税等税种是根据纳税人的纳税能力确定的，不容易转嫁。

(2)课税物品的需求弹性与前转程度呈反方向变动，供给弹性与后转程度呈反方向变动。

比如生活必需品需求弹性较小，厂商容易通过提价把税负转移给消费者；非生活必需品需求弹性较大，厂商难以通过提价把税负转移给消费者。

(3)课税范围越宽广，税收越容易转嫁；课税范围越狭窄，税收越难转嫁。

因为税收转嫁会引起价格提高，如果存在未被课税的替代商品，消费者就不会选用课税物品；但若征税范围涵盖所有同类商品，消费者别无选择，只好承受税收转嫁的损失。

(4)对垄断性商品课征的税容易转嫁，对竞争性商品课征的税较难转嫁。

因为垄断性商品在较大的市场范围内占有独占性，生产者和经营者基本上掌握价格的控制权，提价转嫁税收的能力强；竞争性商品要根据市场供求状况调整价格，提价转嫁税收的能力较弱。

(5)从价课税的税负容易转嫁，从量课税的税负不容易转嫁。

从量课税是按课税对象的数量、重量、容积、面积、体积征税，税额不受价格变动的影响，购买者对提价转嫁比较敏感，纳税人担心转嫁税负得之者少失之者多；从价课税条件下，价格随税负转嫁而上升，购买者不易感觉，相对说来比较容易转嫁。

第二节　竞争市场条件下的税收转嫁与归宿

分析税收的转嫁与归宿可以采用局部均衡分析和一般均衡分析。局部均衡分析是假定某种商品或生产要素的价格由其自身的供求状况决定而取得均衡，而不受其他商品或其他生产要素的价格供求状况的影响。即假定其他市场一切条件不变的情况下，研究税收对于某一特定市场供需变化的影响。局部均衡分析虽然简单，但有一定的误导性，因为它忽略了许多有意思的问题而受到人们指责。例如，当某个被征税的产品或部门在整个国民经济中占较大比重时，仅仅考察被征税产品的市场就不足以说明税负的变动情况，而必须用一般均衡分析来说明该税收对各个相关市场的交错影响，同时运用一般均衡分析还可以说明税负如何在被征税产品的生产要素的提供者之间进行分割。例如，政府对建筑业征税，致使投资于建筑业的资本收益率下降，为此部分资本和劳动力转向其他行业——假设转入制造业。如果制造业是劳动密集型产业，则转入的资本会使制造业资本供过于求，资本收益率下降，最终使制造业的资本所有者也承担了部分税负；如果制造业是资本密集型产业，转入的劳动力则会使制造业劳动力供过于求，致使制造业工人工资下降或部分工人失业。这一例子说明政府对政府业征税最终却使制造业的资本家或工人也承担了部分税负。我们将在各种竞争性和非竞争性市场上进行税收的局部均衡分析，然后指出这种分析的缺陷所在。

一、从价税与从量税

就竞争性行业而言，不仅对谁课税无关紧要，而且无论是按价格的一定百分比课税还是按每个单位产量的固定数量课税都没有什么区别。前者称为从价税(advaloren tax)，后者称为从量税(specific tax)。但是对垄断行业而言，从价税和从量税有许多不同的效应。从量税可使税后供求曲线平行移动这一特点使得它便于用来进行税收归宿的初步分析，而在现实中从价税是更为普遍的。

(一)从价税情况下商品课税的归宿

在从价税的情况下，商品的价格成为税额大小的一个决定因素，价格越高，缴纳的税款越多。如图 11-2 所示，在政府征税后需求曲线由 D 变成 D'。P_d 和 P_s 间的差额就是缴纳的税 t。政府所得到的税收收入为 $P_dP_sE'F$。这部分税收由生产者和购买者共同负担，负担的比例会因 D' 线斜率的变化而有所变化。

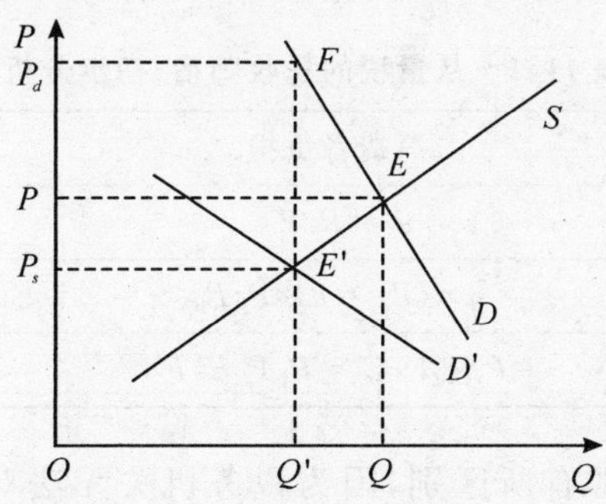

图 11-2　从价税情况下商品课税的归宿

(二)从量税情况下商品课税的归宿

假定从量征课商品税，或称单位税，即一种以课税对象的数量、重量、容积、面积等自然属性作为计税标准的税收，由于这种税收可以使有关的供求曲线平等移动，所以最便于利用几何图形进行分析。

设对某商品如 X 的供求曲线如图 11-3 所示，设税前均衡点为 E_0，均衡价格为 P_0；开征单位税 u，这将使供给曲线 S 平等移动到 S_1，税后均衡点为 E_1，消费者支付的价格从 P_0 上升到 P_d，生产者得到的净价格则从 P_0 下降到 P_s，两者之间出现了一个税收楔子 u，即：

$$P_d - P_s = u = \Delta P \tag{11-1}$$

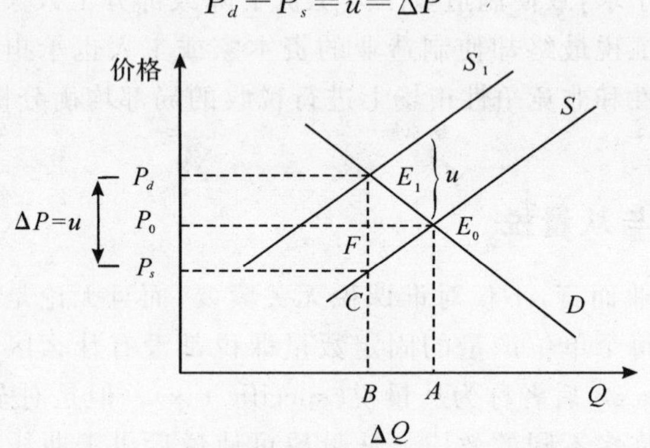

图 11-3　从量税情况下商品课税的归宿

显而易见，生产者并没有将税收负担完全转嫁给消费者，而是双方刚好分担了税额。消费者负担的大小等于他所承担的单位税（$P_d - P_0$）乘以税后的消费量 OB，在图中反映为矩形 $P_0P_dE_1F$ 的面积；生产者负担的税额等于它所承担的单位税（$P_0 - P_s$）乘以税后它的销售量 OB，在图中反映为矩形 P_sP_oFC 的面积；两者相加，刚好等于应纳税额，即单位税 u 乘以交易量 OB 的大小，在图中反映为矩形 $P_sP_dE_1C$ 的面积。双方分担税额的情况可总结如下表。

表 11-1　从量税的税收归宿：初步分析

	消费者负担	生产者负担
单位税的分担：	$u = P_0P_d$	$+ \quad P_sP_0$
税额的分担：	$u \times OB = u \times P_0P_d$	$+ \quad u \times P_sP_0$
或	$P_sP_dE_1C = P_0P_dE_1F$	$+ \quad P_sP_0FC$

实际上，两种税常常有所区别，因为税务机关无法对商品品质的差异做出适当的调整。当税务机关征收从量税时，不管这种产品的品质如何，税收都相同。因此，低品质商品价格的百分比要高于高品质商品。结果造成从量税歧视低品质商品。虽然原则上政府可以调整从量税税率，以抵消这种偏差，但事实上政府很少这样做。另一方面，监控所售商品的数量常常比监控价格更容易，特别是当企业销售不止一种商品时。如果这些商品按不同的从价税率课税，就

会诱发将高税商品开出低价发票的交易出现，而税务人员可能无法发现这一点。此种征管问题已经成为这种课税的主要决定因素。

二、弹性的作用

(一)商品供给弹性的作用

供给弹性是指商品或生产要素的供给量对于市场价格升降所作出的反映程度。供给弹性的强弱，可以分为四种情形，即供给完全无弹性、供给弹性较小、供给弹性较大，供给完全有弹性(弹性值趋于无穷大)。

现分别用四个图反映当政府征税时供给弹性变化的四种情形。其中 P 代表价格，S 代表供给，D 代表需求。供给弹性由弱到强，在图形上表现为 S 曲线的斜率变化。斜率越大，容易向前转嫁；斜率越小，容易向后转嫁。

见图 11-4。图(a)表示供给完全无弹性，供给曲线与横轴垂直。D 与 S 相交于 E，形成均衡价格 P_0 和均衡数量 Q_0，无论需求曲线向下变化多少，其均衡数量一直为 Q_0。因为政府征税之后，价格发生变化，但生产量不变。这说明在供给根本没有弹性的时候，税收会全部向后转移向不能转嫁，而由生产要素的提供者或生产者承担。

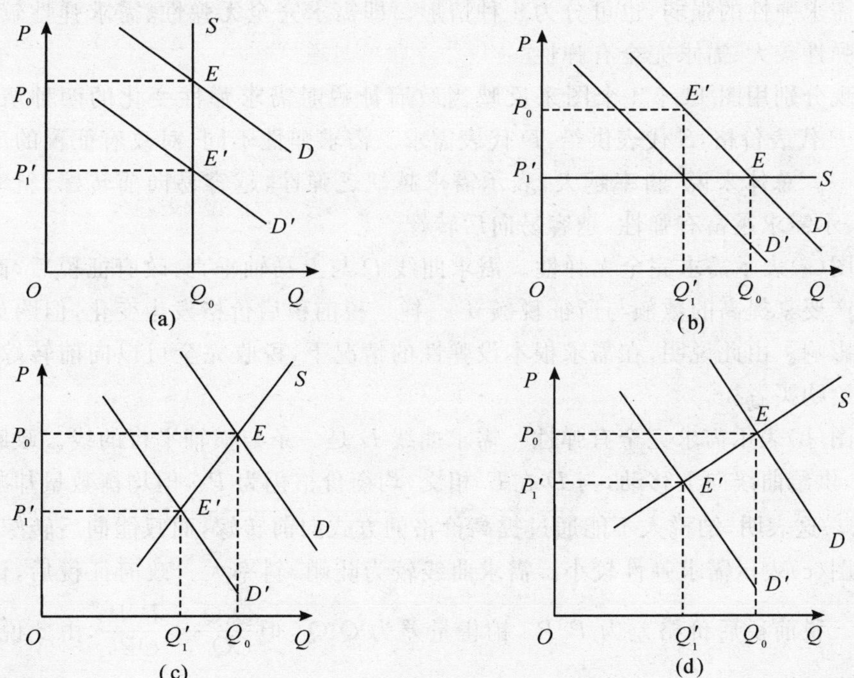

图 11-4　不同供给弹性下的税收转嫁

图(b)表示供给完全有弹性。供给曲线 S 是一条与横轴平行的线,表示供给完全弹性。税前税后的价格差额等于 E 与 E' 垂直的距离,即等于政府征税的数额 T。这说明,在供给完全弹性的情况下,税收会全部通过涨价形式向前转嫁给购买者。

图(c)表示供给弹性较小。税前价格为 P_0,税后价格为 P_1',税前产量为 Q_0,税后产量下降到 Q_1',但总体来说,是 $\frac{P_0P_1'}{OP_0}>\frac{Q_0Q_1'}{OQ_0}$,这表明生产量的减少幅度接近于价格相对下降的幅度。所以税收不易向前转嫁,而向后转嫁的可能性较大。

图(d)表示供给弹性较大。政府征税后,因价格不能相应提高而造成相对价格下降,征税前后的价格差额为 $\frac{P_0P_1'}{OP_0}<\frac{Q_0Q_1'}{OQ_0}$。这说明,在供给弹性较大的情况下,生产量减少的幅度大于价格相对下降的幅度,所以税收易于向前转嫁。

(二)商品需求弹性的作用

所谓需求弹性,是指商品或生产要素的需求量对于市场价格升降所作出的反应程度。

需求弹性的强弱,也可分为 4 种情形。即需求完全无弹性、需求弹性较小、需求弹性较大、需求完全有弹性。

现分别用图 11-5 4 个图来反映当政府征税时需求弹性变化的四种情形。仍以 P 代表价格,S 代表供给,D 代表需求。需求弹性不同,对政府征税的反应也不一。总体来说,斜率越大,表示需求越缺乏弹性,越容易向前转嫁;斜率越小,表示需求越富有弹性,越容易向后转嫁。

图(a)表示需求完全无弹性。需求曲线 D 与上马轴垂直,政府征税后,商品或生产要素提高的数额与所征税额 T 一样。税前税后价格发生变化,但购买量不受影响。由此说明,在需求根本没弹性的情况下,税收完全可以向前转嫁,即转嫁给购买者。

图(b)表示需求完全有弹性。需求曲线 D 是一条与横轴平行的线。政府征税后,供给曲线向上移动,与 D 在 E' 相交,均衡价格仍为 P_0,但均衡数量却减少至 Q'。这表明,纳税人不能通过提高价格的方式向前转嫁,而只能向后转嫁。

图(c)表示需求弹性较小。需求曲线较为陡峭,斜率大。政府征税后,价格上升。税前税后价格差为 P_0P',销售量差为 Q_0Q',但 $\frac{Q_0Q'}{OQ_0}<\frac{P_0P'}{OP_0}$,由此说明,当需求弹性在 0 与 1 的范围内变化时,销售量的减少幅度小于价格提高的幅度,所以税收会向前转嫁,即向购买者转嫁。

图(d)表示需求弹性较大。需求曲线较为平坦,斜率小。当政府征税时,价

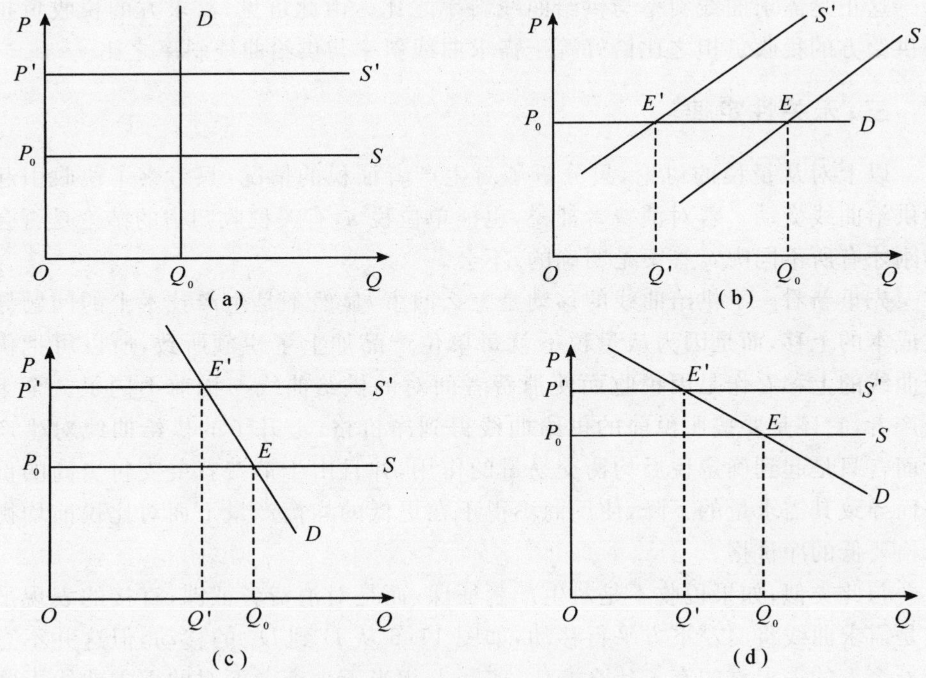

图 11-5　不同需求弹性下的税收转嫁

格上升到 P'。税前税后的价格差为 P_0P'，销售量差为 Q_0Q'，但$\dfrac{Q_0Q'}{OQ_0}>\dfrac{P_0P'}{OP_0}$。由此说明，销售量减少幅度大于价格提高的幅度，税收向前转嫁困难，只能更多地向后转嫁。

供求弹性的力量对比最终决定了税收转嫁的情况。如果供给弹性大于需求弹性，则向前转嫁的成分多一些，反之，向后转嫁的成分多一些。其实，供求双方的税收负担率与供求曲线的斜率之间有密切的关系。如图所示，纵、横轴分别表示价格和产量，征税前，需求曲线与供给曲线在 E' 点相交。若对供给者征税，供给曲线会向左上方移动；若对需求者征税，需求曲线会向左下方移动。

图 11-5 中：需求者的税收负担是 P_d-P'；

供给者的税收负担是 $P'-P_d$；

需求者税收负担与供给者税收负担之比为$\dfrac{P_d-P'}{P'-P_d}$；

分子、分母均除以征税前后产量的变化数额$(Q'-Q_e)$，则有：

$$\frac{\dfrac{P_d-P'}{Q'-Q_e}}{\dfrac{P'-P_s}{Q'-Q_e}} \tag{11-2}$$

这正是需求曲线斜率与供给曲线斜率之比。由此可见，需求方的税收负担与供给方的税收负担之比恰好等于需求曲线斜率与供给曲线斜率之比。

三、无关性定律

以上对从量税的讨论，只分析了对生产者征税的情况，只考察了税收引起的供给曲线变动。若对消费者征税，也征单位税 u，有关税收归宿的结论是否会和刚才有所不同呢？答案是明确的，不会。

先重新看一下供给曲线的移动是怎么回事，显然不是生产技术上的问题导致成本的上移，而是因为从量税下就每单位产品加上了税额所致，所以可把供给曲线的上移看作是因税收而使消费者面对的供给曲线与税前不同了。至于生产者，它还是要按照税前的供给曲线得到净价格，上升了的供给曲线对生产者而言只是起到确定税后均衡交易量的作用，并且由于消费者要支付更高的价格而导致其需求量的下降，使厂商不得不在更低的均衡产量下面对比税前均衡价格要低的净价格。

与此类似，如果税收不是对生产者征课，而是对消费者征课，直接的表现虽然是需求曲线将向左下方平行移动，如图 11-6 从 D 到 D_1 的移动，但这并不意味着个人的需求真的有了什么变化，实际上相当于生产者面对的需求曲线下降了。也就是说，消费者还是按照他原来的需求曲线支付价格，但生产者得不到消费者支付价格的全部，之间的差额就是税收楔子。

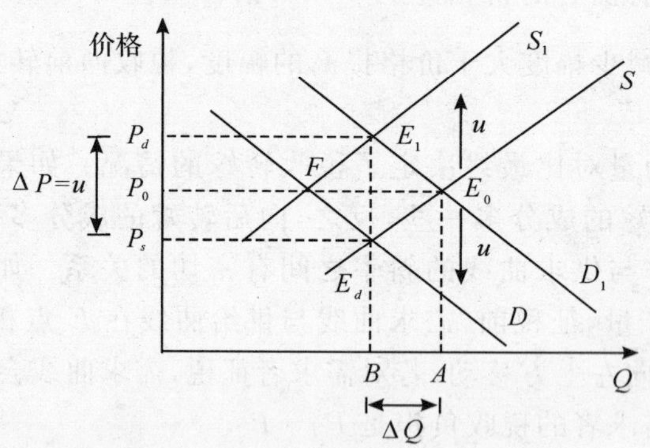

图 11-6 税收归宿的无关性定律

$$P_d=P_s+u \tag{11-3}$$

$$P_d-u=P_s \tag{11-4}$$

因此，完全竞争条件下征课从量税，在消费者支付的价格，生产者得到的净价格以及单位税额三者之间存在上式所表述的稳定关系。当对生产者征税时，可以写作式 11-3，表明供给曲线上升 u 个单位；当对消费者征税时，可以写作式

11-4，表明需求曲线下降 u 个单位，但无论是对生产者征税还是对消费者征税，对于税后消费者支付的价格与生产得到的净价格都没有影响。这一结果也可以称之为对消费者或生产者征单位税的无关性定律。

四、影响税收归宿的其他因素

税收归宿会受到很多因素的影响，可以不全面地将这些因素列入表。要说明的是，表中的结论是在其他条件不变的条件下近似地给出的，旨在初步介绍影响税收转嫁的复杂因素，对其中有些因素作用于税收转嫁有深入的分析这里将不涉及。

表 11-2　影响税收转嫁的诸因素分析

影响因素	转嫁程度①	
	低	高
税基选择	所得税	商品税
税基宽窄	窄	宽
税收管辖权范围	小	大
调整的时间	长	短
商品税下		
商品供给弹性	小	大
商品需求弹性	大	小
要素供给弹性	大	小
要素需求弹性	小	大
要素税下		
要素供给弹性	小	大
要素需求弹性	大	小
生产成本变动趋势	递增	递减

首先，税基的选择会影响转嫁的程度，所得税被认为具有可直接针对个人特征进行调节的特点，与针对交易征收的商品税相比，所得税更不易转嫁。[②]

---

① 说明：(1)以下所说的转嫁程度应从法定纳税人可以让别人承担其税负的可能性的大小这一角度来理解；(2)每一影响因素下的结论得出都需假定其他条件不变。

② 这里是在前述定义下理解转嫁，即法定纳税人将落在他身上的税负转移出去，无论法定纳税人是自然人还是法人。有人认为所得税是直接税，无法转嫁，但实际上并不绝对如此，阿特金林森和斯蒂格里茨(中文 1992)《公共经济学》第 546 页提到，所得税也可通过工资谈判进行转嫁。

其次,税基的宽窄对税收转嫁程度会产生影响,比如只对一个品牌的汽车征税,人们可以选购其他牌子的替代品,在其他条件不变的情况下,被课税汽车的生产者难以转嫁税负。

第三,税收管辖权的范围对税收转嫁程度也会产生影响,如果只有某一省市开征一种地方税,则法定纳税人转嫁税负就会面临困难,因为人们可以通过移居他乡而避免成为经济纳税人。

第四,时间越长转嫁税负就越难,因为有关方面来得及从容做出调整,而如果时间很短,比如上例中的还来不及搬家,则法定纳税人转嫁税负就较容易。

第五,生产成本的变动趋势也会对税收转嫁产生重要的影响,一般说来,成本递减情况下更容易转嫁,成本递增情况下转嫁程度较小。

作为一个完整的税负转嫁与归宿理论,以上的局部均衡分析是不够的,它忽略了有可能在其他市场发生的一系列相对价格的变化,而这种变化会影响相对效用水平。局部均衡分析的另一个问题是,它所能分析的税收类型具有很强的局限性。它只能分析对特定市场的课税,特别是它不能分析部分要素税,或一般所得税和一般商品税。部分要素税,或对限定范围内使用的生产要素课税(如公司所得税,只是对公司部门的资本收入课税),即使这种要素对经济的影响面较广,它的价格发生变化也只能影响这种要素的部分市场。因为只有要素的部分需求和部分供给被课税,用需求曲线和供给曲线来分析显然是不行的。最后的问题是局部均衡分析忽略了政府对税收收入使用的影响。用差别税负分析来比较两种税收的时候,这个问题就非常突出。而一般均衡分析则明确考虑了这些问题。当然,这并不是说局部均衡分析就没有价值,它分析了税收基本的、初始的影响。在某些场合,这种分析是相当重要的。[①]

第三节　垄断条件下的税收转嫁与归宿

在垄断条件下,由于垄断者具有控制价格的能力,为了追求垄断利润最大化,垄断者以其边际收入等于边际成本的均衡点决定产量,而价格则由这一产出水平上的边际效用决定。这显然不同于竞争条件下,由生产者的边际成本和消费者的边际效用的均衡点决定价格的情况。因此,税收对价格变动的影响也有所不同,从而税负的转嫁与归宿也有所区别。

在垄断条件下讨论税负转嫁与归宿仅限于需求曲线向右下方倾斜的情况。

---

① 例如,在完全无弹性的要素供给情况下,一般要素税或一般所得税的局部均衡分析是完全正确的。在这种情况下,被课税的要素承担全部税收负担,如同在无弹性供给情况下局部分析所得到的结果。

因为在需求完全无弹性的情况下，无论是垄断还是完全竞争，税负都是全部由消费者负担；而在需求具有无限弹性的情况下，垄断根本不可能存在，因此也无讨论必要。

一、垄断条件下征收从量税情况下的税收转嫁规律

垄断条件下征收从量税情况下的税收转嫁与边际成本曲线（供给线）的状态密切相关。边际成本曲线的状态大致可以分为三种情况：边际成本为常数，即边际成本曲线呈水平状；边际成本递增，即边际成本曲线向右上方延伸；边际成本递减，即边际成本曲线向右下方延伸。

（一）边际成本为常数

在边际成本呈水平状的情况下，若向垄断者的每一单位产品征收从量税 T，税后边际成本曲线就会上移 T，形成新的边际成本曲线 MC'，它与边际收入曲线相交，形成一个新的交点，由此交点决定税后的产量与价格，从而也就决定了消费者与垄断生产者各自负担的税负。图 11-7 说明了边际成本为常数时垄断者的税收转嫁。

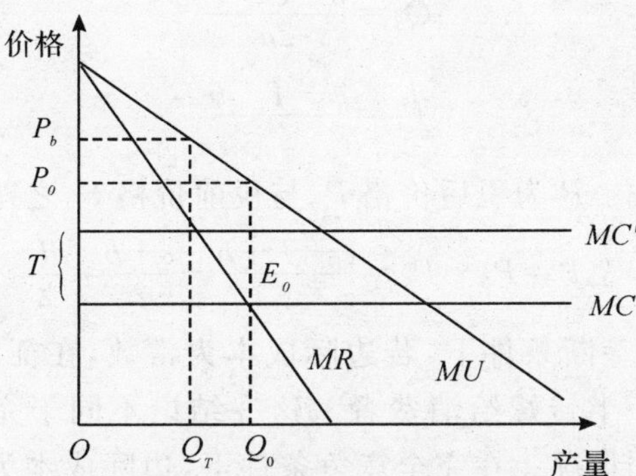

图 11-7　边际成本为常数时垄断者的税收转嫁

在图 11-7 中，MU 为需求曲线，MR 为垄断者的边际收入曲线，税前的均衡产量与价格由 MC 与 MR 的交战 E_0 决定，产量为 Q_0，价格为 P_0。若向垄断生产者的每一单位产品征收从量税 T，则税后边际成本平移到 MC'，税后的均衡产量为 Q_T，价格为 P_b。产品税后价格上涨幅度为 P_bP_0。从图 11-7 直接观察，P_bP_0 大约相当于垄断者每单位产品缴纳的税款 T 的一半，这说明垄断者将一半税负转嫁给了消费者。在边际成本为常数的情况下，垄断者究竟可将多少税负转嫁给消费者这一问题，可通过代数方法来解决。

假设税前需求曲线 MU 与边际成本曲线 MC 分别为：

$$MU=-aQ+b$$

$$MC=c$$

根据需求曲线 MU，可知税前生产者的总收入 TR 为：

$$PQ=(-aQ+b)Q=-aQ^2+bQ$$

每增加一单位产品所能获取的收入，即边际收入 MR 为：

$$-2aQ+b$$

税前均衡产量 Q_0 由 MC 与 MR 的交点决定为：

$$-2aQ+b=c$$

$$Q_0=\frac{b-c}{2a}$$

税前均衡价格 P_0 为：

$$P_0=-aQ_0+b=\frac{c+b}{2}$$

这里需要注意的是，在垄断条件下，求取 P_0 必须将 Q_0 代入需求曲线的代数式 MU 中。征收从量税 T 后，边际成本曲线为：

$$MC'=c+t$$

税后的均衡产量 Q_T 和 P_b 分别为：

$$Q_T=\frac{b-c-T}{2a}$$

$$P_b=\frac{c+T+b}{2}$$

税后的价格增幅 ΔP 为税后价格 P_b 与税前价格 P_0 之差：

$$\Delta P=P_b-P_0=\frac{c+T+b}{2}-\frac{c+b}{2}=\frac{T}{2} \tag{11-5}$$

此结论说明，在垄断条件下，若边际成本为常数，在征收从量税情况下，垄断者只能将税负的一半转嫁给消费者。这一结论不同于完全竞争条件下边际成本曲线呈水平状的情况。在完全竞争条件下，边际成本为常数意味着供给具有无限弹性，税负将全部由消费者负担。

(二) 边际成本递增或递减

如果边际成本递增，垄断条件下的税负转嫁情况如图 11-8 所示。

在图 11-8 中，MC 是表示边际成本递增的向右上方倾斜的曲线，它与边际收入曲线 MR 相交决定了税前产量 Q_0 与价格 P_0。若对每一单位产品征收从量税 T，税后的边际成本曲线上移至 MC'，它与边际收入曲线相交决定了税后的均衡产量 Q_T 与价格 P_b。由图可知税后价格升幅为 P_bP_0，说明垄断生产者将部分税负转嫁给了消费者。但是要明确税收转嫁程度，仍需采用代数方法。假设税前需求曲线为 MU、边际成本曲线为 MC，以及垄断者的边际收入曲线为 MR，则：

$$MU=-aQ+b$$

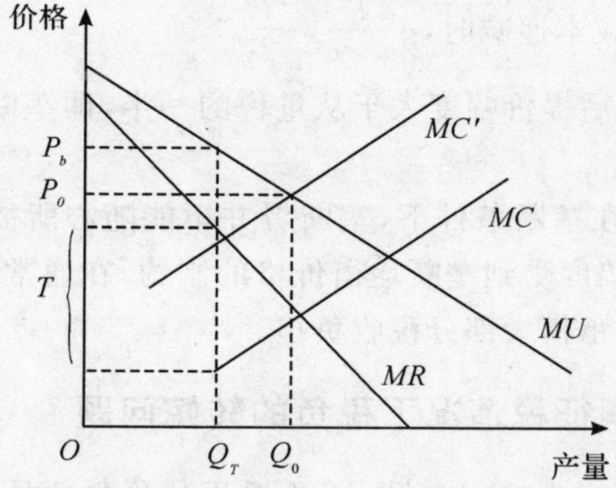

图 11-8　成本递增条件下，垄断市场的税收转嫁

$$MC = cQ + d$$

$$MR = -2aQ + b$$

税前均衡产量 Q_0 由边际成本与边际收入的均衡关系决定，即：

$$cQ + d = -2aQ + b$$

$$Q_0 = \frac{b-d}{2a+c}$$

税前均衡价格 P_0 为：

$$P_0 = \frac{ab+ad+cb}{2a+c}$$

若向垄断生产者征收从量税 T，则税后边际成本曲线 MC' 为：

$$MC' = cQ + d + T$$

税后均衡产量 Q_T 为：

$$-2aQ_T + b = cQ_T + d + T$$

$$Q_T = \frac{b-d-T}{2a+c}$$

税后均衡价格 P_b 为：

$$P_b = -aQ_T + b = \frac{ad+aT+ab+bc}{2a+c}$$

价格增幅 ΔP 为税后价格 P_b 与税前价格 P_0 之差，即：

$$\Delta P = \frac{ad+T+ab+bc}{2a+c} - \frac{ad+ab+bc}{2a+c} = \frac{aT}{2a+c} \tag{11-6}$$

当 $c>0$，即边际成本递增时，$\frac{aT}{2a+c} < \frac{T}{2}$。

此结论说明在边际成本递增的情况下，垄断者税后提价的幅度小于从量税的一半，即垄断者只能将不到一半的税负转嫁给消费者，具体比例取决于成本曲线的斜率 c。c 越大，垄断负担的税负比例越大。

当 $c<0$，即边际成本递减时，$\frac{aT}{2a+c}>\frac{T}{2}$。

这说明垄断者税后提价幅度大于从量税的一半，即垄断者可将大部分税负转嫁给消费者。

上述分析说明，在垄断条件下，垄断者并不能随心所欲地将税负转嫁给消费者，垄断者涨价的幅度受到垄断均衡价格的制约，在通常情况（即边际成本递增情况）下，垄断者将承担大部分税收负担。

二、对垄断利润征税情况下税负的转嫁问题

上述分析说明对垄断商品征税，无论采用从价税还是从量税方式，都会使价格上升，所以垄断者或多或少总能将部分税收负担通过提高产品价格转嫁给消费者。在对垄断利润征税的情况下，由于垄断者不会因税收而改变产量和价格决策，故全部税负由垄断者自己负担。其原因在于垄断者要追求税后利润最大化，就必须追求税前利润最大化。要做到这一点，就必须始终以边际成本与边际收入的均衡点来确定产量和价格。这一过程可用图 11-9 说明。

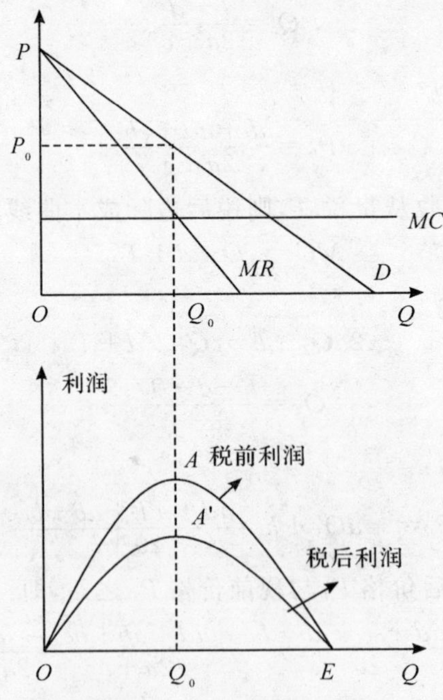

图 11-9　税前利润最大化的产出与税后利润最大化的产出相同

在图 11-9 中，无论税前最高利润 A，还是税后最高利润 A'，都是由 $MR=MC$ 所决定的产量 Q_0 与价格 P_0 来实现的。

【关键词】

税收转嫁(tax shifting)

税收归宿(tax incidence)

前转(shifting forward)

后转(shifting backward)

税收资本化(capitalization of taxation)

混转(mixed shifting)

需求弹性(elasticity of demand)

供给弹性(elasticity of supply)

局部均衡分析(partial equilibrium analysis)

一般均衡分析(general equilibrium analysis)

【思考题】

1. 影响税收转嫁与归宿的因素有哪些？

2. 在完全竞争市场中如何描述税收的转嫁规律？

3. 垄断者是否具有更强的转嫁税负的能力？为什么？

4. 假定某产品市场的边际效用曲线为 $P=-0.5Q+100$，边际成本曲线为 $P=2.0Q+5$，现向该产品征收金额为1元的定额税，分别计算在竞争市场与垄断市场条件下政府能取得的税收收入以及消费者与生产者所承担的税负比例。

第十二章　税收与效率

【概要】 税收对纳税人产生了收入效应与替代效应。除了归总税只产生收入效应外，一般税收都会同时产生两种效应，从而影响纳税人的福利水平。当政府征税影响相对价格，使纳税人改变原有经济决策时就产了替代效应，它使个人因税收而导致的福利损失要大于政府收到的税收，两者之差就是税收的超额负担。

税收的超额负担可通过只反映替代效应的补偿需求曲线计算哈伯格三角形面积而获得。要减少超额负担，就需要研究最优税制，尽可能采用不影响相对价格的中性税收。拉姆齐提出了弹性倒式法则，使得边际税收的效率损失相等，实现了税制的效率损失最小化。后人又进一步把闲暇、收入分配等因素考虑在内，完善了商品税的最优税制。最优所得税则分别考虑了线性条件下的比例税制和非线性条件下的最高边际税率为零的最优所得税制，以更好地兼顾公平与效率。最优商品税与最优所得税共同构成了最优税制。

第一节　税收的超额负担

经济学家总是希望政府课税不要对人们的经济行为产生任何影响，即保持税收中性原则。任何课税都必定影响消费。毕竟课税的目的是要将购买力从个人那里转移给政府。每个人都不得不减少对某些商品的消费。效率高的课税可以将课征单位税收收入所产生的福利损失最小化。

一、税收超额负担的含义及产生的原因

一般讲政府征税会产生两种效应：收入效应和替代效应，进而影响个人福利水平。无论政府征收何种税都会使纳税人的收入减少，产生税收的收入效应。所谓收入效应(income effect)，是指在相对价格不变的情况下，因个人收入发生变化而对个人的福利水平所产生的影响。只产生收入效应而不产生替代效应的税收被称为归总税(lump sum tax)，它的显著特点是不论纳税人如何改

变其经济行为都无法改变其纳税义务。归总税的典型例子是人头税。

当政府征收的税影响了相对价格，从而使纳税人为了避税而改变原有的经济决策（包括消费、投资、工作等经济决策）时，就产生了税收的替代效应。所谓替代效应（substitution effect），是指在个人收入水平不变的情况下，因相对价格的变化而产生的对个人福利水平的影响。

税收的替代效应说明个人因税收而导致的福利损失（包括因收入效应引起的和替代效应引起的），要大于政府收到的税收（因为若将政府征到的税返还给个人，个人仍存在福利扣抵），两者之差即为税收所产生的经济的无谓损失（dead weight loss），也被称为税收的超额负担（excess burden）。

专栏 12-1　亚当·斯密

亚当·斯密（1723—1790），古典政治经济学派创始人。他首次提出了全面系统的经济学说，为该领域的发展打下了良好的基础。因此，完全可以说他的《国富论》是现代政治经济学研究的起点。该书的伟大成就之一是摒弃了过去许多的错误概念。亚当斯密驳斥了旧的重商主义学说，这种学说片面强调国家贮备大量金币的重要性；他否决了重农主义者的土地是价值的主要来源的观点，提出了劳动的基本重要性；他的分工理论重点强调劳动分工会引起生产的大量增长，抨击了阻碍工业发展的一整套腐朽的、武断的政治限制。

亚当·斯密的经济思想体系结构严密，论证有力，使旧的经济思想学派在几十年内就被抛弃了。实际上，亚当·斯密把他们所有的优点都纳入进了自己的体系，同时也系统地披露了他们的缺点。

亚当·斯密对立法和政府政策的影响也是深远的。他反对政府干涉商业和商业事务、赞成低关税和自由贸易的观点在整个 19 世纪对政府政策都有决定性的影响。事实上，他对这些政策的影响今天人们仍能感觉出来。同时他也是把税收原则首先明确化、系统化的第一人。他从经济自由主义立场出发，提出了平等、确实、便利、最小征收费用等四大税收原则，流传至今。

二、税收超额负担的衡量

税收超额负担可以用补偿需求曲线来具体计算税收的超额负担，但计算结果仅反映了税收扭曲效应的局部影响。

（一）补偿需求曲线

经济学中的一般需求曲线反映了价格变动对需求的影响。这种影响包含了两方面的效应：一是收入效应，即价格的上升（或下降）意味着需求方实际收入的减少(或增加),随着收入的变化,需求量也会随之变化;二是替代效应,即由于价格的上升(或下降)使得该产品相对于其他产品变得更昂贵(或更便宜),从而使需求方减少(或增加)对该产品的需求,转而增加(或减少)对其他产品的需求,或者说由于相对价格的变化改变了需求方的需求结构。

补偿需求曲线(compensated demand curve)与一般需求曲线的区别在于它将价格变动所引起的收入效应剔除了,使需求曲线仅反映替代效应。所谓补偿,并非要实际给个人什么补偿,而只是在概念上考虑这样一种情况:令个人福利不受影响,看他如何改变选择行为。由于一般而言,价格变化总会影响个人福利,所以若在理论上能够找到一种方法将价格变化对个人福利的影响消除掉,就可以看作或理解为对个人采取了某种补偿措施。由于税收的超额负担是替代效应引发的,因此只能用补偿需求曲线作为计算工具。

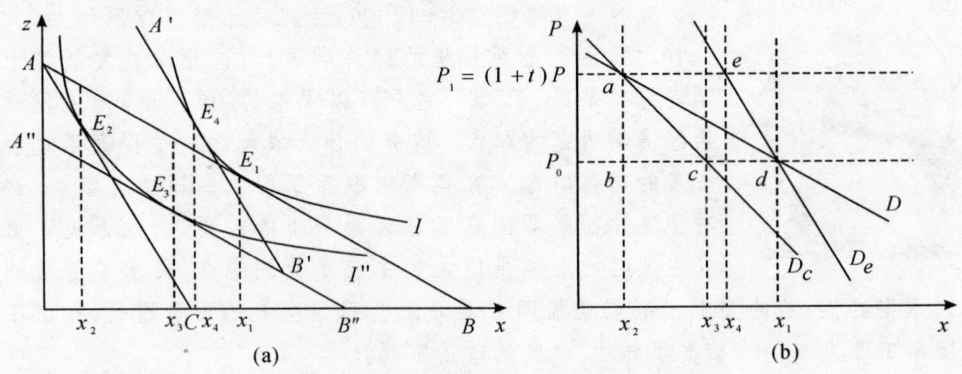

图 12-1　补偿需求曲线与税收的效率损失

如图 12-1(a),作一条与税前无差异曲线 I 相切于 E_4 点,且平行于税后预算线 AC 的直线 $A'B'$,可知,补偿需求曲线也不考虑由 E_4 到 E_2 所引起的对商品 X 的需求的变化,因为这一变化中没有价格变化的影响。但是,由 E_3 到 E_2 的变化,或者由 E_1 到 E_4 的变化却发生了价格变化,这才是补偿需求曲线所关心的领域,它要考察纯粹价格因素引起的需求的变化。同时,这种变化应该是合意的,经过补偿了的,或者说是在个人福利水平并没有比价格变化前更低的前提下发生的。反映在图中,这意味着,由价格变化引起的预算线 AB 向 AC 的转变,或者由 AB 向 $A'B'$ 的转变,应该能够沿着变化前的无差异曲线进行,以确保个人福利能够得到充分的补偿,而不致发生福利水平的下降。

然后,我们利用图 12-1(b)求出补偿需求曲线。

D_c 由图的上半部知,这里有商品 X 的两种价格水平,税前的 P 和税后的 $(1+t)P$,税收的总效应下,对 X 的需求量从 x_1 减少到 x_2,可作出一般需求曲线,或称马歇尔需求曲线;而补偿需求曲线只考虑纯粹价格因素引起的需求变化，即由 x_2 到 x_3 的变化，或由 x_1 到 x_5 的变化。因此有图中 D_c 线（或 D_e 线），这两条线可称为希克斯需求曲线。

(二)效率损失的计算公式

利用图 12-1(b)中的补偿需求曲线 D_c 或 D_e，可以进一步求出效率损失的计算公式。

前面已给出，税前价格为 P，税率为 t，税后价格为 $(1+t)P$，替代效应引起的需求量变化为从 x_2 到 x_3（或由 x_1 到 x_5），由图可见，税收引起的消费者剩余的损失为四边形 acP_0P_1 的大小，其中，矩形 abP_0P_1 为转移到政府部门的税收，哈伯格三角形(Harberger triangle)abc 为消费者剩余的净损失，即效率损失。[①]

可利用最基本计算方法求出效率损失 EL 的大小，设 ΔP 和 ΔQ 分别表示税收引起的价格和需求量的变化量，由计算三角形面积的公式可知：

$$EL=\frac{1}{2}PQ \tag{12-1}$$

其中，ΔQ 可与补偿需求曲线的弹性 η_{cd} 联系起来，由于

$$\eta_{cd}=\frac{\dfrac{\Delta Q}{Q}}{\dfrac{\Delta P}{P}}$$

可推出

$$\Delta Q=\frac{\eta_{cd}\,\Delta PQ}{P}$$

又由于 $\Delta P=\{(1+t)P-P\}=tP$，可将此式与上式一并代入三角形 abc 计算公式，有

$$EL=\frac{1}{2}tP\,\frac{\eta_{cd}\,\Delta PQ}{P}$$

其中，$\dfrac{\Delta P}{P}$实际上就是税率 t，所以，可将上式简化为常见的效率损失的计算公式

$$EL=\frac{1}{2}t^2\,\eta_{cd}PQ \tag{12-2}$$

这个公式表明，人们可以通过观察税率和补偿需求曲线的弹性来把握税收引起的效率损失的大小，这比观测个人的无差异曲线方便多了。

(三)所得税的效率损失

所得税的效率损失计算也可利用相同的原理。参见图 12-2。其中 OA 为税前个人劳动挣得收入的可能线，他提供的劳动数量（横轴表示）越多，他的总

---

① 诚然，消费者剩余的净损失不只是 abc，如 abd 也是，但只有 abc 是由替代效应引起的，破坏了效率条件，所以税收的效率原则关心它，至于消费者剩余净损失的其余部分可在公平原则下进行分析。

收入(纵轴表示)就会越高;课比例所得税,设税率为 t,它将使个人挣得收入的可能线向右下方旋转移动到 OB。设税前个人在 E_1 点所确定的劳动——收入组合获得效用最大化,税后效用最大化的均衡点变为 E_3 点,个人愿提供的劳动数量下降,由税前的 OK 下降为税后的 OM。循前面的思路,可以将由 E_1 到 E_3 这一所得税的总效应加以分解,作一条平行于税前收入线 OA 且与税后无差异曲线相切的直线 $O'A'$,设切点为 E_2,由 E_1 到 E_2 为所得税的收入效应,个人在收入效应作用下倾向于增加劳动供给 KH 以挣得更多的收入,但替代效应的作用方向正好相反,由 E_2 到 E_3,个人又宁愿减少劳动供给 HM,由于替代效应 HM 大于收入效应 KH,总效应表现为劳动供给减少。在这一总效应之中,只有由 E_2 到 E_3 之间存在效应损失,其大小可用保持税后个人位于同一条无差异曲线上税额的损失来衡量,见图 12-2(a),该所得税下,在 OM 劳动量下,个人税额为 E_3R,但在同样的劳动量及保持无差异曲线不变下,只有收入效应的税收将可以征得 TR 大小的税额,二者之差 TE_3 为比例所得税下的效应损失。

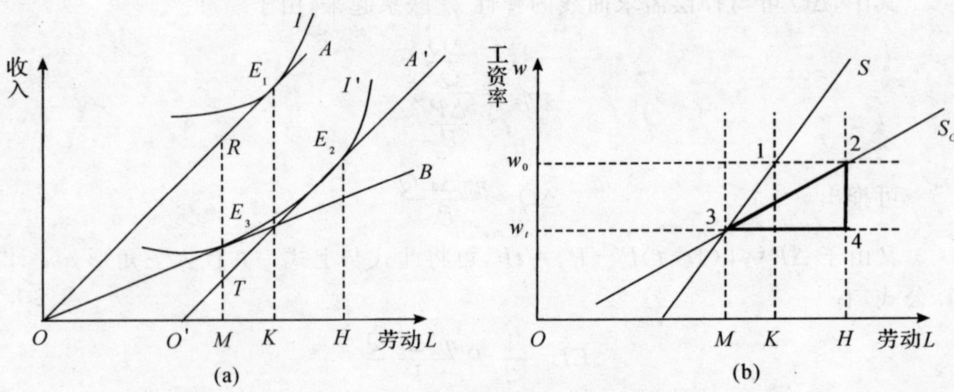

图 12-2 所得税的效率损失

进一步的,在图 12-2(b)找到补偿后的劳动供给曲线。以纵轴表示工资率,税前工资率为 w_0,劳动供给量为 OK,可找到总的劳动供给曲线上的一点 1;税后实际工资率下降到 w_t,劳动供给量降为 OM,可找到总的劳动供给曲线上的另一点 3,连接点 1,3,可得总的劳动供给曲线 S;税后不考虑工资率变化,即收入效应下,劳动供给量为 OH,可找到补偿供给曲线上的一点 2;连接点 2,3,可得补偿后的劳动供给曲线 S_c。

可利用补偿后的劳动供给曲线计算所得税的效率损失,即计算三角形 234 的面积,设补偿后的劳动力供给曲线的弹性为 η_{cs},通过与上面同样的推导过程,可得到计算所得税效率损失 EL_y,公式如下:

$$EL_{cs}=\frac{1}{2}t^2\eta_{cs}wL \tag{12-3}$$

可见，所得税效率损失的大小仍与税率的平方成正比，与劳动力供给弹性成正比，也与个人收入额成正比。

三、影响税收超额负担量的因素

只有收入效应的税收没有效率损失，只要存在替代效应就会出现效率损失。影响税收超额负担量的因素可以从影响哈伯格三角形面积的诸多因素去考虑。

1. 产品补偿需求曲线的斜率影响到哈伯格三角形的面积大小，即超额负担的大小。如果需求方对某一产品的需求弹性较大，即补偿需求曲线较平坦，则在成本和税收既定的前提下，三角形的面积就会比较大；反之，需求弹性较小，补偿需求曲线较陡直，则三角形的面积就较小。如图 12-3 所示。

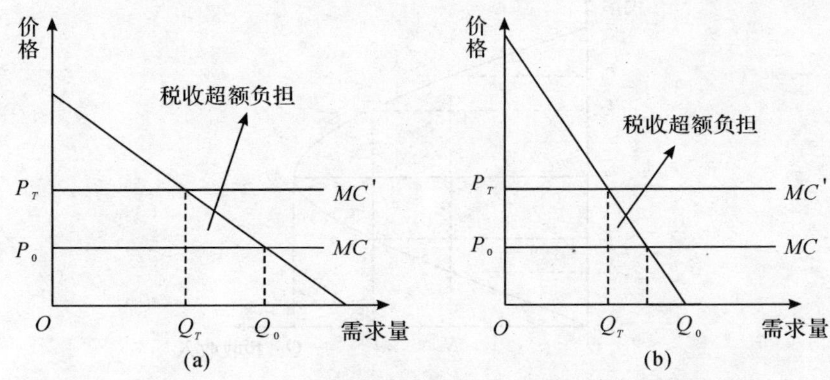

图 12-3　补偿需求曲线的斜率对税收超额负担的影响

在图 12-3 中，图(a)与图(b)除需求弹性不一样外，其他条件相同。

2. 税率的高低影响超额负担的大小。在补偿需求曲线既定的条件下，税率越高，哈伯格三角形的面积就越大，并呈几何级数增长。如图 12-4 所示。

在图 12-4 中，对每单位产品征收的从量税为 T 时，税收的超额负担为 a，而当从量税为 $2T$ 时，税收的超额负担为 $4a$。这说明单位税额扩大一个倍数，税收的超额负担就会扩大这个倍数的平方。

一般而言，税率提高意味着税收收入的增加；但是当税率超过一定限度时，税率的提高会因税收超额负担急剧上升，或者说税收扭曲效应扩大，损害税基，从而不仅不会增加税收收入，反而会使税收收入减少。著名的拉弗曲线(美国供给学派经济学家拉弗提出的)就表示了这一原理。如图 12-5 所示。

在图 12-5 中，当税率从 r_1 提高到 r_2 时，税收收入将从 ON 增加至 OP，但是当税率超过临界税率 r 时，就会因税率过高而影响人们工作、储蓄和投资的积极性，从而导致税基减少的幅度大于税率提高的幅度，税收收入反而减少。在

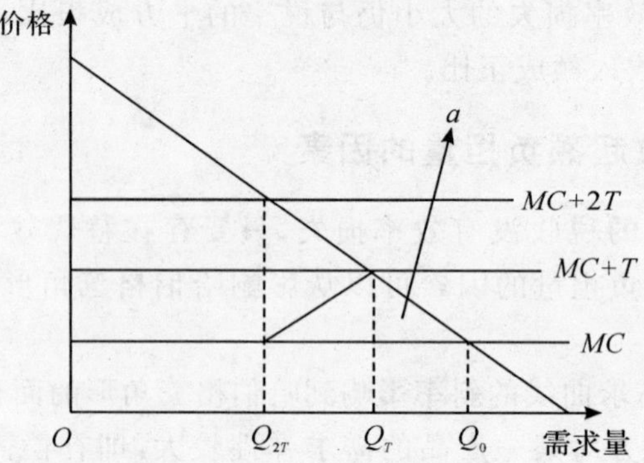

图 12-4 税率对税收超额负担的影响

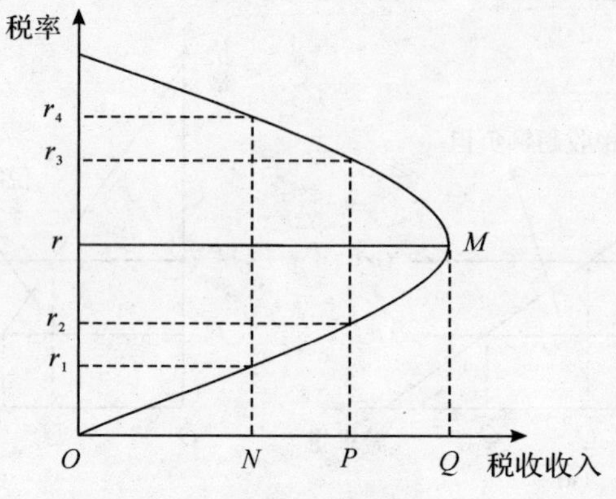

图 12-5 拉弗曲线

图中表现为税率从 r_3 提高到 r_4，税收收入反而从 OP 减少至 ON。这时如果降低税率，减少税收的反激励效应，反而可增加税收收入。

3. 被课税个人的活动规模也会影响超额负担的大小。如果个人不购买商品、不挣钱也可以实现效用最大化，那么无论税率多高也不会有什么效率损失。

不过，对以上结论有必要做几点说明：

一是选择性税收不一定都带来效率损失，在极端的情况下，比如如果个人的无差异曲线是 L 型的，那么，选择性商品课税也可能不带来效率损失。如图 12-6。可见，对 L 型偏好的个人来说，在只对商品 X 课税时，虽然税收改变了两种商品的相对价格，但却不存在替代效应，所以没有效率损失。[①]

二是如果原来存在扭曲，那么征新税后有可能使整体的效率损失下降。罗森分析了这种可能性。[②] 设有两种商品 X 和 Z，相互可替代，比如两种不同牌子

① 斯蒂格里茨：《政府经济学》，春秋出版社 1988 年版，第 430 页。

② 罗森：《财政学》，中国财经出版社 1992 年版，第 399－400 页，及第 412－414 页。

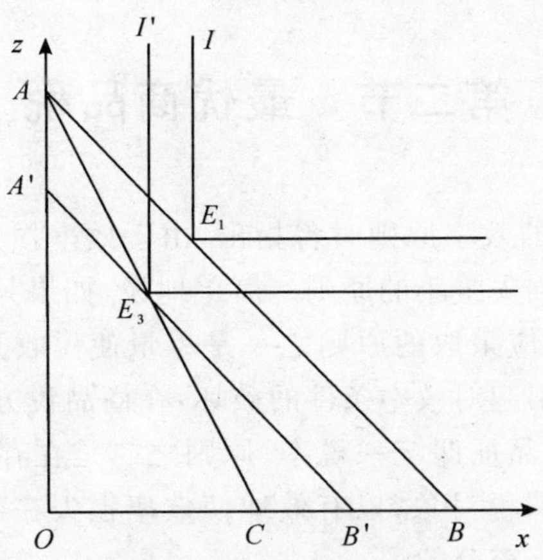

图 12-6　选择性税收不存在效率损失的情形

的酒，设需求曲线分别为 D_x 和 D_z，如图 12-7，税前价格为 P_x 和 P_z，经济中，原本对 Z 已征税，税率为 t_z，有三角形 abc 大小的效率损失；现对 X 征税 t_x，在 X 市场上带来新的效率损失为三角形 def；但由于对 X 征税导致对 Z 的需求曲线向右移动至 D_z'，使得在 Z 税后的价格下对 Z 的需求量增加到 z_3。矩形 $bcgh$ 为 Z 新增的消费量带来的社会净利益，因为在 z_3 产量下，个人自愿支付较高的税后价格，所以个人没有损失，而政府却可多得税额，如果这一净收益足够大，则有可能弥补效率损失 def 和 ghi。这就说明，扭曲性税收倒可能会收到促进效率的功效。

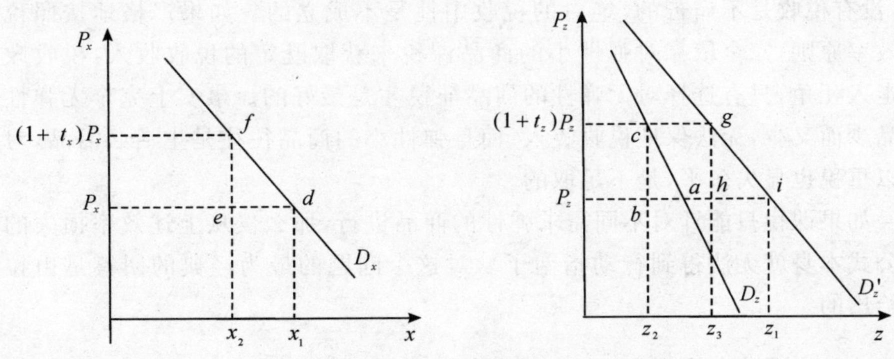

图 12-7　新税使整体效率损失下降的情形

第二节　最优商品税

前面在讨论税收的效率原则时曾指出，由于效率损失普遍存在，合适的效率原则应是能使效率损失最小的原则。简单地说，如果只考虑税收不要破坏了帕累托效率条件，那么应采取的原则之一是尽量使税收只具有收入效应，以避免因替代效应的存在引起对效率条件的破坏，在商品税方面这意味着要求实行一般消费税，对所有商品征课统一税率；原则之二是在存在替代效应情况下应尽可能寻找弹性小的课税对象，以有效地使效率损失在数值上降下来。然而，以上这两个原则都是不充分的。

首先，对所有商品征课统一的税率并不是最优的选择。它不仅不能在一般均衡框架下做到对所有商品都一视同仁，如对闲暇这种与其他商品一样可以提供效用的商品，商品税就不可能覆盖。因此，指望依靠统一的税率来保证普遍的效率是不可能的。而且他没有考虑人们同样关心的收入分配和外部性问题。出于公平的考虑，对收入高者更多消费的商品应征更高的税率的税，对收入低者更多消费的商品应征更低的税率的税；对于会产生负外部性的商品应征更高的税率的税，如烟酒，而对会产生正的外部性的商品就应该只征课较低的税率的税，以鼓励它们被更多地生产和消费。

其次，并非不能对弹性大的商品征税。如在前面的税收效率原则里讲到的，没有税收是不痛苦的，绝对的税收中性是不成立的。如果严格地按照税收的效率原则，完全依靠对弹性小的商品课税来获取既定的税收收入，税收政策将走入死角，只有选择对无弹性的商品征税才是最好的。事实上完全无弹性的商品少而又少，无法保证税收收入；而且弹性小的商品往往是生活必需品，对它课以重税也显失公平，是不足取的。

如果课税只能针对不同需求弹性的商品进行，那么仅从上述效率损失的计算公式本身就无法得到行动指南了。对这个问题的最为经典的回答是由拉姆齐给出的。

一、拉姆齐法则(Ramsey rule)

拉姆齐在政府不能征课归总税的前提下给出了对不同需求弹性的商品如何征税才能做到效率损失最小的原则。

(一)基本思路——边际税收的效率损失相等

按照经济学中常用的边际分析方法，不难想到，要使对不同商品课税所带来的总体效率损失最小，只有达到那种从不同商品征得的最后一单位税收所引起的效率损失都相等的境界才行。也就是说，只要从某种商品征得的最后一单位税收引起的效率损失大于其他的商品，那么就还有可能通过改变征税办法降低效率损失，只要适当降低该商品税率，提高其他商品税率，就能够实现效率损失最小化。因此，效率损失最小化的原则可以表述为边际税收效率损失相等原则。在这一原则下，可以使用代数方式，也可以使用几何方式，得到拉姆齐法则的两种表述，一种可称为弹性倒式法则，另一种可称为需求等比例递减法则。

（二）弹性倒式法则（inverse elasticity rule）①

为保证效率损失能够最小，该法则要求两种商品的税率应与其需求弹性成反比。这一命题与前面使用的效率损失计算公式有着某种形式上的一致，但这里的说法显然更为清晰，并且它建立在以下严谨的推导基础上。

设有两商品 X 和 Z，补偿需求弹性分别为 η_{cx} 和 η_{cz}，两商品的税率分别为 t_x 和 t_z，现要了解 t_x 和 t_z 之间的关系应具备什么特点，才可使从两种商品课税引起的效率损失最小。由上一章可知，对两商品课税的效率损失分别为：

$$EL_x=\frac{1}{2}t_x{}^2\eta_{cx}P_xQ_x$$

$$EL_z=\frac{1}{2}t_z{}^2\eta_{cz}P_zQ_z$$

设政府追求使（EL_x+EL_z）能够最小，同时还得能征得一定的收入，设为 R，即政府的效率损失最小化问题可以表示为：

$$\min\left\{\frac{1}{2}t_x{}^2\eta_{cx}P_xQ_x+\frac{1}{2}t_z{}^2\eta_{cz}P_zQ_z\right\}$$

约束条件是：

$$t_xP_xQ_x+t_zP_zQ_z=R$$

根据最优化问题求解思路，我们可以建立如下拉格朗日函数：

$$L=\frac{1}{2}t_x{}^2\eta_{cx}P_xQ_x+\frac{1}{2}t_z{}^2\eta_{cz}P_zQ_z+\lambda(R-t_xP_xQ_x-t_zP_zQ_z)$$

则为求上式最小化，需就 L 分别对 t_x 和 t_z 求偏导，并令其等于零，即一阶条件为：

$$\frac{\partial L}{\partial t_x}=t_x\eta_{cx}P_xQ_x-\lambda P_xQ_x=0$$

$$\frac{\partial L}{\partial t_z}=t_z\eta_{cz}P_zQ_z-\lambda P_zQ_z=0$$

适当简化处理后，可得

$$\frac{t_x}{t_z}=\frac{\eta_{cx}}{\eta_{cz}}\qquad(12\text{-}4)$$

① 或译为“反弹性”、“逆弹性”等。

上式表明，对不同补偿需求弹性的商品课税，要想做到效率损失最小化，各自不同的税率应该这样确定，其税率之比应该等于其补偿需求弹性之比的倒数，即遵循所谓"弹性倒式法则"。它解决了计算效率损失的公式所没有解决的一个问题，即确定了不同弹性商品之间征税的法则。

(三)等比例递减法则

对拉姆齐法则的另一种表述的政策含义更加简明，它要求，为使税收引起的效率损失最小，不同商品税率的确定应使对两种商品的需求同比例地减少。我们先来推导这一原则。[①]

首先，由于弹性公式中的分母是价格的相对变化，在供给弹性无穷大的假定下，税率的大小正好等于税收引起的商品价格的相对变化，或以将前面的"弹性倒式法则"公变换成下面的形式，然后考虑对其中的补偿需求弹性加以简化。

$$t_x \frac{\frac{\Delta Q_x}{Q_x}}{t_x} = t_x \frac{\frac{\Delta Q_z}{Q_z}}{t_z}$$

即

$$\frac{\Delta Q_x}{Q_x} = \frac{\Delta Q_z}{Q_z} \tag{12-5}$$

因此，做到效率损失最小并不要求对不同的商品征统一的税率，而是要求使不同摘后需求的变动比例能够统一。这一法则可用几何方法求得。

罗森和海堤[②]分别利用相近的思路，在极大简化的基础上近似地说明了拉姆齐法则下对于需求量同等比例变动的要求。罗森的分析更为简单，他假定征单位税[③] u_x，如图 12-8，使价格由 P_0 上升到 P_1，再假定在 u_x 的基础上使单位税率增加 1 元，变为 u_x+1，价格变为 P_2，然后考察这 1 元单位税所引起的税收额的增加和效率损失的增加，进而近似得出边际效率损失的大小。下面就看一下这一思路下的推导。首先，计算增加 1 元单位税引起的效率损失的增加，为图中两个三角形的面积之差，即$[\Delta dfc - \Delta abc]$，也就是四边形 $abfd$ 的大小，它近似地等于：

$$\frac{1}{2}(u_x+1)\Delta Q_x - \frac{1}{2}u_x \Delta Q_x = \frac{1}{2}\Delta Q_x \tag{12-6}$$

其次，计算增加 1 元单位税所引起的税收收入的增加，它近似地等于：[④]

$$(u_x+1)Q_x - u_x Q_x = Q_x \tag{12-7}$$

再次，用式 12-6 除以式 12-7，近似得出边际效率损失的大小为：

---

① 据格里斯和琼斯(Gullis & Jones, 1992)Public Finance and Public Choice，第 419 页。

② 罗森：《财政学》，中国财政经济出版社 1992 年版，第 418—420 页。

③ 或称从量税(specific tax)，指税率不针对价格水平，而是针对每一单位商品数量确定税率。

④ 罗森假定 1 元单位税引起的需求量的变动可以忽略。

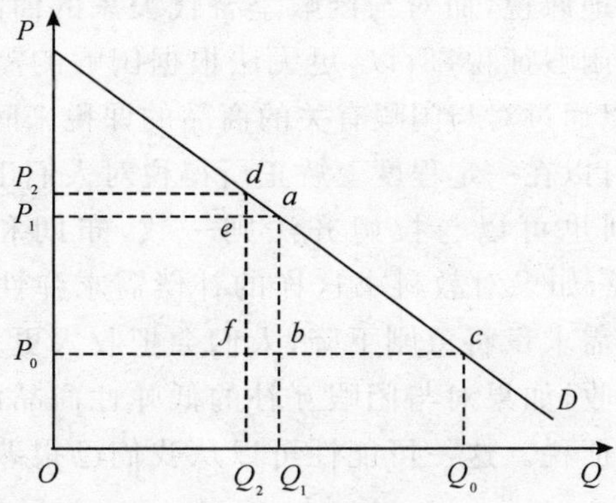

图 12-8　等比例法则的几何说明

$$\frac{1}{2}\times\frac{\Delta Q_x}{Q_x}$$

由做到效率损失最小的基本思路，应使对不同商品课税的边际效率损失相等，设除 X 外，还对 Z 课税，税后应满足：

$$\frac{1}{2}\times\frac{\Delta Q_x}{Q_x}=\frac{1}{2}\times\frac{\Delta Q_z}{Q_z}$$

等式两边同时乘以 2，可见与式 12-5 完全相同。

(四)对拉姆齐法则的简要评价

拉姆齐法则对最优商品税问题提出了极有见地的理论见解，其结论简洁清晰而明确，但并不是完美无缺的。主要的批评集中在它并没有完全解决前面已指出的效率损失研究中的各种遗憾，比如，它只考虑结合不同商品的需求确定最优税率的问题，仍然没有考虑商品之间可能具有替代或互补的关系；也没有专门处理诸如闲暇这类商品的征税问题；按照它的弹性倒式法则，虽然可以更为准确地确定不同商品之间理想的相对税率，但是如果有一种无弹性的商品，该法则仍会赞同把所有的税收都加到它头上①；而这样一来，又暴露了它的一个最为严重的问题，即忽略了收入分配。尽管有人辩称商品税无助于公平的实现，并认为收入分配只能由所得税解决，但是实际上并非如此。下面我们就对这里提到的对闲暇的课税问题和收入分配问题再做一些具体分析。

二、考虑闲暇的科利特—黑格法则(Corlett & Hague rule)

该法则实际上道出了人们普遍认可的一条效率原则，即主张对与闲暇呈互

---

① 可将“弹性倒式法则”公式加以变换，得 $t_x=t_z\frac{\eta_{cz}}{\eta_{cx}}$，当 η_{cx} 趋于零时，t_x 将趋于无穷大；当 η_{cx} 相当大时，t_x 又将相当小。

补关系的商品应更重地课税，而对与闲暇呈替代关系的商品则应较轻地课税。由于税务当局无法对闲暇征税，所以，更无法根据闲暇的需求弹性实行拉姆齐法则，但税务当局可以通过对与闲暇有关的商品的课税来间接实现对闲暇的课税。实行这一原则，可以在一定程度上矫正所得税对人们工作——闲暇选择的歪曲。并且这一原则也可以与拉姆齐法则一致，布朗和杰克逊（Brown & Jackson，1990）举例说，如果对教科书这样的补偿需求弹性较高的商品征税较高，那么，对教科书的需求量将急剧下降，人们会把收入更多地用于闲暇，既扭曲行为又不会增加税收，如果对与闲暇互补的低弹性商品课很高的税收，则可有效地实现对闲暇的征税。这一可能性可以从我们已很熟悉的几何图形中分析出来。

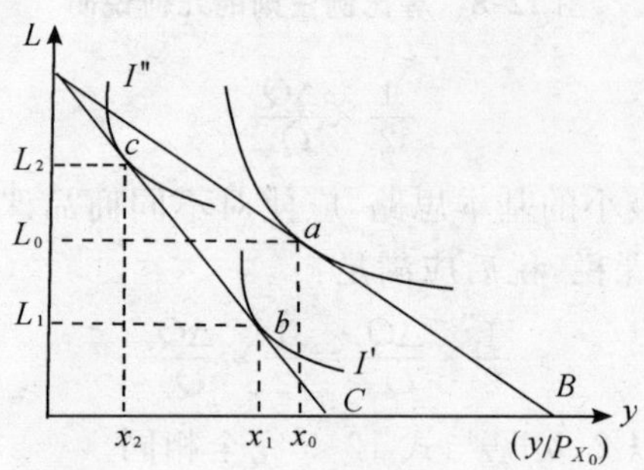

图 12-9　通过商品实现对闲暇的课税

如图 12-9，设纵轴表示闲暇的数量，横轴为个人收入 y，不过，这里用个人全部收入都用于购买 x 可以见得的数量表示其收入，横轴上的 B 点反映的是将个人全部收入按 x 的税前价格P_{X_0} 购买 x 可得到的最大数量$\dfrac{y}{P_{X_0}}$，这时，个人对应的闲暇水平为 L_0。

引入对 x 的课税，设税后个人实际收入下降，可见得的 x 的最大数量下降，税后预算线变为 AC 而不再是 AB，如果 x 是一种补偿需求弹性较高的商品，如刚才所说的教科书，则税后对其需求急剧下降，反映为图 12-9 中就是由税后无差异曲线 I'' 与 AC 切点 c 决定的需求量降为 x_2，同时，闲暇增加到 L_2。但如果 x 是一种补偿需求弹性较低的商品，税后由税后无差异曲线 I' 与 AC 切点 b 决定的需求量只降为 x_1，而闲暇将减少到 L_1。可见，通过对与闲暇有关的商品的课税来间接实现对闲暇的课税是可行的。

三、考虑收入分配的拉姆齐法则

原始的拉姆齐法则下，商品的补偿需求弹性越低，则税率应定得越高；弹性越高则税率应定得越低。然而，低弹性的商品往往是生活必需品，高弹性商品往往是奢侈品，这就把拉姆齐法则置于不顾分配正义的境地。从最优税收的原则的要求出发，理所当然地应对拉姆齐法则加以适当的修正。

斯特恩概括了修正后的结论：一种商品的分配特征值越高，则税收引起的该商品补偿需求减少的比例就越低，即使这样做会带来较大的效率损失。毕竟税收的标准不仅仅是效率，基于公平的考虑，对于高所得阶层尤其偏好的商品即使弹性很低也应确定一个较低的税率。

对这一矫正简要地做两点评论：

(1)做出上述修正并不等于宣布说拉姆齐法则不再有任何意义。首先，对那些既非富人也非穷人特别偏好的商品，或者说既非奢侈品亦非必需品的商品，还是可以遵循拉姆齐法则行事；其次，社会到底在什么程度上考虑低收入阶层的利益取决于一个社会选择了什么样的社会福利函数，或者说取决于在社会福利函数中给予低收入阶层多大的权重，这意味着，对于拉姆齐法则的偏离程度取决于社会福利函数的性质。

(2)有人针对社会希望通过商品税的适当设计更好地实现公平目标这一点提出异议①，认为商品税无须承担收入分配的职能，因为收入弹性高的商品往往价格弹性也很高，如果对于这类因收入高而需求也高的商品征高税，那么，高税收的价格效应将使对它们的需求也起到相反方向的影响，从而很可能造成既严重的扭曲作用，又无法增加多少税收。也许应该承认这种观点所说的可能性是存在的，但是同样也必须承认的是，出于显示身份、自尊、习俗、炫耀等多种原因，现实中确定存在着不能算少的收入弹性高而价格弹性低的商品，提供了通过对这些商品课税改进收入分配的可能性。②

第三节　最优所得税

相比最优商品税而言，在 20 世纪初期前，所得税制还没有像现在这样受到人们的重视，而当代最优税制理论的最新发展，却大多集中在所得税制的研究上。旨在探讨兼顾效率与公平的所得税制优化理论一般只涉及个人所得税，且核心是最优税率的确定。

---

① 斯蒂格里茨:《政府经济学》，春秋出版社 1988 年版，第 466 页。

② 黄有光 1992 年在北京大学的一次演讲中强调，对于钻石性物品完全可以课高税，既有助于公平的实现，又不会扭曲选择行为。因为人们得自这类物品的满足程度并不是其使用价格的函数，而是其价值的函数。也就是说，人们要花多少钱购买钻石的决策不会因税收而改变，他们只是从所购钻石值多少钱这一点上得到满足，这种满足并不会因所购得的钻石变小了而降低。

一、最优线性所得税(optimal linear income)

线性所得税实际上就是指比例所得税,因为比例所得税的边际税率不随所得额的变化而变化,其税额与所得之间呈线性相关关系。这是一种简单的但同时考虑了公平与效率的所得税设计。尽管各国个人所得税大多采用累进税率,但由于适用第一档税率的纳税人很多,因而,最低税率如何确定实质上就是最优比例税率如何确定的问题。

首先,规定一个归总的转移支付(lump sum transfer),所有人都可以得到,相当于一种负税,设为$-\alpha$;其次,规定一个对所有收入水平 y 都不变的边际税率,设为 t;每人都按照统一的公式计算应纳税额 T,$T=-\alpha+ty$。这一纳税办法意味着,即使个人收入为零,也可从政府得到价值为 α 的一个归总转移支付;在收入达到某一点之前,如图 12-10 中的点 β,个人的税额为负值,是这一税制下的净受益者。随着收入的进一步增加,超过 β 点,个人将成为这一税制下的净支付者,但应纳税额始终按照不变的比例 t 增加,所以称为线性[①]。

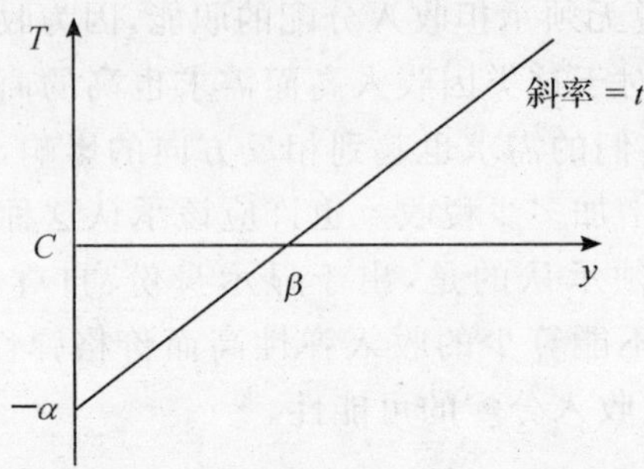

图 12-10　线性所得税图示

线性所得税下高收入者和低收入者的选择行为。考虑两人的情形,如图 12-11,个人 A 收入高,税前预算线为 ab,即,他可沿该线选择消费闲暇与其他消费品(以收入表示,因收入可购买其他商品)的不同组合,其初始均衡点为无差异曲线 I_{A3} 与 ab 的切点 E_{A1},这一点所决定的闲暇和消费的组合可以使个人 A 实现效用最大化。另有个人 B 收入低,税前预算线为 cd,其初始均衡点为其无差异曲线 I_{B2} 与 cd 的切点 E_{B1}。

考虑征边际税率 t 但尚没有归总支付时个人的选择行为,首先,两人预算线将向左下方旋转移动,若边际税率相同,则旋转的角度相同,旋转后分别变为 ae 和 cf;其次,税后个人 A 的均衡点将变为 I_{A1} 与 ae 的切点 E_{A2};个人 B 的均衡点

① 需要指出,边际税率不变指的是新增收入缴税的比例不变,并不是说个人收入增加后平均税率不变。就其平均税率随收入增加而提高这一点而言,线性所得税也是一种累进税。

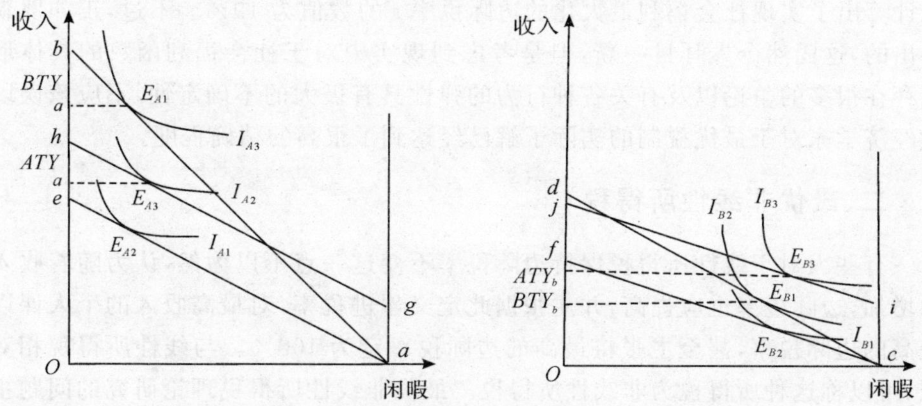

图 12-11　线性所得税下高收入者和低收入者的选择行为

将变为 I_{B1} 与 cf 的切点 E_{B2}。

考虑归总支付 α 等于图中 ag 或 ci 大小，相当于个人收入的增加，两人预算线向右上方平行移动，分别变为 gh 和 ij，新均衡点分别变为 I_{A2} 与 gh 的切点 E_{A3} 和 I_{B3} 与 ij 的切点 E_{B3}。

至此，我们得到了线性所得税下个人税后的最优选择，分别为：高收入个人选择 E_{A3} 点决定的闲暇——工作组合，低收入个人选择 E_{B3} 点决定的闲暇——工作组合。在均衡之下，高所得的个人A税前收入为 BTY_a，税后为 ATY_a；低所得个人B税前收入为 BTY_b，税后收入为 ATY_b。两相比较，高所得个人是净支出者，其税前收入大于税后收入，即 $BTY_a > ATY_a$；而低所得个人是净受益者，其税前收入小于税后收入，即 $BTY_b < ATY_b$。社会通过将高收入者的收入转移给低收入者来实现社会公平。

至于这一转移是否合意要看选择什么社会福利函数作为价值判断的标准。简单地考察此例，显然符合罗尔斯主义的价值标准，因为社会中状况最差者的福利水平有所增进。但显然不符合帕累托标准，因为在使一人得到改善的同时另一人的状况未能保持不变而是恶化了。若选择功利主义标准，则要求对状况差者福利提高的水平与状况较好者福利下降的水平加以比较，如果有净增加，那么就是合意的。

最优线性所得税的目标是确定合适的边际税率 t 和归总支付 α，使得社会在得到合意的收入分配目标的同时还能实现所得税效率损失的最小化。斯特恩(1976)提供了这方面的经典分析，他的结论经常被引用，诸如他印证了弹性倒式法则的判断——劳动的供给弹性越大，最优的 t 值应越小；他还求出了不同社会福利函数对最优边际生产率的不同选择，发现即使是极端的平均主义者也不会要求课征100%的边际税率。更令人欣慰的是，在他的一些假定下，他精确地计算出了实现社会福利最大化的边际税率 t 的数值为 19%。不过,正如罗森指出的,这固然令人耳目一新,但是考虑到现实中对于社会福利函数的具体形式存在很多的争论以及有关各种行为的弹性具有极大的不确定性,不应该误以为经济学家对于最优税制的实际了解已经达到了很高的精确程度。

二、最优非线性所得税

有些人对于线性所得税保持边际税率不变这一点不以为然,认为随着收入的增加,边际税率也应提高,并主张据此定义累进税率,对最高收入的个人课以最高的边际税率,甚至主张将最高的边际税率定为 100%。与线性所得税相对照,可以称这种所得税为非线性所得税。最优非线性所得税理论研究的问题主要是累进所得税税率如何确定,出于兼顾公平与效率的考虑,该理论提出了不同寻常的惊人结论,不但反对将最高的边际税率定为 100%,反而甚至主张将其定为 0。

1. 最高边际税率为零可带来帕累托改善

考虑高收入个人的税前预算线为图中 ab,实行累进所得税后预算线变 ac,税后个人均衡点为 E_1,税前收入为 BTY_1,税后收入为 ATY_1,税额等于 BTY_1-ATY_1。

个人税后在点 E_1 实现效用最大化,他将不会继续增加工作去挣得更多的收入。有没有一种办法可以使高收入个人得到更多激励呢? 如果有,而且不损害公平,那将是理想的。可以考虑从 E_1 点出发,不再征课更高的边际税率,而是对新增收入不再提高税率,实现效用最大化,如图 12-12 可见,个人将更多地选择工作而不是闲暇,以挣得更多的收入,而政府的税额可以丝毫不受损失,因为新预算线的 E_1d 段等于税前预算线,所以税额与在 E_2 点时完全相同,$BTY_2-ATY_2=BTY_1-ATY_1$。这种做法可以说是一种帕累托改善,因为使高收入个人达到更高的无差异曲线并没有使任何人受损。当然,如果仅此而已,那么持有平均主义观点和罗尔斯主义观点的人们将不会接受这一让富人更富的"极端"政策。不过,设计好了的最高边际税率为零的政策也可能使平均主义者和罗尔斯主义者满意。

2. 最高边际税率为零可改进收入再分配

考虑更早实行最高边际税率为零的政策,使个人预算线变为图中 $aefg$,其中,fg 段与税前预算线平行,表明边际税率为零。如果设计出这样一种税制,能够保持高收入个人的税后无差异曲线不变,仍为 I_1,但高收入个人还是得到了更多的工作的激励,个人在 E_3 点实现效用最大化,其个人税前收入提高到 BTY_3,税后收入提高到 ATY_3,纳税数额也有增加,$BTY_3-ATY_3>BTY_1-ATY_1$,增加的税收收入可以用来进一步改善收入分配状况。

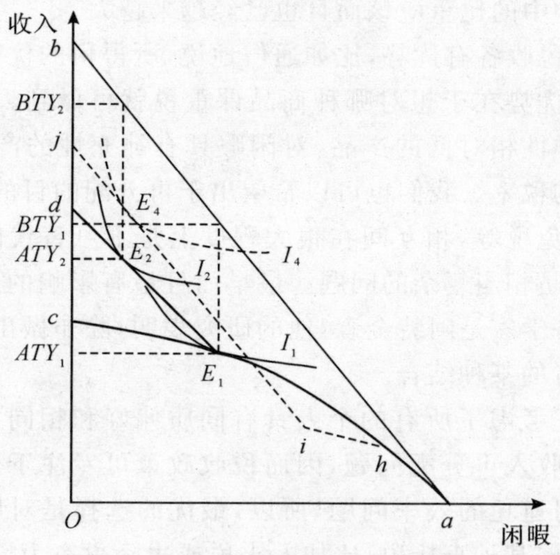

图 12-12　最高边际税率为零与帕累托改善

这一结果显然令更多的人满意，不过，需要准确地设计开始实行最高边际税率收入水平。如果开始过早，则会适得其反，可征得的税额反而会下降。仍可利用上图说明问题。若采取最高边际税率为零政策后使个人预算线变为 $ahij$，ij 平行于 ab，位于 E_1 点右边，则税后无法像刚才那样，使高收入个人无差异曲线保持不变，而是会上升到 I_4，个人在 E_4 点实现效用最大化，这时，虽然个人收入增加(税前高于 BTY_1，税后高于 ATY_1)，但纳税数额却下降了，从图中可见，E_4K 为其新税制下的税额，小于原来的税额(BTY_1-ATY_1)。一旦出现这一局面就意味着最高边际税率为零的政策出了问题。

三、最优商品税与最优所得税的关系

由于一般认为所得税具有直接由纳税人负担的不可转嫁特点，所以一种观点主张，所得税和商品税应该分别针对不同的目标，所得税应旨在实现税收公平，更好地利用其可直接将收入水平“裁齐”(tailoring)的特点。商品税则被认为是一种蹩脚的收入再分配工具，但可以更好地利用它的间接的、人们不易感知和察觉的特点，使税收引起的痛苦或者说福利成本较小。

另一种观点认为，最优的所得税完全可以解决全部的公平与效率问题，它总是优于商品税，只是由于在经济发展的早期阶段，所得税的管理成本较高，所以，才给商品税留下了一席之地。随着经济发展和税务行政管理水平的提高，所得税在税种结构中的比重应该而且也已经越来越大。[①]

应该说，两种税收各有优势，比如通俗地说，所得税的优势在于想课谁税就课谁税；商品税的优势在于想对哪种商品课重税就可做到。如前所述，我们可以对需求和供给弹性相对低的产品，对闲暇具有补充性的产品，具有负外在性的产品课以较高的税率。我们也可以希望出于再分配的目的，实行不同的产品税率，如对必需品免税等，相互间在很大程度上是不可替代的。两者之间如何实现最优的平衡，是相当复杂的问题。最早而且最有影响的从最优税收角度研究这一问题的经济学家是阿特金森，他的研究表明，除非做出极严格的假定，最优的选择还是两者的某种结合。[②]

阿特金森首先考虑了所有的个人具有同质偏好和相同工资率的情形。在这种情形下，没有收入再分配问题，因而税收政策可专注于效率方面。由于选择性商品存在不可避免的效率问题，所以，最优的选择是对所有商品只征课统一的税率，或者征课某种直接税，比如人头税或边际税率为零的线性所得税，都不会引起效率损失。但是若劳动供给是有弹性的，结论就不能成立。为使超额负担最小，要求对不同产品课征不同税率的税收。假如税收选择转化为线性所得税和差别商品税，仅仅线性所得税会被采用，而且边际税率会设定为零，可将线性所得税转化为总额税或人头税。人头税的优越性是没有超额负担，而且因为同质个人假设，没有再分配问题。

放松严格的假定，假设个体不同质，特别是在能力方面，但保留同质偏好的假设，将再度引出收入分配的公平问题。为了减少复杂性，假设连一件简单的消费品也没有。假如选择是在线性所得税和差别销售税之间做出的，那么我们就有将线性所得税再次作为零边际税率的总额税的结论。这与广为流行的观点（即所得税用于再分配，而产品和劳务课税用于效率的目的）相反。

若选择是在非线性所得税与产品和劳务课税之间进行的，最优解决方法很典型的完全取决于所得税。对产品和服务不征税（假如是正税率，用于对所有的产品和服务课征统一税）。这个结果取决于任何一对独立于劳动供给数量的产品的边际替代率。假如对于一小组产品，则条件不能满足，首先它不在闲暇的补充性产品的例子中（如高尔夫俱乐部和游艇），那么这小组产品应该课以正的统一税率。

分析的结论是，出于公平和效率的考虑，非线性所得税比产品和劳务课税可取，除非在劳动供给和产品的边际替代率之间有相互作用。但是如同阿特金

① 阿特金森和斯蒂格里茨：《公共经济学》，第 547 至 548 页，上海三联书店 1992 年版；格里斯和琼斯：Public Finance and Public Choice，P435－436；布朗和杰克逊：Public Sector Economics，p. 385－386。

② A. B. Atkinson, *Optimal taxation and the direct versus indirect tax controversy*. Canadian Journal of Economics(November 1977). p. 590－606。

森所指出的，分析忽略了征管问题、逃税、横向公平和纳税人对税收的偏好等。考虑到那些其他因素，有非常好的实际理由支持线性所得税和对产品和劳务课税。

四、最优税制与次优税制

从直观上来理解，最优税收理论是研究如何以最小的征税成本，包括直接成本和间接成本，来取得满足政府支出所需要的税收收入。从这个意义上说，最早从亚当·斯密(A. Smith)开始，到后来的穆勒(J. S. Miller)、杜普特(J. Dupuit)、埃奇沃斯(F. Y. Edgeworth)、维克塞尔(K. Wicksell)以及庇古(A. C. Pigou)等都研究过这个问题。现代意义上的最优税收理论的研究范围主要包括：应如何确定合适的税率？如果是商品税，那么统一的税率是否合适？如果采用差别税率，应当对哪些最终消费品课以重税、哪些应课以轻税？如果是所得税，那么所得税的结构和累进程度应如何？它还研究直接税和间接税之间应如何配合的问题。最优税收理论的基本内容可以概括为：在满足一定的公平目标的前提下，应如何设计税制，才能使课税所造成的额外负担最小，从而使社会总福利最大。也就是说，最优税收理论是研究公平和效率之间的权衡问题的理论。

最优税收理论与福利经济学有着密切的联系。实际上，最优税收理论充分使用了福利经济学的基本命题和概念，并将其作为假定条件，在此基础上对公平和效率问题进行分析。但在分析过程中，侧重于分析维护公平目标的税收政策会对效率产生什么样的影响。在西方经济学中，通常意义上的最优，指的是帕累托最优。这实际上是一个效率的概念，指的是一种效率状态。但是，帕累托最优仅仅是经济运行的一种理想状态，在现实的经济生活中，很难达到帕累托效率所需要的最优条件。于是，西方经济学家们提出了“次优理论”。最优税收中的“最优”，实际上指的就是一种次优选择。所谓的最优税收，就是在各种可能或可供选择的税收方案中找出一种或一组税收方案，可以使社会福利达到最大。由于不管是为了收入再分配目的，还是单纯的非再分配性支出，政府都需要一定数量的收入，如果仅通过税收来取得税收收入，那么政府征税不可避免地会影响到消费者和生产者的选择，从而会产生抑制性效应(包括收入效应和替代效应)。因此，会打破完全竞争条件下的均衡，造成效率损失。但是，政府征税又是必须的，于是，西方经济学家就将次优原则应用到税收理论研究中，问题就变为，应当如何设计税制，才能使政府课税所造成的效率损失最小，从而在社会福利既定的情况下，使净社会福利最大。

【关键词】

收入效应(income effect)

替代效应(substitution effect)

拉姆齐法则(Ramsey rule)

拉弗曲线(Laffer curve)

次优理论(theory of second best)

最优税制(optimal tax system)

【思考题】

1. 税收超额负担是如何产生的?

2. 税收超额负担的大小由哪些因素决定?怎样设计税制有助于减少税收的超额负担?

3. “如果人口存在劳动力供给弹性相异的各类群体,这些群体就应被课以不同的税率。”根据最优课税理论,对此给出理由,并讨论它对在职夫妇的课税含义。

4. 米尔利斯等学者为何主张非线性所得税的边际税率应呈倒“U”字型?

第十三章 信息不对称

【概要】 信息不对称是普遍存在的，信息不对称导致了逆向选择和道德风险，由此导致了一些市场的萎缩，比如二手车市场和保险市场。本章分析信息不对称条件下逆向选择的发生机理，并分析了一些不对称信息的典型案例。最后介绍了逆向选择的实验方法。

福利经济学第一定理表明，竞争性市场的解是帕累托最优的。然而，帕累托最优要求信息是完备的、对称的。现实中却经常出现信息不完备的情况，其中，交易双方信息不对称的状况会导致逆向选择或引发道德风险，由此导致市场失败。信息不对称通常发生在哪些场合，这些市场具有怎样的特征，会发生怎样的选择过程，人的行为有什么不同，是否存在化解逆向选择和道德风险的机制，这些问题构成了本章讨论的内容。

第一节 柠檬市场

一、二手车混合市场的特征

严格地说，信息不充分几乎发生在所有的领域。我们不知道种下的粮食的收成，因为天气变化的信息是不充分的，对付天气变化的方法的信息也是不充分的。只要存在不确定因素，信息就不可能是充分的，但这种信息的不充分通常不存在确定的不对等，比如对买者和卖者来说，并不一定是一方比另一方更具有优势。不对称信息(asymmetric information)是信息不充分的一种情况，它指的是交易或签约的双方所拥有的有关交易的信息是不对等的，一方比另一方拥有更多的信息。

二手车市场是不对称信息市场的一个典型，在这个市场上，卖者拥有对所卖车辆的较为完备的信息，而买者却对车的质量所知甚少。卖者或者是车主，或者是有经验的代理商，他们可以根据经验知道所卖的车是正品还是次品，而买者通常只能得到车子的外观的信息，因此，卖者比买者拥有更多的信息。

混合了不同质量等级的二手车市场我们称之为二手车混合市场。商品能够交易,是因为买者心目中对商品的评价大于,至少等于卖者的评价。对于二手车来讲,无论正品车还是次品车,买者和卖者的评价都是不同的。我们假定二手车市场上有两类车,正品车和次品车,这两类车各占50%的比例。对于正品车,消费者最高意愿出价是3万元,对于次品车,消费者最高意愿出价是1.5万元,与此相对应,卖者对正品车的最低报价是2万元,对次品车的最低报价是1万元。对于卖者来说,是正品车还是次品车的信息是充分的,所以他可以依据买者的出价决定是否出售车辆。

由于买者无法区分正品车和次品车,他只能估计买到正品车和次品车的概率。作为买者,合理的推断是买到正品车和次品车的概率都是50%,因此,一个合理的假定就是一个中性预期的买者愿意为混合市场上的随机出现的一辆车出价2.25万元,即正品车和次品车的价格的平均数。此时,作为拥有完全信息的卖者,所需要做的就是比较买者的出价和车子的质量,决定是否出售。显然,在刚才假定的出价下,所有的车都可以出售而不至于出现会计亏损。但是显然,次品车的卖者有更大的激励卖出车子,而正品车的卖者却会考虑是否出售。假定正品车的卖者对利润的追求表明有一半的卖者愿意出售而另外一半不愿意出售,那么,正品车的一部分就会退出市场。但是,由此发生的确是市场上实际销售的二手车的质量分布发生了变化,次品车的比例上升,由此,下一轮的买者会修正正品车和次品车出现的概率,而从下调平均出价。如果这样,那么就会有更多的正品车退出,比如当价格下调到2万元以下时,所有的正品车都退出了市场,所有的车子都是次品,也就是柠檬①。所以这类存在信息不对称的二手车市场也叫柠檬市场(lemon market),或次品市场。

总之,混合二手车市场的特征是:卖者拥有比买者更多的信息,买者的出价倾向等于正品车和次品车的平均价,无论是正品车还是次品车,由于买者无法区分,因此只有一个价格。

二、逆向选择的一个标准分析框架

乔治·阿克尔洛夫在他的《柠檬市场》一文中,提出了柠檬市场模型,揭示了逆向选择发生的机理。

假定二手车市场上有两类人,买者和卖者,买卖双方人数相等,并且,每一个卖者有1辆车伺机出售。二手车市场的车的质量在[0,1]区间上均匀分布。这表明:

(1) 每辆车的质量 q,可以由0到1之间的一个数字表示;

① 在美国的俚语中,lemon的意思是次品。

(2) 一辆车的质量小于 $\tilde{q}(0\leqslant\tilde{q}\leqslant 1)$的概率是$\tilde{q}$;

(3) 质量小于$\tilde{q}$的所有车的平均质量是 $\tilde{q}/2$。

假定卖者对车的评价等于车的质量本身,即 q,而买者对车的评价为 $3q/2$。

假定信息是完全的,则每一个买者都可以找到自己希望购买的质量的车,此时,买卖双方只要就具体的成交价格进行谈判就行了。如果车子的质量为 q,则其成交价格范围在$[q,3q/2]$。从社会的角度看,这一价格范围内的交易,成交后的总收益增加 $q/2$,价格的高低影响的只是利益在买卖双方的分配。这样成交后达成的市场均衡就是完全信息均衡(full information equilibrium)。交易增加了社会收益,市场是有效的。

假定信息是不对称的,只有卖者知道车的质量,买者无法观察车的质量,因此所有的车都是以相同的价格进行交易,买者只能买到一辆"随机"质量的车。买者的行为取决于他对风险的态度。如果他是风险中性的,则他的出价为平均质量的 3/2。如果市场的价格为 p,则卖者将出售的是质量 q 在 p 之下的车,其平均质量 μ 为 $p/2$,相反,那些质量在 p 之上的车首先退出市场。但是,对平均质量 μ 为 $p/2$ 的车,买者愿意支付的最高价格为 $3p/4$,由此,卖者将出售质量 q 在 $3p/4$ 之下的车,……如此,质量高的车从市场上逐轮退出,最后,市场价格为 0,没有人愿意卖车,市场出清了,但却没有交易达成,市场没有增进效率。这样的均衡就是信息不对称均衡(asymmetric information equilibrium)。市场本来将成本低质量好的东西出售,将价高质劣的东西淘汰,是有效率的,但在这里,恰恰是淘汰了质量好的商品,这种将好的商品淘汰的机制叫做逆向选择(adverse selection),逆向选择最终导致了市场的消失。

专栏 13-1 乔治·阿克尔洛夫

乔治·阿克尔洛夫(George A. Akerlof),1940 年出生于美国的康涅狄格州的纽海文。1966 年毕业于麻省理工学院,获得博士学位,自 1980 年起,一直在加州大学伯克莱分校任经济学首席教授。阿克尔洛夫教授的研究发现,在一个市场中如果卖方掌握了比买方更有利的信息,他就可以掩盖产品的真相,以次充好。比如二手车市场,卖方市场对车况肯定比买方清楚得多,买方则只能从车况的表面情况来判断车况。这样卖方与买方处于信息非对称的状况,卖方具有信息优势,而买方则处于"劣势选择"地位。信息不对称将最终导致高质量的产品从市场中退出,也就是逆淘汰,或逆向选择,留在市场中的只有低质品。2001 年,因"对充满不对称信息市场进行分析"领域所作出的重要贡献,与迈克尔·斯彭斯和约瑟夫·斯蒂格利茨一起分享诺贝尔经济学奖。

上面的逆向选择导致了市场的彻底崩溃，而现实中，柠檬市场却可以存在。

买者对质量为 q 的车的评价大于 $3q/2$，比如为 $2q$，则市场价格 p 等于 $2q$ 时，则平均质量为 q 的车都可以出售。此时，虽然质量高于 $2q$ 的车不能出售，但却不会发生逆向递推过程导致市场崩溃。这表明，只要买者对车的主观评价与卖者有较大的差距，还会存在二手车市场。只不过与完全信息相比，成交量要小，市场的效率没有充分实现。这意味着，即便在二手车市场上，也是有可能存在“正品车”的。

与上述情况并存的是，一些运气好的人恰恰买到了低价格高质量的二手车。其原因可以是买卖双发对车的评价的不一致的差距增大，也可以是卖者急于出手换取货币。假定买者的评价没有改变，但是，随着收入水平的上升，希望更换高档车的人增加，虽然旧车是正品车，但是其在卖者心目中的评价已经大打折扣，以至于可以按照低于“客观质量价值”的价格出售。这种现象在信息流通不通畅的情况下很容易发生。另一种情况是，卖者主观上对车的评价依然很高，而且他清楚地知道他的车子的质量是高的，但是，由于二手车市场的特点，人们一般按照车子的平均质量估价，这时，高质量的车子或者退出市场，或者不得不接受较低的价格，如果卖者此时急于出手，也就是对货币的评价上升，那么就可能有低价格高质量的二手车出售。

三、逆向选择的化解机制

从上面完全信息的均衡与不完全信息的均衡的比较其实可以知道，二手车市场上交易成功是可以增进社会利益的。信息不对称的存在阻碍了这种利益的实现，并且依照逆向选择的机理，首先被淘汰的恰恰是高质量的车。那么，如何化解这种信息不对称也就有了思路。

作为卖者，不卖虽然没有损失，但也没有收益，因此，如果能够通过一种方式让买者确信他所提供的车的质量是他所宣称的那样，而不是买者估计的那样是一种接近平均质量的质量，那么他就有可能在高于该质量的价格出售。而买者如果购买这样的车，只要价格低于他对质量车的真实质量的评价，就是有利的。

第一种机制是利用价格显示信息。在完全竞争市场上，价格是资源稀缺性的显示器，或者说，是信息的集中反映。价格的这种功能导致了人们反过来养成了凭借价格判断质量的习惯，人们会认为，如果一个东西价格很低，那必定不是好的东西，因为好东西的成本不会低到这样的程度。因此，在不完全信息市场，卖者可以利用买者的这种心理制定价格策略。与完全竞争市场上厂商是价格的接受者不同，也与上面柠檬市场模型中论述的消费者单一买价的情况不同，现实的二手车市场的卖者可以采取主动定价的方式来说服消费者，他们的车是优质的。因为他们知道降价不是他们向消费者表明他们的车子好的质量的最好方式,因为消费者会想,除非质量不好,否则价格不会那么低。

第二种机制是合同,比如退款保证和特别维修。典型的情况是市场上有正品和次品两类车,正品车的卖者承诺,如果所售汽车是次品,则可以按原价或者原价的一个较高的比例退款。在汽车为正品的情况下,买者是不会退货的,只是让他解除了担忧。因而,正品车的卖者提供这样的担保可以化解柠檬市场的逆向选择。同样的,如果是正品汽车,就不会有特别维修,因而,卖者提供特别维修保证实际上是信息披露真实性的一种保证。

第三种机制是信誉。在市场经济中,信誉在提供激励方面起着重要作用。如果个人或企业的表现不佳,其信誉就会受到损失,而良好的信誉在会帮助企业确立与其他企业或个人的业务关系,而且一旦确立了信誉,其"规模经济效果"是十分明显的,良好的信誉在每一项业务上都会有回报。为了取得这种好处,企业有维护信誉的激励,除非企业不想长期生存。在二手车市场上,如果一家专业化的经销商一直销售其价格能够真实反映产品质量等级的车子,那么他的商号就会成为信誉的标志,从而与其他经销商区分开来,从而可能一直经销正品二手车。

第二节　信息不对称的其他案例

一、保险市场

在欧洲的许多国家,全国性的医疗保险和健康保健是由政府提供的。在美国这样的比较强调自由市场的国家,政府也介入保险业,并且起着重要作用。在中国也存在交强险这样的强制性保险。政府提供强制性保险的普遍性表明保险市场自身不能解决一些问题。

在保险市场上,人们由于厌恶疾病、事故和其他不幸而导致的财务风险而购买安全性。当一个人投保时,保险公司承诺如果所保险的事件发生,保险公司将支付一笔赔偿金,而投保人则需为此付给保险公司一笔保险费。这一过程中,投保人将风险转移到保险公司一方。而专业化的保险公司之所以能够承担此项业务是因为:第一,通过股权分散,它把风险分摊到许多人身上;第二,专业化的队伍和针对性的保险业务使得保险公司对风险的预测较为准确。保险公司的业务是分门别类的,一项业务针对的是同一类风险,比如车险、火险等。这样,保险公司就可以有专业人士对投保同一类险种的这群人发生此类事件的概率进行计算。比如车险,如果开车意外的发生概率是 0.1%,有 1 万人投保,公司可以确定有10起车祸。

然而，保险内在的两个问题，使得保险作为一种对付风险的机制受到了限制。这就是逆向选择和道德风险(moral hazard)。我们可以问这样的问题哪些人更愿意购买保险呢？买了保险以后人的行为会有不同么？

哪些人更愿意购买保险取决于成本和预期收益的比较。对投保人来说，交给保险公司的保险费是其承担的成本，而出险时获得的赔付是其得到的安全保障收益。作为投保人，他更清楚自己在一个险种中的事件发生的概率，比如开车的人，有喜欢飙车的、喝酒的、或者粗心的，其发生车祸的概率就大一些，这些人就更愿意为自己购买保险。同样，对一些健康医疗保险，容易得病的人往往更倾向于购买。如果保险公司按照同一费率收费，则那些估计自己此类事件发生概率低的人就倾向于不购买，于是保险市场上风险发生的概率上升，保险公司不得不提高费率，而一旦费率提高，又会促使次一级的发生事件概率低的人退出，……直到最后，保险市场崩溃。这个过程与上面的二手车市场发生的过程类似，也是一个逆向选择过程，不同的只是在保险市场上，买者比卖者拥有更多的信息，在二手车市场，卖者拥有比买者更多的信息。

保险公司也可以按照差别费率收费，但是区分对象本身需要付出成本，而如果不是能够实行完全个体性的收费，则逆向选择依然会发生，而完全的个体价格则由于高昂的信息费用而无法实施。

逆向选择发生在合同签订的时候，而当合同签订以后，由于合同改变了原来的约束条件，由此可能引发另一种风险，即道德风险。当投保人投保以后，就不像以前那样会去主动避免一些风险，而是对风险听之任之，甚至有人为制造风险的激励。保险合同的签订降低了人们避免该类保险事故发生的积极性而导致的风险就称为道德风险。这虽然是合乎理性的，但却是不道德的。例如，购买了火险的人就可能不愿意再对家庭灭火器和烟尘报警器一类的防范设施有所关心，或不购置，或不检查他们的性能，结果火灾的发生率就会上升。甚至多投保后故意引发火灾来骗取保费；购买了车险的人就不太注意与其他车的轻微碰撞，而一些车主会在车子需要修理的时候巧妙地制造事故，从而获取保费赔偿；一些生活极度困难的人可能自残以达到残疾赔付标准等等，这样一来，事故发生概率就会上升，保险公司就会亏损，如果由此调高保费，则首先驱逐的是那些道德过硬的人和避免事故的主观意识较强的人，结果发生了“劣币驱逐良币”的类似过程。

从经济学上分析，问题解决的入手是动机而不是道德。如果一个人对他自己行为的结果可以由别人来承担责任，那么他自身的动机也就改变了。所以设法改变动机是机制设计的关键。

保险公司通常的对策是对一项保单所负担的医疗服务的数量加以限制，或者提供共同保险,也就是针对一个特定的团体,采取一种价格,团体购买。

专栏 13-2　约瑟夫·斯蒂格利茨

约瑟夫·斯蒂格利茨(Joseph E. Stiglize)1942年出生于印第安那州格雷,1967年获得麻省理工学院的博士学位,曾在耶鲁大学、普林斯顿等大学执教。2001年诺贝尔经济学奖获得者。主要贡献是阐述了有关掌握信息较少的市场一方如何进行市场调整的有关理论。1976年他和罗斯柴尔德合作的《竞争保险市场的均衡,论非完美信息经济学》早已成为在"劣势选择"方面的经典之作。他考察了什么样的无信息代理人在非对称市场上可以改变他们的结局,同时更深入地研究了保险市场。他认为,保险公司和投保人之间的信息是不对称的,因为保险公司无法确切地知道投保人对投保的责任心和职业道德究竟怎样。这种非对称也称"隐藏知识"。他论证,均衡的唯一性是隐藏模型的典型特征,因为隐藏均衡与最有社会效率的信息发送均衡是一致的。1984年,夏皮罗和斯蒂格利茨创立了被称之为效率工资的劳动市场模型,以期在信息经济学的基础上解释非自愿失业。成为现代劳动力及宏观经济的重要组成部分。他的研究成果——非对称信息条件下经济激励,有很高的实用价值。

二、效率工资

劳动市场上,我们经常观察到失业的存在,然而依据新古典经济理论,在竞争市场上,工资是劳动的边际生产率,如果失业者愿意比在业者更低的工资就业,那么就不会观察到大量的失业,因为厂商能够同时做两件事情,降低工资和扩大雇佣。

然而,在企业内部,企业主与工人之间的信息是不对称的,对于具体的工作,工人往往知道得比企业主更多,从而就使得企业主的监督成本非常高。在固定工资下,就会诱导工人偷懒。而且,即便这种偷懒被发现,工人也很容易重新找到相同工资的就业机会,工人努力工作的激励就很少。

效率工资理论给出了完全不同的假定,不是工资依赖于劳动的边际产出,而是劳动的产出依赖于工资率水平。

如图 13-1,OW_0是劳动供给等于需求时的工资,在这样的工资水平下,工人增加自身利益的动机导致偷懒,也就是既定收入下减少投入。而这样做一来由于信息不对称发现的代价太高从而不容易被发现;二来,即便发现,由于这是"最低"的工资,再一次就业的机会很大。这样工人的实际生产率下降。为了避免工人偷懒,企业必须支付比OW_0高的工资。这样,当工人被发现偷懒而被解雇时，工人就只能在其他企业得到 OW_0 工资的工作。没有偷懒行为发生的工资率称为效率工资，效率工资高于完全竞争工资。

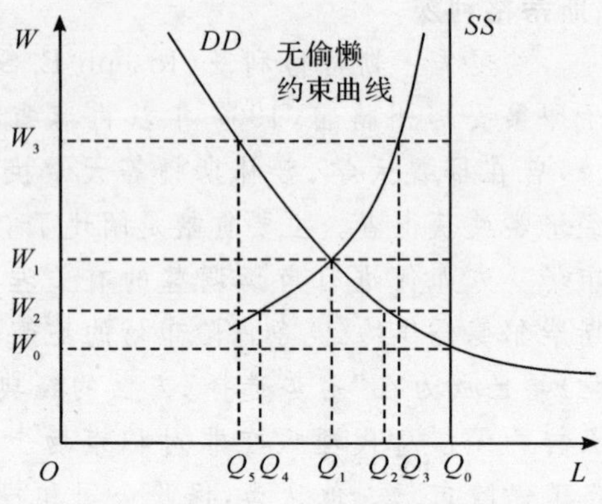

图 13-1　效率工资

当一家企业开始实行效率工资后，其他企业为了避免工人偷懒，也会模仿效率工资。这意味着如果一个工人被解雇，那么，他再一次就业的工资也提高到效率工资水平，这样，工人努力工作的动机是否因此会减弱呢？其实，虽然工资普遍提高了，但是，当企业支付更高的工资，同时工人更努力工作的时候，企业雇佣的工人数量减少了，也就是对劳动的需求减少了。对劳动的需求小于对劳动的供给，于是会存在失业，此时，工人如果因不努力工作而被解雇，就会经历较长时间的失业。失业威胁的存在迫使工人努力工作。

那么效率工资多高呢？根据斯蒂格利茨等人的研究，效率工资与失业率负相关。如图 13-1，如果工资为 OW_2 水平，那么，为了诱使工人不偷懒，就需要有 OQ_0-OQ_4 的工人失业，如果工资为 OW_3 水平，那么为了诱使工人不偷懒的失业数量为 OQ_0-OQ_3。为了避免工人偷懒而存在的失业是工人努力工作的一种约束条件，因此，我们把每一工资率下为了防止偷懒而需要的失业数量的曲线称为无偷懒约束曲线（no-shirking-constraint curve）。效率工资位于无偷懒约束曲线与劳动的市场需求曲线的交点。如图 13-1，OW_1 为效率工资。

我们现在有两种意义上的失业，其一是实际的失业，也就是劳动供给超过劳动需求的部分，在图 13-1 中表现为供给曲线到需求曲线的水平距离，其二是为了约束偷懒而需要的失业，这在图中表现为供给曲线到无偷懒约束曲线的水平距离。当实际的失业大于约束偷懒需要的失业时，也就是在交叉点的上方时，工资趋于下降，而当实际失业小于约束偷懒所需的失业，也就是在交叉点的下方时，工资趋于上升，当实际失业等于约束偷懒所需的失业时，就达到了均衡，也就是达到了效率工资水平。

效率工资的经典案例是福特在 1914 年的一项决定，为了降低成本，把工人的工资提高一倍，同时将工作时间从每天 9 小时减少到 8 小时。这一反常的决定给福特公司带来了很好的收益，工人的短期流动大大减少，产品的平均成本下降，劳动的平均产品增加。

总之，由于信息不对称，工人会偷懒，结果不偷懒的工人的相对收入减少，效率下降，而效率工资似乎化解了这一信息不对称造成的无效率，因为它改变了激励的方式。

三、文凭竞争

随着各国经济的发展，人们受教育的年限也普遍延长。研究表明，教育对经济增长具有很强的促进作用，而基础教育的影响尤为突出。随着受教育年限的增加，统计显示的劳动生产率提高，但边际生产率到一定点后会下降，也就是说，教育投资的私人边际收益和社会边际收益都会出现递减。但是，大学及其以上的毕业生却是逐年增加。这意味着人们选择上大学或许是非收益最大化的。而且，就实际上大学的人来讲，并非人人都能从知识的获得本身得到一种回报，从而可以补偿今后货币工资的不足。那么，是什么原因造成了人们为文凭而战？

这一问题依然可以用信息不对称来解释。

在雇主无法区分应聘者的能力的劳动市场上，也会发生逆向选择。也就是雇佣低要价、低生产率的工人。

雇主希望得到生产率高的工人，但是，工人的生产率的高低工人自己最为清楚，这一信息在雇主与工人之间是不对称的。因此，对雇主来说，在一群前来应聘的人当中挑选能力强的就是首要的任务。然而如何知道谁的能力强呢？

此时的雇主无法区分每一个真实的个体的差异，也无法判别每一个应聘者的宣称，他的合理的假定是应聘者符合统计规律。统计显示，大学生的生产率高于高中生的生产率，文凭越高，生产率也越高，虽然从个体来看，这个规律并不一定成立，一些能力与文凭是无关的。因此，雇主将根据概率来判断应聘者。与其聘用一个低文凭的劳动者，不如聘用一个高文凭的劳动者，这样做虽然不能使得每一个雇佣的收益最大，但却很好地避免了风险。如果企业雇佣一批员工，那么，统计显示的结果将是企业主的决策是正确的。雇主也可以这样考虑，现实的劳动力市场的工资是与文凭相关的，那么，一个有能力的人就应该能够获取文凭，从而获取高的收入。因此，文凭就成为是否有能力的“信号”。当文凭成为能力信号时，人们的行为会背离最初的学习行为，因为劳动市场上人们能够区分的只是文凭，而同样的文凭内含的不同的能力是无法反映的，后者恰恰是教育最初的目的。从应聘者角度考虑，只有获得更高的学历证明才能显示比别人更高的能力。于是，学习竞争就可能演变为文凭竞争，文凭变成一块公地，人们不得不追求更高的文凭以避免低一级文凭在信号显示上的失败。文凭竞争的结果可能使人们把大量的精力配置在保持住现有的地位，而不是真正的能力培养，从而导致自己能力培养上的无效率。文凭竞争的结果可能是有能力的人首先被淘汰。文凭竞争的最终结果是文凭不代表什么，但如果连文凭都没有，则显示了没有能力，因此，人们却无法放弃这种竞争。文凭竞争的结果导致所有竞争者的门槛提高，上大学成为就业的必经环节。

专栏 13-3　迈克尔·斯彭斯

迈克尔·斯彭斯（A. Michael Spence），1943 年出生于新泽西州的蒙特卡莱。他是哈佛大学和斯坦福大学研究生院的教授，同时也是两所大学的院长。2001 年诺贝尔经济学奖获得者。斯彭斯的贡献在于揭示了人们应如何利用其所掌握的更多信息来谋取更大收益方面的有关理论。斯彭斯一直致力于研究就业市场中的代理人问题。他认为，假如雇主不能区分高能力和低能力的劳动能力之间的区别，那么就会导致劳动力市场以低工资雇佣低能力者，形成劳动力市场上“劣币驱逐良币”的现象。斯彭斯还发现一个现象，即高能力的男性预期获得比同等能力的妇女更高的学历。在这种均衡下，在男女之间的教育回报由于在教育方面投资的不同而不同。另外，斯彭斯信号发送模型还对博弈论产生了深远的影响，他的专业竞争下的市场均衡模型已经影响到增长理论和国际贸易等领域。阿克尔洛夫、斯彭斯和斯蒂格利茨的理论构成了现代信息经济的核心。

第三节　逆向选择实验

一、逆向选择实验的基本原理

逆向选择实验的目的是通过设定一定的实验情景，通过实验参与者在实验中的选择行为，将不对称信息市场导向某种状态。观察这一状态与逆向选择模型预示的状态是否相同，并可以与对称信息的实验进行比较，以得出完全信息与不完全信息对市场效率的影响的实验验证。这一实验既可以验证柠檬市场原理，也可以观察完全信息与不完全信息对市场效率的影响，此外或许可以通过观察实验参与者的富有创意的行为，为克服逆向选择的机制设计提供实验依据。

为此，实验要求有完全信息和不完全信息的两个实验平台，并且按照逆向选择的理论模型，将模拟市场上的“二手车”分为若干等级，并分配给“卖者”，在完全信息状态下，买者不仅可以得到二手车的价格的信息，而且可以得到二手车的质量等级的信息，而在不完全信息情况下，买者只能得到二手车的价格信息，比较两种信息条件的成交状况，就可以得到完全信息市场和不完全信息市场的效率差异。但不管怎样，逆向选择实验的中心是交易标的的信息在买卖双方之间分配的不一致。

二、逆向选择实验类型

根据逆向选择原理，我们可以设计不同类型的实验。其中简单的做法可以是将成交方式作为划分实验类型的依据，比如买者出价和卖者报价两种。

(一)买者出价

在这种类型的柠檬市场中，可以设定二手车有两种，正品和次品，给定二者的比例，但只有卖者清楚所售二手车的质量，买者只能根据“经验”出一个价格来购买二手车，当买者都出价后，卖者决定是否卖出车辆。连续进行几轮，观察出价的变化和成交量的变化以及成交的车辆的质量的变化。正品车和次品车对于买者和卖者的价值不同，在卖者那里，二手车的价值等于车子的质量本身，而在买者那里，车的价值等于某一倍率的车的质量(大于 1)。如果成交，则买者的收益等于实际成交的车子对他的价值减去成交价，而卖者的收益等于成交价减去车子的质量。因此，在信息不对称的情况下，买者是有可能获益也有可能亏损的。如果不成交，则没有损失。当然，也可以设定车的质量是从 0 到 1 的均匀分布，或者其他的质量分布。这样的实验事先稍作准备，做好记录卡片，在课堂上就可以完成。

(二)卖者报价

在这类报价市场上，同样可以设定二手车有若干等级，不同的是现在是卖者给二手车标价，买者决定是否购买，卖者拥有定价权，且买者不知道车的实际质量，只知道车的质量比例。同样，车子的价值在卖者那里等于车子的质量，在买者那里等于车子的质量乘上一个大于 1 的系数。买者和卖者的收益分别等于车的价值减去成交价和成交价减去成本。其成本在分配车辆的情况下是车的质量，在零售商从批发商那里购买的情况下是购置的价格。因为买者并不知道二手车的质量，因此，可能盈利，也可能亏损。同样，如果不成交，则没有损失。作为对比，可以做另一个实验，就是卖者提供二手车的质量和价格的信息。将该实验也进行几轮，观察成交情况的变化。

三、逆向选择实验的具体操作

我们以卖者报价为例，参照 Holt 的实验[①]，说明逆向选择实验的实际操作。

实验参与者分为批发商、零售商和购买者。

简单起见，批发商由教师担任，并按照一定的规则供货，比如不欺骗、按照质量等级出价，但是边际定价上升，比如每一个零售商只能从批发商那里拿到两辆车，第一辆车按照一个反映质量的价格成交，第二辆车则按照稍微高一些的价格成交。

实验的角色为零售商和购买者，由学生担任。实验开始前，要分配好角色。零售商的人数为 3 个，购买者的人数为 4 个。可以采取几个学生组成“1 个”卖者或买者，商量做出决定，也可以采取一个学生是一个卖者或买者的形式，而将 3/4 的比例放大为 6/8 等等，当然，也可以分几次进行实验。

零售商知道车辆的信息，并每轮自行决定从批发商那里购买 1 辆车还是 2 辆车。然后在零售市场上出售车辆，如果是一个零售商出售同样质量的车，则给出相同的价格。实验包括完全信息和不完全信息两种情况。首先进行完全信息的交易，也就是所有的零售商都把自己希望交易的车子的质量和价格公布，等待买者决定是否购买，这样的实验进行几轮。然后进行非对称信息的实验，卖者只公布价格，不公布质量信息，等待买者做出是否购买的决定。

零售商的收益等于卖出价减去成本。

购买者决定是否购买车子，但每一轮最多只能购买一辆车。

购买者的收益等于车子对于他的价值减去成交价格(可能是负的)，如果不交易，则没有损失也没有收益。

由于会出现几个购买者指向同一辆车的情况，因此我们需要在成交前增加一个环节，请购买者填写“购买志愿”，也就是对意向中的商品排序，并写清楚自己不愿购买的商品，这样，当不同购买者的志愿重叠时，我们就可以按照比如随机原则或者先来后到原则进行处理。

表 13-1　购买者志愿表

购买第一志愿	购买第二志愿	购买第三志愿	坚决避免的商品

以车子有三个等级的质量，买者人数为 4，卖者人数为 3 为例，实验开始前还需要给出如下成本收益表：

---

① Charles A. Holt and Roger Sherman, Classroom Games: A Market for Lemons, Journal of Economic Perspectives, Winter 1999.

表 13-2　对二手车的评价和成本

	A 等级车辆	B 等级车辆	C 等级车辆
对于买者的价值	14	7	3
买者总需求限额	4	4	4
	第一辆 A 等级车辆	第一辆 B 等级车辆	第一辆 C 等级车辆
对于卖者的成本	10	5	1.5
最多可提供数量	3	3	3
	第二辆 A 等级车辆	第二辆 B 等级车辆	第二辆 C 等级车辆
对于卖者的成本	11	5	2
最多可提供数量	3	3	3

实验现场老师按照一定的规则(随机原则或先来后到,或其他)撮合买卖成交,记录下每一轮的成交信息,观察其变化的规律。①

① 柠檬市场实验的几种模式由浙江工商大学公共管理学院的许彬和浙江大学跨学科社会科学研究中心王志坚共同设计,实验软件由王志坚完成,实验已在研究生课堂开展。实验具体步骤和细则的详情可垂询本书作者。

【关键词】

不对称信息(asymmetric information)
柠檬市场(lemon market)
逆向选择(adverse selection)
完全信息均衡(full information equilibrium)
信息不对称均衡(asymmetric information equilibrium)
道德风险(moral hazard)
无偷懒约束曲线(no-shirking-constraint curve)

【思考题】

1. 试说明二手车市场的逆向选择。
2. 道德风险指的是什么？试举例说明。
3. 从经济学角度,结合信息不对称谈谈上大学的不同理由。

参考文献

[1] [英]安东尼·B.阿特金森,[美]约瑟夫·E.斯蒂格利茨.公共经济学[M].上海:上海三联书店、上海人民出版社,1995.
[2] [以]阿耶·L.希尔曼.公共财政与公共政策——政府的责任与局限[M].北京:中国社会科学出版社,2006.
[3] [美]布鲁斯·金格马.信息经济学[M].太原:山西经济出版社,1999.
[4] 曹荣湘(主编).蒂布特模型[M].北京:社会科学文献出版社,2004.
[5] 陈钊.信息与激励经济学[M].上海:上海三联书店、上海人们出版社,2005.
[6] [美]丹尼斯·C.缪勒.公共选择理论[M].北京:中国社会科学出版社,1999.
[7] [美]戈登·塔洛克.对寻租活动的经济分析[M].成都:西南财经大学出版社,1999.
[8] 邓子基.现代西方财政学[M].北京:中国财政经济出版社,1994.
[9] 郭庆旺,赵志耘.公共经济学[M].北京:高等教育出版社,2006.
[10] [英]霍布斯.利维坦[M].上海:商务印书馆,1985.
[11] [美]哈耶克.通向奴役之路[M].北京:社会科学出版社,1997.
[12] 蒋洪,朱萍.公共经济学(财政学)[M].上海:上海财经大学出版社,2006.
[13] 茅于轼,汤敏.现代经济学前沿专题[M].上海:商务印书馆,1993.
[14] [美]罗森.财政学[M].北京:中国财政经济出版社,1992.
[15] 刘宇飞.当代西方财政学[M].北京:北京大学出版社,2000.
[16] [英]诺尔曼·吉麦尔.公共部门增长理论与国际经验比较[M].北京:经济管理出版社,2004.
[17] [美]平狄克.微观经济学[M].北京:中国人民大学出版社,2003.
[18] [美]斯蒂格利茨.公共部门经济学[M].北京:中国人民大学出版社,2005.
[19] [美]斯蒂格利茨.政府经济学[M].北京:春秋出版社,1988.
[20] [英]罗纳德·科斯.社会成本问题.//罗卫东.经济学基础文献选读,杭州:浙江大学出版社,2007.
[21] 许彬.公共经济学导论[M].哈尔滨:黑龙江人民出版社,2003.
[22] 许彬,范良聪,程奇奇,罗卫东,王志坚.惩罚与同情行为的非对称性:来自

更大制度参数范围的实验. Hangzhou, ICSS Working Paper. 2008.

[23] 文建东. 公共选择学派[M]. 武汉:武汉出版社,1996.

[24] [美]威廉姆·A·尼斯坎南. 官僚制与公共经济学[M]. 北京:中国青年出版社,2004.

[25] 朱柏铭. 公共经济学[M]. 杭州:浙江大学出版社,2006.

[26] [英]约翰·利奇. 公共经济学教程[M]. 上海:上海财经大学出版社,2005.

[27] [西]因内思·马可-斯达德勒,J. 大卫·佩雷斯·卡斯特里罗. 信息经济学引论:激励与合约[M]. 上海:上海财经大学出版社,2004.

[28] 汪丁丁. 复杂的自由,ICSS 讲座(20080518).

[29] 叶浩生. 两难中合作行为研究的回顾和展望[J]. 心理科学进展,2007.

[30] Arrow K. J., Social Choice and Individual Values. New, Haven, Connecticut. Yale University Press(second edition),1963.

[31] Andreoni J., W. Harbaugh, et al., The carrot or the stick: Rewards, punishments, and cooperation. The American Economic Review 2003(3): 893—902.

[32] Andreoni J. and J. H. Miller, Rational Cooperation in the Finitely Repeated Prisoner's Dilemma: Experimental Evidence. Economic Journal 1993(418): 570—85.

[33] Ashley R., S. Ball, et al., Motives for Giving: A Reanalysis of Two Classic Public Goods Experiments, Mimeo, Dept. of Economics, Virigina Tech, 2005.

[34] B. Atkinson, Optimal taxation and the direct versus indirect tax controversy, Canadian Journal of Economics, 1977.

[35] Boyd R. and P. J. Richerson, Punishment allows the evolution of cooperation (or anything else) in sizable groups. Ethology and Sociobiology 1992(3): 171—195.

[36] Bowles S., Policies Designed for Self—Interested Citizens May Undermine The Moral Sentiments: Evidence from Economic Experiments. Science 2008(5883): 1605—1609.

[37] Bowles S. and H. Gintis, The evolution of strong reciprocity: cooperation in heterogeneous populations. Theoretical Population Biology 2004(1): 17—28.

[38] Choi J. K. and S. Bowles, The Coevolution of Parochial Altruism and War. Science 2007(5850): 636—640.

[39] Charness G. and M. Rabin, Understanding Social Preferences with Sim-

ple Tests. Quarterly Journal of Economics 2002(3): 817—869.

[40] Croson R. T. A., theories of commitment, altruism and reciprocity: evidence from linear public goods games. Economic Inquiry 2007(2): 199—216.

[41] Dreber A., D. G. Rand, et al., Winners don/'t punish. Nature 2008(7185): 348—351.

[42] David N. Hyman, Public Finance: A Contemporary Application of Theory to Policy, eighth edition, p432.

[43] Egas M. R., A., The economics of altruistic punishment and the demise of cooperation. (IZA Discussion Paper no. 1646, Institute for the Study of Labor (IZA), Bonn).

[44] Eldakar, O. T. and D. S. Wilson, Selfishness as second-order altruism. Proceedings of the National Academy of Sciences 2008(19): 6982—6986.

[45] Egas, M. R., A., The economics of altruistic punishment and the demise of cooperation. (IZA Discussion Paper no. 1646, Institute for the Study of Labor (IZA), Bonn).

[46] Fehr E. and K. M. Schmidt, A Theory Of Fairness, Competition, and Cooperation. Quarterly Journal of Economics 1999(3): 817—868.

[47] Fischbacher U., S. Gachter, et al., Are people conditionally cooperative? Evidence from a public goods experiment. Economics Letters 2001(3): 397—404.

[48] Fehr E. and K. M. Schmidt, A Theory Of Fairness, Competition, and Cooperation. Quarterly Journal of Economics 1999(3): 817—868.

[49] Herrmann B., C. Thoni, et al., Antisocial Punishment Across Societies. Science 2008(5868): 1362—1367.

[50] Hardin G., The Tragedy of the Commons. 1968:1243—1248.

[51] Herrmann B., C. Thoni, et al., Antisocial Punishment Across Societies. Science 2008(5868): 1362—1367.

[52] Isaac R. M., J. M. Walker, et al., Group Size and the Voluntary Provision of Public Goods: Experimental Evidence Utilizing Large Groups. Journal of Public Economics 1994(1): 1—36.

[53] Kerr N. L., Anonymity and social control in social dilemmas. Resolving social dilemmas: Dynamic, structural, and intergroup aspects. edited by M. Foddy, M. S mithson, S. Schneider, M. Hogg. Philadelphia, PA: Psychology Press, 1999:103—120.

[54] Ledyard J. O., in Handbook of Experimental Economics. Princeton Univ. Press, Princeton, 1995.

[55] Lindahl E., Just Taxation-A Positive Solution. R. Musgrave and A. Peacock, Classics in the Theory of Public Finance (New York), 1958: 168—176.

[56] Martin Sefton R. S. J. M. W., the effect of rewards and sanctions in provision of public goods. Economic Inquiry 2007(4): 671—690.

[57] Nikiforakis N., Punishment and counter—punishment in public good games: Can we really govern ourselves? Journal of Public Economics 2008(1—2): 91—112.

[58] Nikiforakis N. and H. T. Normann, A comparative statics analysis of punishment in? public — good experiments. Experimental Economics, 2007.

[59] Offerman T., Hurting hurts more than helping helps. European Economic Review 2002(8): 1423—1437.

[60] Ostrom E., J. Walker, et al., Covenants With and Without a Sword: Self-Governance is Possible. American Political Science Review 1992(2): 404—17.

[61] R. H. Coase, The problem of social cost, Journal of Law and Economics, 1960, Vol. 88, 1960.

[62] Sefton M., R. Shupp, et al., The Effect of Rewards and Sanctions in Provision of Public Goods. Economic Inquiry 2007(4): 671—690.

[63] Samuelson P. A., The Theory of Public Expenditure. Review of Economics and Statistics, 1954: 386—389.

[64] Santos F. C., M. D. Santos, et al., Social diversity promotes the emergence of cooperation in public goods games. Nature 2008(7201): 213—216.

[65] Sen A. K., A Possibility Theorem on Majority Decision. Econometrica, 1966: 491—499.

[66] Sen A. K., Social Choice Theory: A Re—examination. Econometrica, 1977: 53—89.

[67] Sen A. K., The Possibility of Social Choice. American economic review, 1999: 349—378.

[68] Tullock, The Welfare Costs of Tariff, Monopolies and Theft, Western Economics Journal, 1967(5): 224—232.

[69] Vyrastekova J. and D. van Soest，On the (in)effectiveness of rewards in sustaining cooperation. Experimental Economics，2008(1)：53－65.

[70] Whitt S. and R. K. Wilson，Public goods in the field：Katrina evacuees in Houston. Southern Economic Journal 2007(2)：377－387.

[71] Wilson R. K. and J. Sell，Liar，liar-Cheap talk and reputation in repeated public goods settings. Journal of Conflict Resolution 1997(5)：695－717.

[72] Yamagishi T.，The Provision of a Sanctioning System in the United States and Japan. Social Psychology Quarterly 1988(3)：265－271.

人名索引

W

后 记

从研究生毕业开始从事经济学教育至今，转眼已近20年。一直以来的一个看法是，编写教材比撰写专著要容易得多。这种想法从以下两个方面得到支持：第一，社会科学领域经济学可谓是最接近“科学”的学科，于是，相应地不同经济学分支中核心理论体系、分析框架均已非常标准；第二，国内外优秀的经济学教材一个共同特点就是“友善”或“通俗”，往往能够成功地引领学生进入一个全新的世界，进而显得理论创作的门槛较低。但是，这本《公共经济学教程》的编写过程，却让我们深刻地体会到以上两个方面的事情都不容易。首先，虽然微观经济学分析框架非常标准，但是公共经济学的体系却并非一致；众所周知，存在强调财政收支管理的思路，和以市场失灵、公共选择为核心的研究理路。这种分歧给我们教材框架的设定同样带来挑战，取舍在所难免。最终，结合编者们自身的研究兴趣和定位，我们选择了现代相对主流的公共经济学主流思路，即按照市场—政府关系的基本特征性事实，对公共经济现象的内在经济逻辑进行勾勒。其次，目前国内外已经有非常出色的公共经济学教材，事实上在前几年的教学中我们也分别使用了其中的几本，综合来看，不同的教材各有特色，但是，如何择取相关内容并将其组织成适合公共管理专业本科生的教学材料，又确实不是一件简单的拼拼凑凑的事情。再者，如何在教材内容的标准化与教学思路中体现前沿研究之间保持平衡，也是本书在编写过程中碰到的困难之一。

从策划、确定书稿体例到初稿完成，这本书的编写前后花了近2年多的时间。但是，从几位编者实际教学过程中准备相关教学资料算起，时间还要长得多。因而，我们的书稿能够顺利完成，首先要感谢在这一领域做出贡献的所有研究者们，我们的工作无非是站在前人优秀创作的基础上做一些园丁式裁剪工作；其次，我们要感谢我们的学生。如果没有给他们上课的冲动，就不会有这本书的诞生。事实上，本书的许多例子及相关阐述逻辑，都是源于课堂教学的总结；最后，我们感谢浙江工商大学公共管理学院对写作本书予以的支持，以及浙江工商大学出版社的何海峰、许静编辑为本书的顺利出版所做的积极努力。

本书的内容、结构和体例由浙江工商大学公共管理学院教师许彬、陈春良和游旭平三位作者共同讨论确定，各章写作的具体分工如下：绪论、第一、二、三、四、五、九、十三章由许彬执笔，第六、七、八章由陈春良执笔，第十、十一、十二章由游旭平执笔。全书最后由许彬和陈春良统稿。

许　彬

2008 年 10 月于秋水苑